宋代货币大系

周鲲 编著

北宋崇宁通宝当十铜钱

上海科学技术出版社

图书在版编目（CIP）数据

北宋崇宁通宝当十铜钱 / 周鲲编著. -- 上海：上海科学技术出版社，2023.12
（宋代货币大系）
ISBN 978-7-5478-6383-1

Ⅰ. ①北… Ⅱ. ①周… Ⅲ. ①古钱（考古）-研究-中国-北宋 Ⅳ. ①K875.64

中国国家版本馆CIP数据核字(2023)第202897号

策划编辑　励　真
责任编辑　励　真
美术设计　房惠平
电脑制作　吴　琴

北宋崇宁通宝当十铜钱
周鲲　编著

上海世纪出版（集团）有限公司
上海科学技术出版社　出版、发行
（上海市闵行区号景路159弄A座9F-10F）
邮政编码 201101　www.sstp.cn
徐州绪权印刷有限公司印刷
开本 889×1194　1/16　印张 16.75
字数：335千字
2023年12月第1版　2023年12月第1次印刷
ISBN 978-7-5478-6383-1/G·1190
定价：198.00元

本书如有缺页、错装或坏损等严重质量问题，
请向承印厂联系调换

自序

"数独"是一个逻辑推理游戏。

由九个小方格三纵三横组成一个"九宫格",再由九个"九宫格"三纵三横组成一个大"九宫格",一共81个小方格,每个小方格由1至9任意一个数字填充,需要同时满足:

1. 每个小九宫格中数字不能重复;
2. 每行或每列九个数字不能重复。

根据已知的数字,按照以上规则将剩余空格的数字填充完整。

历经千年流散湮灭,残存的宋代文献与钱币挂一漏万,很难找到与实物直接对应的原始史料,也有文献记载而钱币尚未发现的情况。探索宋代货币史恰似"数独"游戏,一是尽可能汇集宋代相关文献,深入对比校正;二是尽可能收集宋代钱币实物,甄别真伪性质。以"史料"与"实物"为基础,相互验证,反复推敲,由此复原历史事实。

我国古泉界对宋代钱币的研究早在清代乾嘉年间便已开始,古泉大家翁树培先生在《古泉汇考》一书中记载了对宋钱版式的研究成果,率先提出"对子钱"概念。随着翁先生离世,其藏品"失踪",翁氏的宋钱理论在国内失传。我国悠久的历史,丰富的古钱资源,留下了太多空白点,后继的古泉界藏家和学者,将更多精力放在了对历代大纲钱的整理上,忽略了对宋钱的进一步深入研究。

与此同时,有一批神秘的宋钱东渡扶桑,引起了日本古泉界的重视。此后,一代又一代日本藏家投入北宋版别研究之中,取得了丰硕的成果,相继有《对泉谱》、《符合泉志》、《古泉大全》、《新订北宋符合泉志》等专著问世,以及吉田昭二先生近年陆续整理的《宋钱事始》与《宋钱综鉴》,代表日本古泉界走在了宋版研究前列。

　　改革开放后，我国中断多年的古钱收藏活动得以恢复，发展得如火如荼。1985年，日本古泉代表团与中国钱币学会进行了一次学术活动，分别访问北京、上海和西安，重启了中日古泉文化的交流。随着交流的深入，"宋版"重新引起了我国古泉界的关注，新锐的年轻人尝试从"版式"的角度来思考宋代钱币。历经十余年的酝酿，1996年中华书局将日本小川浩先生的《新订北宋符合泉志》翻译出版，使得这股"宋版风"愈来愈强劲。世纪之交，"宋版"成为中国古泉中的

"爆款",在日本、新加坡、中国众多藏家追捧下,达到了一个高峰。

由于对宋代货币的繁复程度预估不足以及对版式的定性与存世量掌握不准,在这次宋钱收藏热潮中,也出现了很多乱象,例如:将流铜、甲痕当作星月或纹饰;将花穿、移范、叠范等铸造缺陷当作版别;将修模、加刀、减重、私铸的变化当作独立版式……。人为增加了宋版的繁复,人为推高了宋版的价值,但由于缺少对基础理论的普及,使得宋钱收藏逐渐脱离了群众基础。2004年起,金属探测器在古泉圈普及,东北地区发现大量的辽金窖藏古钱,其中九成以上是宋钱,"宋版风"受此冲击,雪上加霜,逐渐低迷。2008年,由阎福善老师主持编纂的《北宋铜钱》出版,将中国古泉界对北宋铜钱的探索作了一个很有意义的总结。

此后,宋钱陷入了十年的沉寂。

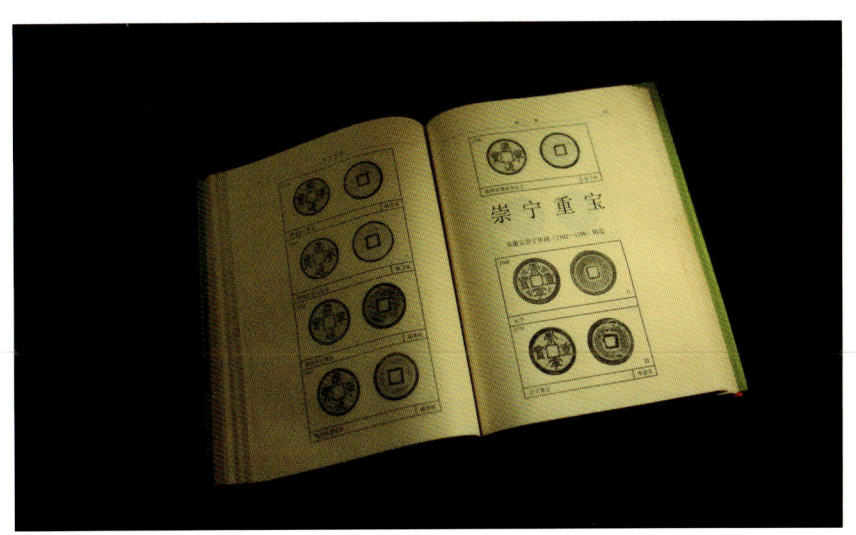

正本清源,宋钱的根在中国。

日本古泉界对中国宋钱的研究,存在以下问题:

重北宋,轻南宋;

重铜钱,轻铁钱;

重小平,轻大钱;

重版式,轻理论。

同时,中日两国古泉界对宋钱的研究,尚未脱离"金石学"的范畴,缺少对宋代文献的对比研究,没有深入探索钱币背后的货币制度以及历史背景。

正如彭信威先生在《中国货币史》中所说:

"中国的货币史,是值得我们研究的,因为中国的货币有悠久的历史,并发展成一种独立的货币文化。世界上真正独立发展出来而长期保持其独立性的货币文化是极少的。"

"然而过去研究钱币的人，究竟是一些有闲有钱的人，绝大部分是从玩好出发。而且由于时代的限制，没有近代社会科学的基础，方法还不是十分缜密。所以近百年来没有大的进步。而研究货币学和货币史的人都很少同钱币学发生接触，所以成就不大，一定要书本和实物相结合、理论和实际相结合、货币学和钱币学相结合，这样才能了解真实情况。"

大浪淘沙，新时代的钱币爱好者应该遵循彭信威先生所指引的方向，从收集钱币实物上升到探索中国货币史的发展和演变。《北宋崇宁通宝当十铜钱》正是这样一种尝试，将"钱币学"与"货币学"相结合的一次实践，分为"理论"与"图谱"两个部分。

"理论"部分，先是归纳北宋货币制度的演变，探索宋徽宗铸行"当十铜钱"的始末；然后梳理北宋铜钱监的脉络、铸钱工艺流程、版式的定义和标准、版式的意义与命名；尝试将类别版式与铸钱监（院）作一个大概的对应；最后借助现代科学仪器检测的数据，对以上研究作一定必要的补充。

"图谱"部分，分类框架大体以《北宋铜钱》为主，参考了《崇宁泉谱·通宝卷》中一部分合理的修改意见，新增了各类的介绍和各版的"一眼法"描述，基于文献研究对类别的布局作了一定的调整。

在近三年的筹备中，诸多热心的泉友或提供信息、或提供实物、或提供建议，为本书作出重要的贡献，在此表示衷心的感谢！特别感谢王学东先生，他整理的《北宋铜钱》之"崇宁通宝"部分，成为笔

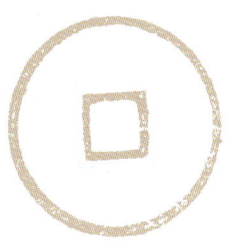

者学习入门的引路人,是本书分类框架的基础;特别感谢"大醉侠"张扬先生的奠基,"德泉庄"张伟先生的组织与策划,蔡镇仲先生和段光喜先生的整理,《崇宁泉谱·通宝卷》的出版,为本书提供了诸多有益的帮助和引导。前人的不懈努力,为后人打下了坚实的基础。

感谢左川先生为本书拍摄配图,感谢黄颖女士为本书打制拓片。

斗转星移,时代变化,在"直播"等新媒体助力下,大量新人涌入古钱收藏,古泉币"出圈"和"入坑"成为津津乐道的话题,沉寂十年的宋钱也迎来了新的曙光。借此东风,笔者希望本书的出版能为收藏爱好者提供一点有用的信息,在宋钱文化的推广上尽一份绵薄的力量。

说明

◎ 本书所收录的拓片，每一枚实物都经过鉴定、确认，统一制拓

拓片附署收藏者姓名或斋号，未署名者为笔者自藏。其中有数枚版式，基于各种原因笔者未能上手鉴定，谨慎起见，缺图待补。

◎ 本书的钱币分级采用十级制，一级最高，十级最低

级别评定的标准：以存世量为基准，以纲目地位与知名度适当加权，以铸造级高低适当加权与减权。

例如"美制"（美制正字）从存世量分析应定为八级左右，由于此版可视作"崇宁通宝当十铜钱"的中央标准版，研究价值和历史意义较高，故加权至七级。又如"抽示-分冠宝"为"抽示-背肥郭"减重型加刀修模的衍生变化，虽然在旧谱中标级较高，名气较大，但其研究价值和区分意义弱于独立版式，所以本书减权定为四级。这一系列源于固定版式铸造级批次或修模变化的衍生品种，或者私铸的衍生品种，在本书中定级时相应减权。

◎ 本书编码释意举例

美制（美制正字）：

1（单元区分）-A（大类别区分）-a（小类别区分）1（版式定位）；

正字-中缘：

1-A-a1（美制【版式定位】）-b（衍生变化的分支）-2（衍生变化的定位）；

小字进崇远点通俯宁退通：

1（单元分区）-C（大类别区分）-n（小类别区分）-3（分支）-6（分支）-b（版式定位）；

长字降宁阔宝：

2（单元区分）-B（大类别区分）-b（小类别区分）2（版式定位）。

◎ 崇宁四年（1105）四月宋廷颁布《钱纲验样法》，同时改铸瘦金体御书"崇宁通宝"面文的"当十铜钱"和"当二夹锡铁钱"。宋代铸钱管理机构通过分配不同面文版式来稽核各铸钱监（院）的铸币质量，基于"崇宁通宝"系列，在官方层面没有出现以一个面文版式同时铸造铜钱和铁钱的情况。

所以，本书暂未收录：

稽核质量以"当二夹锡铁钱"面文官铸的"铁钱铜样"；

钱监内部以"当二夹锡铁钱"面文盗铸的"当十铜钱"（"铁钱版铜钱"或"铁范铜"）；

民间豪强以"当二夹锡铁钱"面文私铸的"当十铜钱"（"铁钱版私铸"）。

以上三种情况的实物虽然为铜质，但面文来自"当二夹锡铁钱"体系，将在《北宋夹锡铁钱》一书中具体介绍。

图谱篇
127

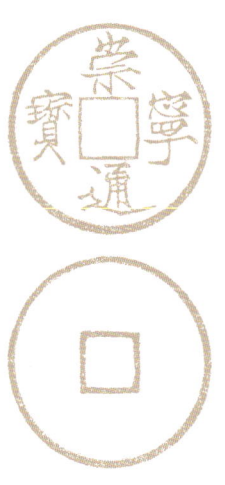

第一单元 129

第二单元 177

第三单元 207

第四单元 227

附一 私铸部分 239

附二 崇宁通宝当十铜钱的『白铜』 244

后记 249

目录

理论篇 001

第一章 宋代史料的源流 002

第二章 宋代的『钱陌』 026

第三章 北宋货币制度简述 034

第四章 宋徽宗『当十铜钱』始末 051

第五章 北宋铜钱监的增减 063

第六章 宋代活字铸钱法 071

第七章 宋钱版式的意义 086

第八章 宋钱版式的命名 106

第九章 崇宁通宝『当十铜钱』概述 113

第十章 『赤仄』与『乌背』 121

前輗止一人或兩人推之此車往往賣糕及餹麋之類人
用不中載物也平盤兩輪謂之浪子車唯用人拽又有載
巨石大木尺有短梯盤而無輪謂之癡車皆省人力也又
有馳驟驢駄子或皮或竹為之如方區竹筐兩搭背上䭾
斜則用布袋䭾之

都市錢陌

陌行市各有短長使用

都市錢陌官用七十七街市通用七十五魚肉菜七十二
陌金銀七十四珠珈雇婢妮買虫蟻六十八文字五十六
雇覓人力

凡雇人力幹當人酒食作匠之類各有行老供催雇覓女
使即有引至牙人

每坊巷三百步許有軍巡鋪屋一所鋪兵五人夜間巡警
防火

理论篇

第一章
宋代史料的源流

探索宋代历史离不开汗牛充栋的原始史料。经过近千年传抄刻印，这些史料或流散、或湮灭、或篡改、或辑误，有时残缺不全，有时相互抵牾。对宋代史料的使用存在两个误区：一是"拿来即用"，摘取史料中的记载，不加对比考校而演绎发挥；二是"因噎废食"，基于史料存在的缺陷而全盘否定其研究价值，走向另一个极端。

书，不可不读，亦不可全信。本章归纳梳理宋代各种史料的渊源及其整理、编撰、流传的大概脉络，为研究者如何选用宋代史料提供一些参考意见。

一、宋代官方记录修撰的史料

官方原始档案主要有《起居注》、《时政记》、《日历》等。

《起居注》是记载皇帝言行的原始档案，有记载的最早为汉武帝《禁中起居录》。自汉以下，历代时断时续地保留了这个制度。北宋立国之初，制度尚不完备，至宋太宗淳化五年（994）置起居院，由专人专职修记《起居注》记载皇帝的行踪、言录、诏令、御批等。不过须注意到一个细节，宋代《起居注》需要先送皇帝审阅，再送史馆存档。

《时政记》是记载宋代重要国政大事讨论及决策的原始档案，属于国家机密，由宰执和枢密使挂职记录，由专修国史和实录的机构保管。新皇帝登基，存档的《时政记》与《起居注》成为编写前任皇帝《实录》和《国史》的原始材料，成书以后内容才解密。

《日历》记载宋代各种政事，包括民生、经济、军事等各方面的奏折、诏令、制度、公文，可谓包罗万象。这些材料（包含《起居注》与《时政记》），按时间顺序一条一条记录下来，成为一本信息丰富的"流水账"，由史馆保管，为进一步编修《实录》、《国史》作准备。

宋高宗南渡，鉴于"靖康之难"各类典籍的失散，更加重视档案资料的保存。一方面，恢复六部的"架阁文字"职位与"架阁库"，以保管各部的档案；另一方面，将原始档案性质的《日历》进一步修整成书，便于查阅。

在宋代大部分时间里，记录《起居注》、《时政记》、《日历》的制度得到了比较规范的执行，积存了丰富的档案材料。但是，在某些特殊时期，例如"徽宗荒政"和"高宗南渡"曾经出现过中断，不过一旦时局稳定，官方也在努力补充修撰；此外，由于某些特殊原因，导致这些材料被推翻重修，例如"秦桧专权"时期，由其子秦熺主持修录的《日历》，在秦桧去世后被下令重修；最后，理宗以降至"崖山亡宋"，战事紧迫，档案参差不齐，相关事件的记录与保存也不够全面。

官方其他原始档案，各类日常性奏议的文稿、来往的公文、敕令与格式、地方闰年一上的户籍版图等档案，由各部各司分别保存，称为"架阁"，以便修《实录》、《国史》、《会要》、《会计录》等书时，相关人员可查阅采集。

官方原始档案会定期修订成书，为《实录》、《国史》、《会要》，等等。

《实录》是以宋代每一朝皇帝的在位时期为编撰时限，以《起居注》、《时政记》、《日历》的资料为基础，兼顾收集其他相关材料，以编年体编撰而成的史书。宋代新皇登基，下诏编撰上一任皇帝的《实录》是固定制度，一般由宰相挂职这项工作。《实录》成书后，一定地位以上的士大夫可以借阅和抄录。《实录》对比于《日历》，经过整理显得相对简练，例如《宋高宗日历》是一千卷，编撰成书的《宋高宗实录》则是五百卷。

宋代的《国史》（或称《正史》）是官方进一步编撰修定、正式公布的史书，采用的体裁是纪传体，有"纪"、"志"、"传"，但不包含"表"，因为另有"宗正寺"和"玉牒所"分掌宗室族谱与皇帝属籍，宰执和枢密使的更替也另有档案记载。《国史》的修撰也是新皇登基后由宰相挂职进行。修撰内容时限有时为一朝，有时为数朝；修撰的过程，有一次成书进呈，也有多次分部成书进呈。宋代的《国史》并未刊印出版，士大夫们可以传抄。

《会要》不是史书，是记载典章制度的政书，将礼仪、政治、军事、经济、文化、地理等方面的资料分门别类，排序编辑而成。《会要》是研究宋代各项制度的重要典籍资料。

《宝训》(或名《圣训》)系编集皇帝的言论诏谕而成；《圣政》(或名《政要》)系编集皇帝与群臣问对之语而成，采用的素材主要为《起居注》《时政记》《日历》，内容相对精简。

《会计录》，宋代的经济情况非常复杂，财用不足是当时困扰统治阶层的主要问题。因此以"开源节流"为目的，宋代皇帝多次下令三司及后来的户部编辑《会计录》，统计各项经济数据，便于统治阶层制定和调整经济政策。

《经武要略》，经过宋金战争洗礼，南宋提高了对军事的重视度，于是以每朝皇帝在位时期为限，编纂军事战争方面的材料为《经武要略》，成为南宋中后期的一项制度*。

综上可知，宋代官方记录并修撰的史料，主要构成为：原始档案性质的《起居注》和《时政记》；北宋时为原始档案，南宋时初编为书的编年体《日历》；修撰成书的有编年体《实录》、纪传体《国史》或《正史》、政书体《会要》、其他类《宝训》(《圣训》)、《圣政》(《政要》)、《会计录》、《经武要略》，等等。

《宋史·汪藻传》记载了汪藻于绍兴元年(1131)上书宋高宗的一段话："古者有国必有史，古书榻前议论之辞，则有时政记，录柱下见闻之实，则有起居注，类而次之，谓之日历，修而成之，谓之实录……"有助于理解宋代史料的源流。

根据史料里的记载，官方史料的历次编纂记录如下。

北宋：

太平兴国五年(980)，史馆上《太祖实录》；

咸平元年至二年(998—999)，钱若水主持，修成《太宗实录》，后又重修《太祖实录》；

景德四年(1007)，丁谓上《景德会计录》；

大中祥符九年(1016)，王旦上《两朝国史》(太祖、太宗两朝)；

天圣二年(1024)，王钦若上《真宗实录》；

天圣八年(1030)，吕夷简上《三朝国史》(太祖、太宗、真宗三朝)；

明道元年(1032)，吕夷简上《三朝宝训》(太祖、太宗、真宗

---

* 注：宋神宗时期，曾经令人编撰，但未形成制度。

三朝）；

庆历四年（1044），章得象上《国朝会要》（后世命名为《庆历国朝会要》）；

庆历年间，修成《庆历会计录》；

皇祐年间，田况修成《皇祐会计录》；

治平年间，韩绛修成《治平会计录》；

熙宁二年（1069），韩琦上《仁宗实录》、曾公亮上《英宗实录》；

元丰四年（1081），王珪上《国朝会要》（后世命名为《元丰增修五朝会要》）；

元丰五年（1082），王珪上《两朝国史》（仁宗、英宗两朝）；

元丰六年（1803），林希上《两朝宝训》（仁宗、英宗两朝）；

元祐初，李常修成《元祐会计录》；

元祐六年（1091），吕大防上《神宗实录》；

元祐中，诏修《神宗宝训》《神宗国史》，未成；

绍圣二年（1095），范祖禹、赵彦若、黄庭坚因参与修史，被新党攻击，落罪受责降官；

绍圣三年（1097），章惇上《神宗实录》（重修）；

元符元年（1098），章惇进《神宗帝纪》*；

元符三年（1100），诏修《六朝宝训》《国朝会要》，未成；

崇宁三年（1104），蔡京上《神宗史》（此据《宋史·徽宗本纪》，另据《宋史·艺文志》为《神宗正史》）；

大观四年（1110），蔡京上《哲宗实录》；同年，下诏修《哲宗史》；

宣和二年（1120），下诏别修《哲宗史》，最后由王孝迪完成《哲宗史》（《宋史·艺文志》记为《哲宗正史》）。

北宋官修的史书典籍没有刊印发布，原本保存于史馆，士大夫可以借阅抄载，参与编纂者亦可借此机会接触大量的原始档案。所以北宋官方史料就有了两个流传渠道，一为官方原本；二为士大夫抄本。

"靖康之难"，金人将北宋的各类史书、典籍、档案等抄掠一空。这批珍贵的历史档案原本，一部分难免遗散于这场劫难中，另一部分则被金人辇运到了燕京（今北京）。

南宋中兴，士大夫们期望总结出北宋覆亡的原因，利用手上的北

---

* 注：为《国史》之"纪"部分。

宋史料抄本，掀起一次自撰私史的高潮（本章下一节另为介绍）。南宋官方重修北宋《国史》、《实录》、《会要》时，也大量借助了士大夫们所保留下来的史料抄本。

南宋：

绍兴五年（1135），范冲上《神宗实录考异》。赵鼎、范冲上重修《神宗实录》；

绍兴七年（1137），以重修《神宗实录》去取未当，命史馆复加考订；

绍兴八年（1138），赵鼎上《哲宗实录》（重修）；

绍兴十一年（1141），秦桧上《徽宗实录》；

绍兴十三年（1143），秦熺修成《建炎以来日历》；

绍兴二十六年（1156），秦桧亡，命史馆重修《日历》；

绍兴二十八年（1158），命史馆重修徽宗大观以前《实录》。置国史院，修神、哲、徽三朝正史。汤思退等上重修《徽宗实录》。

隆兴二年（1164），魏杞、（音sì）等上《三朝帝纪》（神宗、哲宗、徽宗），《太上皇（高宗）圣政》；同年诏免进《钦宗日历》，送国史院修纂《实录》；

乾道四年（1168），蒋芾等上《钦宗帝纪》与《钦宗实录》；

乾道六年（1170），陈俊卿、虞允文等上《四朝会要》（神宗、哲宗、徽宗、钦宗四朝）；

乾道九年（1173），梁克家等上《中兴会要》（后世称《乾道中兴会要》）；

淳熙三年（1176），修成《太上皇（高宗）日历》；

淳熙四年（1177），龚茂良等上《徽宗实录》（重修）；

淳熙七年（1180），赵雄等上《四朝国史·志》（神宗、哲宗、徽宗、钦宗四朝）；

淳熙十三年（1186），王淮等上《四朝国史·列传》（神宗、哲宗、徽宗、钦宗四朝），《皇帝（孝宗）会要》；自此神宗、哲宗、徽宗、钦宗之《四朝国史》成书。

绍熙元年（1190），修成《寿皇（孝宗）日历》；

绍熙三年（1192），修成《寿皇（孝宗）圣政》、《寿皇（孝宗）会要》；

庆元二年（1196），修成《庆元会计录》；

庆元三年（1197），京镗等上《高宗实录》；

庆元六年（1200），修成《太上皇（光宗）日历》、《太上皇（光宗）圣政》、《太上皇（光宗）会要》；

嘉泰二年（1202），陈自强等上《高宗实录》；

嘉泰三年（1203），陈自强等上《孝宗实录》、《光宗实录》、《皇帝（宁宗）会要》（第一次）；

嘉定元年（1208），诏史官改绍熙以来韩侂胄事迹；

嘉定六年（1213），史弥远等上《高宗宝训》、《皇帝（宁宗）会要》（第二次）；

嘉定七年（1214），史弥远等上《高宗中兴经武要略》；

嘉定十四年（1221），史弥远等上《孝宗宝训》、《皇帝（宁宗）会要》（第三次定稿）；

嘉熙二年（1238），以李心传为秘书少监、史馆修撰，修高宗、孝宗、光宗、宁宗四朝《国史》、《实录》；

淳祐二年（1242），史嵩之等进《中兴四朝国史》（高宗、孝宗、光宗、宁宗），《孝宗经武要略》、《宁宗日历》、《宁宗实录》、《宁宗会要》（第四次定稿）；

淳祐五年（1245），范钟等上《（理宗）日历》、《光宗经武要略》、《宁宗实录》；

淳祐十一年（1251），郑清之等上《（理宗）日历》、《（理宗）会要》、《光宗宝训》、《宁宗宝训》、《宁宗经武要略》；

宝祐二年（1254），谢方叔等上《（理宗）日历》、《（理宗）会要》、《七朝经武要略》、《中兴四朝志传》（推测是补充《中兴四朝国史》）；

宝祐五年（1257），程元凤等上《（理宗）日历》、《（理宗）会要》、《（理宗）经武要略》、《中兴四朝志传》（推测是继续补充《中兴四朝国史》）；

景定五年（1264），贾似道等上《（理宗）日历》、《（理宗）会要》、《（理宗）经武要略》、《徽宗长编》、《宁宗实录》；

咸淳四年（1268），贾似道等汇总《理宗日历》、《理宗实录》*、《理宗会要》、《理宗经武要略》、《宁宗实录》，以及《咸淳日历》。

南宋官修的史书典籍，在"瀛国公"于临安（今杭州）投降后，被整批装载运至大都（今北京）。然后有人发现当年金国从燕京迁都汴梁（今开封），遗忘了来自北宋的史料典籍。一百五十余年后，两宋的官方典籍原本重聚于大都，成为后来元朝官方编修《宋史》的

---

* 注：同年，史馆《理宗实录》接续起修。

基础。

南宋士大夫注重于史料的保存和整理，私人抄录官方材料以修撰史书或整理典籍的风气一直延续至元朝初年，留下了大量宝贵的历史资料。

分析宋代官方史料的编撰过程，还能发现一个端倪。由于政治斗争的需要，《实录》、《国史》等多次被重修改写，这为后人研究宋代历史，增加了很大的难度。例如，《太祖实录》的重修，也许与"烛影斧声"和"金匮之盟"有关。又如"熙丰变法"引发"党争"，导致神、哲、徽三朝的史书遭反复删改重修。再如南宋后期，权臣相继秉政，任人唯亲、卖官鬻爵、掌控言路，使得官方史书可信度有所下降。

二、宋代私人修撰的"别史"

北宋立国伊始，禁止私人修撰当朝史事是一项制度。在整个北宋时期，"私史之禁"得到了严格的执行。

此处需要提及的一本书是《隆平集》。从书名来看，此书似乎只是一本士大夫的文集，而实际上，此书体裁却是类似北宋《国史》的纪传体。"隆平"指"建隆"（宋太祖第一个年号）和"治平"（宋英宗唯一的年号），此书的内容正是涵盖北宋前五朝皇帝（太祖、太宗、真宗、仁宗、英宗）。此书出现于南宋初年，据刊印者介绍为曾巩所留遗稿，现代史学家对此有一些争议。不过，曾巩在元丰年间确实受命编纂《五朝国史》，在完成任务前受到政敌攻击而去职，此事半途而废。《隆平集》一书，是《国史》体裁，内容大多符合正史，不过却相当粗糙，显然为未经校正的手稿，此书为曾巩遗稿一说相对可信。

"靖康之难"以后，士大夫一方面期望于总结北宋覆亡的原因，一方面出于对北宋繁华的怀念，掀起一股修撰"私史"的高潮。虽然期间也经历过官方的几次禁令，但是仍然涌现出一批有着重要地位的史书，这些史书体裁广泛，包括"纪传体"、"编年体"、"政书体"等等。其中比较有代表性的如下。

王偁《东都事略》

全书130卷，起自宋太祖，终于宋钦宗，是一本纪传体的北宋史，内容包括"帝纪"、"世家"、"列传"部分，没有"表"和"志"。北宋定都汴梁，亦称东京，书名中的"东都"由此而来。王偁的父亲王赏，在宋高宗绍兴年间官任实录修撰，因此可以接触大量官方史料，为编撰此书打下了基础。有一种观点认为此书为王赏、王偁父子两代人相继编撰完成，可信度较高。洪迈受命编修《四朝国史》(神、哲、徽、钦）时将《东都事略》一书上奏宋孝宗。王偁因此得以授官入仕，后升知龙州，历官至直秘阁。

徐梦莘《三朝北盟汇编》

"三朝"，指徽、钦、高宗三朝；"北盟"，指宋金之间的和与战；"汇编"指此书是对各类史料的汇集与编撰。记载时限，自政和七年（1117）宋遣使与金订"海上之盟"开始，至绍兴三十一年（1161）金海陵王完颜亮南征被部下弑杀于扬州，次年宋金恢复和议止，共250卷，记载四十五年间事，为编年体体裁。宋金和战是两宋相替时的头等大事，宋人据亲身经历或所见所闻记录成书者，不下数百家，但"各说异同，事有疑信"。因此，徐梦莘将各家所记，以及这一时期的诏敕、制诰、书疏、奏议、传记、行状、碑志、文集、杂著等，凡是"事涉北盟者"，兼收并蓄，按年月日标示事目，加以编排成书。此书征引的文献达二百多种，对记述的异同和疑信也不加考辨，由此保留下来大量珍贵的原始史料。

宋绶后人编辑的《宋大诏令集》

收录了北宋九朝的各类诏令文书，共240卷，今残存196卷，具有原始档案性质。原书不注编者，据陈振孙《直斋书录解题》、王应麟《玉海》、赵希弁《郡斋读书附志》等文献所载，此书是由宋绶后人在南宋高宗绍兴年间，利用家族所保存和收集的诏令资料所汇编。

李攸《宋朝事实》

南宋初年编撰，全书60卷（今存20卷），是记载北宋的典章制度的会要体政书。

熊克《中兴小历》

又名《皇朝中兴纪事本末》(即《宋中兴纪事本末》)，后名《中兴小历》，避乾隆皇帝（弘历）名讳，改名《中兴小纪》，是记录南宋高宗一朝的编年体史书。

李焘《续资治通鉴长编》

此书是中国古代私家著述中卷帙最大的断代编年体史书，原书980卷，仿司马光《资治通鉴》体例，断自宋太祖赵匡胤建隆，迄于宋钦宗赵桓靖康，记北宋九朝一百六十八年事，定名《续资治通鉴长编》(下简称《长编》)。李焘在编撰此书过程中，坚持"宁失于繁，勿失于略"，除取材于北宋官方《国史》、《实录》外，大量采用私家文集、笔记、行状、家传等材料，互相考校，保留了大量现已失传的原始材料。这也是部分史学研究者对《长编》一书的诟病，认为私史不足信。但是，选取史料不能看"出身"，而是看经不经得起"验证"。南宋孝宗时期修成的《四朝国史》（神、哲、徽、钦），李焘也是主修官之一，可以间接证明《长编》与官修《四朝国史》的史料来源必有重叠之处。

杨仲良《续资治通鉴长编纪事本末》

由于《长编》卷帙庞大，又系编年体"流水账"，很多事件的起因、过程、结果及影响散落于各处，不便查阅。于是，南宋人杨仲良以重要事件为切入点，从《长编》中汇集各事件的相关材料，重新编排为《续资治通鉴长编纪事本末》（下简称《长编纪事本末》）一书，共150卷，为纪事本末体史书的代表作。

李埴*《皇宋十朝纲要》

李埴为李焘之子，官至四川制置使兼知成都府，后以签书枢密院事督视江淮京湖兵马，卒于任。基于《长编》、《建炎以来系年要录》、《中兴小历》等书卷帙庞大，士大夫们难以通览，李埴基于这些史料，缩编精简为编年体《皇宋十朝纲要》一书，25卷，记载北宋九朝及南宋高宗朝的历史。

陈均《皇朝编年纲目备要》（又名《九朝编年备要》）

此书起建隆，至靖康，较为完整地记载了北宋一代九朝的历史，主要根据《长编》删节而成，但也参考了《日历》、《实录》和其他史籍。全书共30卷，为编年体。陈均，南宋理宗时期的太学生，因修史而得以授官入仕。

李心传《建炎以来系年要录》

全书200卷，记述了建炎元年（1127）至绍兴三十二年（1162）共三十六年的史事，为南宋高宗一朝的编年体史书。高宗一朝有大量的私人时事记载，这些记载的见闻、详略、政见不同，对人物的评论也有所不同，故事多歧互，众说纷纭。因此，作者以《高宗日历》、《（乾道）中兴会要》等官修史料为基础，参考其他档案，以及一百多种私家记载、文集、传记、行状、碑铭等，进行了细致的考订，编撰成书，可视作《长编》之继续，历史研究价值极高。此后，李心传成为编撰《中兴四朝国史》的重要官员，证明他的才能得到了南宋官方的认可。

---

* 注：本字为"上直下土"。

李心传《建炎以来朝野杂记》

此书为记载南宋典章制度的会要体（政书类），分甲、乙两集，各20卷。作者不仅将原始材料收录排列，还进行了初步的研究和分析。本书是研究宋史重要的参考书之一。

佚名《皇宋中兴两朝圣政》

此书内容为南宋高宗、孝宗两朝的编年体史书，未注明作者，一说为留正（南宋孝、光之际位列宰相）。原书为《高宗圣政》与《孝宗圣政》两部分。笔者怀疑（尚未阅读），此书为士大夫抄录官方《高宗圣政》与《孝宗圣政》所成。

佚名《续编两朝纲目备要》

此书内容为南宋光宗、宁宗两朝的编年体史书，未注明作者。全书16卷。此书应为士大夫节选抄录南宋官方史料而成。

刘时举《续宋编年资治通鉴》

此书内容为南宋高宗、孝宗、光宗、宁宗四朝的编年体史书，当成书于理宗时期。

吕祖谦《历代制度详说》

全书20卷，分13门，是记录历代至南宋的典章制度的政书。吕祖谦为北宋名相吕夷简六世孙，南宋高孝时人，世称"小东莱先生"，曾参与重修《徽宗实录》、编撰《皇朝文鉴》。

彭百川《太平治迹统类》

全书30卷，分88门，均为宋代典故。

蔡幼学，字行之，南宋乾道八年（1172）中进士，官至兵部尚书，曾续司马光《公卿百官表》，另著《年历》、《大事记》、《备忘》、《辨疑》、《编年政要》、《列传举要》等书，可惜大多已失传。

此外还有很多"别史"，类似蔡氏所撰者，大多失传无考，本书不一一遍举。

以上所列"别史"中，据《四库全书总目提要》介绍，王偁《东都事略》、李焘《续资治通鉴长编》、李心传《建炎以来系年要录》三书，被称"鼎足而三"，是"考宋史者所宝贵"的重要史料。

元朝初年南宋移民所编撰的"别史"或"政书"，影响较广的有：

王应麟《玉海》

王应麟，南宋理宗淳祐元年（1241）进士，宝祐四年（1256）又考中"博学宏词科"。南宋覆灭前夕，任中书舍人，升礼部尚书。元军兵临江浙，朝中宰执之间仍旧纷争不已，王应麟于是辞官东归庆元府鄞县（今宁波）。入元后，王应麟隐居东南，闭门谢客，著书立说，卒于元成宗贞元二年（1296）。《玉海》是一部规模宏大的类书，全书200卷，分天文、地理、官制、食货等21门，每门各分子目。据说王应麟编撰此书的目的，是为学子们报考"博学宏词科"提供参考资料，不仅汇总各类资料，还加以自己的研究和考证，历史研究价值极高。此书关于宋代的史事，多采用官方的《国史》、《实录》，兼引经史子集，百家传记，不胜枚举。有别于一般的类书，《玉海》不仅提供了所引用的历史文献资料，还提供了代表这些文献来源的图书目录，难能可贵。

马端临《文献通考》

马端临，马廷鸾之子。马廷鸾，南宋理宗淳祐七年（1247）进士第一，宋度宗咸淳时期官至宰相，后与贾似道不合，辞官引退，居家17年，卒于元世祖至元二十六年（1289）。由于马廷鸾多年在馆阁任职，对历史文献资料的收集和编纂有便利的条件和丰富的经验，因此推测元成宗大德十一年（1307）成书的历史巨著《文献通考》代表了马氏父子两代人的成绩。《文献通考》，全书348卷，是一部政书，内容为自上古至南宋宁宗时期的各项典章制度沿革，与《通典》、《通志》为后人合称"三通"。

佚名《宋季三朝政要》

南宋遗老撰于元初，内容包括理宗、度宗、瀛国公三朝，附以广、益二王之事，可补史阙。

佚名《宋史全文续资治通鉴》

成书于元朝，内容上迄建隆，下至咸淳，为两宋之编年体史书。其中北宋部分，大多删节于李焘《长编》；南宋高宗、孝宗部分，来源于留正《中兴圣政草》(此书似乎与官修《中兴两朝圣政》有关，待考)；光、宁以后部分，为编者自行收集编撰，保留了部分历史文献及其原貌。

三、宋代士大夫的"文集"与"笔记"

宋代入仕做官的士大夫，写给皇帝的奏折和谏议，除了少数人焚毁不留外，大多都会留下底稿；士大夫之间，相互撰写行状（叙述某人世系、生平、生卒年月、籍贯、事迹的文章）、墓志铭，成为一种风尚；士大夫们以文会友，以诗词歌咏心志，留下了许多文学作品。这些奏议底稿、行状、墓志、信笺、文章、诗词，或自己、或后人、或门生加以汇总、编辑成书，即为"文集"。宋代士大夫们的"文集"，反映了作者的生平和所经历的时代环境，保存了丰富的原始历史材料，是研究宋代历史的"富矿"。清代《四库全书》整理出这类书籍，不下 400 部，其中影响较广的有：

《范文正公集》20 卷，《别集》4 卷，《补编》5 卷，范仲淹；

《欧阳文忠公文集》153 卷，欧阳修；

《温国文正司马公文集》80 卷，司马光；

《临川集》100 卷，王安石；

《东坡七集》109 卷，苏轼；

《豫章黄先生文集》30 卷，黄庭坚；

《梁溪集》180 卷，李纲；

《陆游集》(原《剑南诗稿》+《渭南文集》)，陆游；

《西山先生真文忠公文集》55 卷，真德秀；

……

"笔记"，是中国古代记录史学的一种文体，意指随笔记录之言，属野史类史学体裁，形式自由，又无确定格式。宋代士大夫之"笔记"，或记录掌故遗事、民情风俗、人物轶闻和山川景物等，或考据辨证各类旧闻、事件、金石文物等，所记所载，虽多是些琐碎片断，但因有闻即记，较官修史籍往往生动真切，其中不少资料还为正史所不载，因此具有补史不足的价值。不过，"笔记"也记录了一些传闻不确、考订不谨的内容，采集使用时，不得不审慎对待。宋代遗留至今的"笔记"，不下 500 部，比较有名的有：

《涑水记闻》16 卷，司马光；

《梦溪笔谈》30 卷，沈括；

《东斋纪事》6 卷，范镇；

《邵氏见闻录》前录 20 卷，后录 30 卷，邵伯温、邵博；

《燕翼诒谋录》5 卷，王栐；

《容斋随笔》74 卷，洪迈；

《挥麈录》共 20 卷，王明清；

《清波杂志》15 卷，周煇；

《老学庵笔记》12 卷，陆游；

《游宦纪闻》10 卷，张世南；

……

四、宋代的地方志

全国范围的地理总志：

《太平寰宇记》200卷，乐史；

《元丰九域志》10卷，王存；

《舆地广记》38卷，欧阳忞；

《舆地纪胜》200卷，王象之；

各地地方志：

《长安志》20卷，宋敏求；

《淳熙三山志》42卷，梁克家；

《吴郡志》50卷，范成大；

《乾道临安志》3卷（原15卷），周淙；

《嘉泰吴兴志》20卷，李景和；

《嘉泰会稽志》20卷，施宿；

《嘉定镇江志》22卷，卢宪；

《嘉定赤城志》40卷，陈耆卿；

《淳祐临安志》6卷（残本），施谔；

《宝庆四明志》21卷，罗浚；

《景定建康志》50卷，周应合等；

《咸淳毗陵志》30卷，史能之；

……

归纳来看，宋代的地理志书，无论是全国范围的还是地方志类的，内容都有所扩充，不再局限于自然地理与郡县建制沿革，人文风情物产方面的记载也越来越丰富，添加了本地知名人士的一些事迹，保留了许多不见于正史的史料，有一定的研究和参考价值。

五、宋代其他文献资料

赵宋三百年，中国的封建社会发展到巅峰，经济、文化、科技的繁荣体现在诸多方面，给后人留下了许多宝贵的文化遗产，简略列举如下。

1. 农业

《农书》

南宋初陈旉所著，分上、中、下三卷。上卷，13篇，主要介绍水稻栽培技术；中卷，2篇，以养牛与医治牛疾为主；下卷，5篇，以栽桑养蚕为主。

《耕桑图》

南宋绍兴年间於潜县令楼璹绘制，真实记录了中国古代小农经济下男耕女织的情景，是考证南宋农耕、桑蚕、纺织、服饰、绘画、民俗等方面的珍贵史料。

2. 医学（含法医）

宋代以雕版印刷术的广泛应用为基础，官方设立"校正医书局"，对历代重要医学书籍进行搜集、整理、考证、校刊，然后雕版印刷颁布或出售。许多历史上著名的医书，如《神农本草》《黄帝内经》《伤寒论》等，经宋人整理注释出版后，使中医学得以进一步发展。宋太宗年间编撰的《太平圣惠方》，则是中国古代首部由官方组织编写的大型中医学方书。此外，宋人宋慈所编撰《洗冤录集》，则是目前现存的世界上第一部系统的法医学专著。

3. 科技（天文、数学、建筑、采矿等）

《新仪象法要》

苏颂为水运仪象台所作的设计说明书，成书于北宋绍圣年间，是一部具有世界意义的古代科技著作，代表了宋代天文学、机械制图学的水平。

《数字九章》

原名《九章》，为与古《九章》区别故加"数字"。成书于南宋时期，作者秦九韶。是书分为九类。一曰大衍，以奇零求总数为九类之纲。二曰天时，以步气朔晷影及五星伏见。三曰田域，以推方圆幂积。四曰测望，以推高深广远。五曰赋役，以均租税力役。六曰钱谷，以权轻重出入。七曰营建，以度土功。八曰军旅，以定行阵。九曰市易，以治交易。此书不仅代表了宋代科技之数学水平，还保留了大量珍贵的、原生态的宋代社会生活的记载。

《营造法式》

北宋建国以后百余年间，大兴土木，宫殿、衙署、庙宇、园囿的建造此起彼伏，负责工程的大小官吏贪污成风，建筑的设计标准、材料的定额指标、施工的流程规范亟待制定，以防范贪污盗窃。宋哲宗元祐六年（1091），将作监第一次编成《营造法式》，由皇帝下诏颁行，此书史曰《元祐法式》。但是，该书缺乏用材制度，工料太宽，不能防止工程中的各种弊端。绍圣四年（1097），李诫受诏重新编修，于宋徽宗崇宁二年（1103）正式刊刻颁布。《营造法式》是北宋官方颁布的一部规范建筑设计与施工的书，是我国古代最完整的建筑技术书籍，标志着宋代建筑已经发展到了一个新的阶段。

《浸铜要略》

宋代主要以铜为原料来铸造钱币，随着经济的发展，货币需求量上升与铜产量下降的矛盾越来越突出。由此促使"胆水置换法"获取原铜的技术得以发展并成熟应用。《浸铜要略》成书于北宋绍圣年间（作者为张潜），详细记载了将铁片浸于胆水还原为铜的技术。此后不久，北宋官方开始将"胆铜"（当时亦称"伪铜"或"铁"）与火法烧炼所得的"原铜"，按一定比例搭配，应用于铸造铜钱。

4. 商业与城市

《洛中名园记》

作者为李格非（李清照之父），书中介绍了位于北宋洛阳的许多私家园林的总体布局，其对山池、花木、建筑所营造的园林景观的描写具体而翔实。

《东京梦华录》

作者孟元老，是一本笔记体散记文，追述了北宋都城东京开封府城市风俗人情的著作。所记内容大多是宋徽宗年间（1100—1125）北宋都城东京开封的情况，描绘了这一历史时期居住在东京，上至王公贵族、下及庶民百姓的日常生活情景，是研究北宋都市社会生活、经济文化的一部极其重要的历史文献。宋哲宗原皇后为孟氏，后废，因此避过"靖康之难"。南宋高宗登基，奉孟氏为皇太后以示正统，孟氏族人相继南迁。笔者推测作者孟元老亦为孟氏族人。

《梦粱录》

作者吴自牧，与《东京梦华录》可谓前后篇，介绍了南宋都城临安（今杭州）的城市风貌和人情风俗。

《都城纪胜》

此书又名《古杭梦游录》，作者耐得翁，赵氏，记载了临安的街坊、店铺、学校、寺观、名园、教坊、杂戏等，对当时的市民阶层的生活与工商盛况的描述也比较着力。

《武林旧事》

作者周密，成书于元初，仿《东京梦华录》，为追忆南宋都城临安城市风貌的著作，全书共十卷。

《梦粱录》、《都城纪胜》、《武林旧事》是研究南宋临安城市、人文、经济等历史的重要参考资料之一。

《西湖老人繁胜录》

书名《繁胜录》，题西湖老人撰，共一卷。作者应为南宋宁宗时临安（今浙江杭州）人。主要记录临安市民游艺活动及各类艺人姓名和事迹。

5. 文化

综合类书。类似于今之"百科全书"，有江少虞《皇朝事实类苑》、谢维新《古今合璧事类备要》、章如愚《山堂先生群书考索》以及成书于南宋的《锦绣万花谷》等。

目录书。两宋士大夫多好著文藏书，涌现出许多著名的藏书家，并整理所藏书目及其内容简介、读后评价等，汇集为书，有晁公武之《郡斋读书志》、陈振孙的《直斋书录解题》等。此外，官方藏书之书目则有王尧臣之《崇文总目》。

琴棋书画金石类。宋朝是士大夫的"黄金时代"，在大部分时间里，社会稳定，经济繁荣，使得处于社会中上层的士大夫们有了自由的生活空间和丰富的创作源泉。国学大师陈寅恪有名言："华夏民族之文化，历数千载之演进，造极于天水一朝（赵宋之世）。"《宋史·艺文志》中收录之成于两宋的琴棋书画金石类书籍，多为名家之作，如赵明诚与李清照夫妻合著的《金石录》等，不胜枚举。

六、元代官修《宋史》

元世祖忽必烈至元十三年（1276）统一中国，南北两宋的官修史书与典籍资料汇聚于元大都（今北京），此后元朝政府中的汉族官员多次建议并着手修编《宋史》。由于对宋、辽、金三国旧史的体例存在争议，以及元代中期皇位争夺的混乱，修史计划一拖再拖。

元惠宗（顺帝）至正三年（1343）正式下令由右丞相脱脱提领，分别编修《宋史》、《辽史》、《金史》。次年脱脱辞职，右丞相阿图鲁接任都总裁。《宋史》于至正五年（1345）十月成书，历时两年半，次年于江浙行省刊刻印制100部。

《宋史》的内容构架分为纪、志、表、传四个部分。

纪，为宋代历朝皇帝之重大事件，按年月日编排而成，共47卷，内容相对简略。

志，分天文、五行、律历、地理、河渠、礼、乐、仪卫、舆服、选举、职官、食货、兵、刑法、艺文，15门共162卷。志是《宋史》

的贡献之一，编撰者将宋代史料中各门类资料汇总、改编、删节，用有限的篇幅归纳总结，整体性介绍了宋代政治、经济、军事等方面的典章制度，虽有删节之误，但仍瑕不掩瑜。

表，分宰执与宗室两部分，共32卷。宰执表，以时间为轴，记载了宋代文官之宰相级、副宰相级；武官之枢密使、副枢密使级官员的任免。宗室表，即赵氏中除帝系以外的各王系的族谱。表，了解其构造与编排，掌握查阅方法即可。

传，《宋史》之精华，首先是两千多人的"列传"，内容翔实丰富，如果说前面的"纪"为《宋史》之骨架，那么"传"则是《宋史》之肥肉。通过传记可以看到宋代各色人物之起起伏伏，家族兴衰；了解士大夫之为人处事与思想理念，还可以进一步获得宋代社会生活、经济活动、军事战争等信息。

"传"还有"世家"部分，记载了五代末被宋朝兼并之各国的历史；"外国"部分，记载了西夏、高丽、大理、日本、东南亚、南亚、中亚诸国与宋朝的战争与交往；"蛮夷"部分，留下了中国西南、西北地区少数民族的一些历史信息。

读完"传"部分，再重读"纪"、"志"部分，枯燥的事件变得生动，陌生的人物变得丰满，前后融会串联，使人有豁然开朗之感，初读时那种过目即忘、昏昏欲睡的感觉消失得无影无踪。这一点也算是笔者分享给大家的读后感吧。

1.《宋史》的优点明显

史料来源丰富可靠。两宋官修的系列《国史》、《实录》、《日历》、《会要》等原本，在编修《宋史》时尚存完整。当这些原本湮灭失传后，里面的内容因《宋史》大量采用而得以幸存。《宋史》是一部系统性介绍宋代政治、经济、军事、文化、民族关系、典章制度的巨著，体例完备，又对两宋时期（甚至包括部分五代）的许多人物都作了较为详尽的记载，是研究两宋三百多年历史最基本的史料。

2.《宋史》的缺点突出

（1）删节之误

宋代史料浩瀚，编撰《宋史》的篇幅有限，不得不对史料进行大规模的删节，期以最简练加笔法保留最重要的信息。但是受制于编纂时间有限，仓促之间删节的效果并不理想。

例如《宋史》卷2《太祖纪》：

"(开宝四年三月)己巳,诏禁岭南商税、盐、曲,如荆湖法。"

对比《长编》卷12:

"……诏岭南商税及盐法并依荆湖例,酒曲仍勿禁。"

此处《宋史》删节有误。

又如:

《宋史》卷17《哲宗纪》:"(元祐六年)十一月,……尚书右丞苏辙罢知绛州。……"

《宋史》卷212《宰辅表》:"绍圣元年……尚书右丞苏辙罢知汝州……"

《长编》卷468:"……监察御史安鼎知绛州,……鼎劾苏辙不当故出。"

此处《宋史·哲宗纪》删节后,将安鼎劾苏辙不当罢知绛州误为苏辙罢知绛州,《宋史·宰辅表》则记载了苏辙真正被贬的时间和去向。

再看:

《宋史》卷18《哲宗纪》:"(绍圣元年春正月)……罢河东大铜钱。"

《皇朝编年纲目》卷24:"(绍圣元年)……除河东大铜钱禁。"

《皇宋十朝纲要》卷13:"(绍圣元年)……罢河东大铜钱之禁。"

此类缩减原文篇幅而导致的删节之误,有些增加了读者理解的难度,有些则完全"南辕北辙"。

(2) 取舍之误

同样是限于篇幅,限于时间,使得《宋史》编撰者们在事件内容的取舍上,很难做进一步的详细考证。一个完整的历史事件,必然由很多细节构成,但是往往重要的、执行的细节删去了,不重要的、讨论中的细节保留了,使得后来的研究者获得了错误的信息。

例如《宋史》卷180《食货下·二·钱币》:

"(绍兴)二十二年,复嘉之丰远、邛之惠民二监,铸小平钱。"

对比《建炎以来系年要录》卷163:

"(绍兴二十二年六月)丁丑,宰执进呈右朝请大夫知嘉州王知远到任五事论,四川铁钱至少,自罢铸后见今嘉、邛州及成都府各创都作院以嘉邛所产铁炭打造军器,赴利州桩管数目不少。今边事宁息,望将两州依旧鼓铸小铁钱。上曰:'知远所论,于钱引实有利害,可委总领所同本路漕臣措置。'后未及行。知远，白石人也。绍兴三十一年邛州复铸钱。"

《宋史》将未实行的计划当作了已发生的事件。实际上，邛州于绍兴三十一年才复铸，嘉州没有复铸。邛州惠民监，可以从遗留下来的南宋四川铁钱背文上的炉次数字对应推算，其应开设于绍兴三十一年。

(3) 通校不全，前后抵牾

《宋史》史源来源渠道广泛，不同部分由不同的人员编撰审定，篇幅浩大，统一校定修正时间紧迫。因此同一事件在不同部分的记载，往往相互抵牾，使得读者茫然而不知所措。

例如《宋史》卷38《宁宗纪》：

"（嘉泰三年秋七月）壬午，权罢同安、汉阳、蕲春三监铸钱。"

"（开禧元年）六月……复同安、汉阳、蕲春三监。"

对比《宋史》卷180《食货下·二·钱币》：

"嘉泰三年，罢舒、蕲鼓铸；开禧三年，复之。"

钱监复铸的时间，两处记载相互不同，但有遗存下来的钱币实物可证：南宋光宗时期的两淮铁钱，背均有纪年，据实物分析，嘉泰三年有，四年无，开禧元、二、三年均有。因此《宋史·宁宗纪》所载及史源正确，《宋史·食货志》则有误。

(4)《宋史》编纂的"保守"立场。

参与修编《宋史》的元朝官员，具体执行者几乎都为汉人（南宋遗民），最终的审核权与决定权掌握在蒙古史官手中。这里需要注意三点：

其一，南宋与蒙古交战的一些细节，被刻意隐匿了，仅有少数隐藏在"忠义传"的内容里；南宋史料中对蒙古不利的一些记载和言语，必然会被删除，使得《宋史》有轻南宋、重北宋之感觉。

其二，欧阳玄、贺惟一、阿图鲁等主编者，均推崇"道学"，即宋代之"程朱理学"。因此《宋史》一书的编排取舍，倾向"道学"立场比较明显。首创"道学传"，记载了两宋的道学家，如周敦颐、程颢、程颐、张载、邵雍、张栻（张浚之子）、朱熹等，突出了道学的地位。"忠义"、"孝义"、"列女"三传，也都是宣扬道学思想。

其三，北宋亡国后，南宋官修《国史》、《实录》即对王安石变法持否定态度。"程朱理学"一脉被蔡确、章惇、蔡京一派"新党"及后来秦桧、韩侂胄等先后打压。因此，在修《宋史》时，仍旧保持对"王安石变法"的否定态度。

七、明清以降对宋代史料的收集整理

宋代是我国古代出版业全面发展的时期。一是官方组织人力物力，刊印了许多农业、医药、佛经、历书等方面的书籍，并且对民间出售以获取收益。二是民间出版业发展迅速，蜀地、闽地、江浙成为雕版印刷出版的中心，销售之书肆几乎遍布全国的重要城市。继宋之后，元明时期的出版业继续发展。明代的中央、地方、藩王府、民间大量刊刻图书，书肆书坊遍及县镇，图书销售量大增。借此东风，许多宋元善本得以重刻刊印，流传于世，其中就包括宋代的"别史"、"文集"、"笔记"、"方志"等类，保留了大量珍贵的文化史料。

明清时期，官方两次组织人力物力对中华典籍进行大规模整理。第一次是明代《永乐大典》，第二次是清代《四库全书》。

《永乐大典》

《永乐大典》是编纂于大明永乐年间（1403—1408）的一部旷世大典，全书22 877卷，目录60卷，计11 095册，约3.7亿字，汇集了明朝永乐以前的图书七八千种，记录了中国古代科学文化的光辉成就，可谓世界有史以来"规模最大的百科全书"。作为一种百科全书型的类书，一方面，《永乐大典》将所收录的各书内容组织糅合成为一个整体，必然打乱了所有原书的结构；另一方面，在修书过程中，对收录书籍采用兼收并蓄方式，并尽可能地保留原书内容的原貌。《永乐大典》卷帙浩瀚，采用"用韵以统字，用字以系事"的方法，便于读者检索要找的内容；记载的内容，通行规则是用一行大字"墨书"辞目，用双行小字"朱笔"记载作者和书名，"墨笔"记载书中的篇名和内容。综上可知，《永乐大典》的取材来源广泛、抄录改动不大、内容标识出原书作者与书名，对中国古代文献的保存（其中包含大量的宋代史料），作出了重大的贡献。

《四库全书》

明《永乐大典》因耗费巨大而未能刊刻，仅有原本及嘉靖抄本各一部。原本一说陪葬于明嘉靖皇帝之永陵，一说湮灭于明清更替之际；嘉靖抄本至清乾隆时期尚存，不过已有部分缺失遗散。清乾隆年间，基于许多古代书籍民间已失传，却有部分内容散存于

《永乐大典》之中，有人提议从《永乐大典》中辑出民间佚失之书，即"辑佚"，得到乾隆皇帝的认可。此次辑出的著名书籍，如西晋杜预的《春秋释例》、唐林宝的《元和姓纂》、北宋薛居正的《旧五代史》、南宋李心传的《建炎以来系年要录》、宋代医学名著《苏沈良方》、《博济方》、《伤寒微旨》等。在此基础上，乾隆下令，将《永乐大典》中辑出的书籍，与各省所采集、武英殿所存所有官刻书籍，汇集到一起，名为《四库全书》，由此引出了浩大的新工程。

《四库全书》的底本有六个来源：内府本，即政府藏书，包括武英殿等内廷各处藏书；赞撰本，即清初至乾隆时奉旨编纂的书，包括帝王的著作；各省采进本，即各省督抚征集来的图书；私人进献本，即各省藏书家主动或奉旨进呈的书；通行本，即采自社会上流行的书；《永乐大典》本，即从《永乐大典》中辑录出来的佚书。四库馆臣对以上各书提出应抄、应刻、应存的具体意见。

《四库全书》，共有360多位高官与学者参与编纂，3 800多人抄写，耗时13年编成，分《经》、《史》、《子》、《集》四部，故名"四库"；共有3 500多种书，7.9万卷，3.6万册，约8亿字，基本上囊括了中国古代所有图书，故称"全书"。

《四库全书》清代共抄录7部，第一批抄录的四部分贮于紫禁城文渊阁、辽宁沈阳文溯阁、圆明园文源阁、河北承德文津阁珍藏，这就是所谓的"北四阁"。后续抄录的三部分贮扬州文汇阁、镇江文宗阁和杭州文澜阁珍藏，这就是所谓的"南三阁"。七部之中，圆明园文源阁本毁于"庚子之变"，镇江文宗阁本和扬州文汇阁本毁于"太平天国运动"，已荡然无存。故宫文渊阁本今藏台湾省（1949年去台），承德文津阁本今藏北京图书馆，沈阳文溯阁本今藏甘肃省图书馆（中苏交恶年代，为预防苏联入侵东北由沈阳运至兰州）。杭州文澜阁本，也曾在太平天国战火中受损严重，多所残阙，后来递经补抄，基本补齐，今藏浙江省图书馆。

《四库全书》对保存和发掘中国古代文献起到了积极作用。另一方面，在编修《四库全书》的过程中，清代统治者借此执行了大规模的文字清查工作。首先是焚毁了大量不利于清朝统治者的违禁图书，有学者推测有一万部（15万卷）以上的古书被查禁焚毁；甚至印书所用之印版也难逃厄运；大量的明代原始档案，也被清朝政府系统性销毁。其次是删销篡改了大量对于满清以及金人不利的言论与记载，其中参与编纂的士人，忌惮于"文字狱"，保险起见，主动成为删销篡改之先锋，满清所忌，必为删改。因此，必须承认《四库全书》的整理工作，确实对古文献的保存与流传有所贡献，同时不得不记住，这也是中华文明的一场大浩劫。

清嘉庆年间，徐松入馆任"提调兼总纂官"，借辑修《全唐文》之名从《永乐大典》中辑出的宋代官修《会要》之文编成《宋会要辑稿》500卷，为复原宋代文献作出了不可磨灭的贡献。

毕沅，乾隆二十五年（1760）进士，官至兵部尚书、湖广总督，为乾隆嘉庆之际的清朝重臣。毕沅主持并组织其幕僚等文人学者，将《宋史》、《辽史》、《金史》、《元史》、《长编》、《系年要录》、《契丹国志》以及各类"文集"、"笔记"百余种，汇集拆分为按年月日标记的各个事件，合并考证，重新编排为编年体史书，名为《续资治通鉴》，上起宋太祖建隆元年（960），下至元惠宗（顺帝）至正二十八年（1368），成书220卷。

史学前辈们探索研究时，常常苦于史料获取之难，耗费大量的时间和精力去查阅摘抄，一些存世罕见的史料，想见一面更是难上加难；即便获得机会接触史料，又困扰于版本不同、内容缺失、辑误繁多，还需要整理考校。恶劣的条件束缚了前辈们的脚步。民国以后，经过众多史学前辈及出版业诸位先生之努力，大量的中国古代文献得以整理、校对、出版。这些浩瀚的、繁琐的、基础性的工作，为现代研究者提供了坚实的基础和便利的条件，本章不再一一列举。古人有云："前人创之者为难，后人因之者为易。"

八、本章总结

流传至今的宋代史料中，两宋官方纪录的原始史料以及编撰成书的"正史"绝大部分失传，只能借助于其他文献的引用转载来参考。

宋代"别史"中，《续资治通鉴长编》、《续资治通鉴长编纪事本末》、《皇宋十朝纲要》、《皇朝编年备要》、《东都事略》、《建炎以来朝野杂记》、《建炎以来系年要录》等，成书于南宋，是相对合理的资料，不过需要注意部分内容可能会在清朝被删减和篡改。

宋代典籍中，《宋会要辑稿》、《宋大诏令集》、《庆元条法事例》等残存的原始资料，研究价值极高。

宋元类书中，《玉海》、《文献通考》、《群书考索》等，重要性不可忽视。

此外，如果时间和精力允许，大量"文集"、"笔记"、"地方志"、各类专业书籍，里面内容丰富，资料翔实，系待开采研究之"宝藏"。

至于《宋史》和《续资治通鉴》的两宋部分，可作为入门级的阅读资料，可借此了解赵宋一代三百年的历史。《宋史》缺陷较多，《续资治通鉴》时代较晚，做学术研究时，应该尽量使用其他相对精确的史料。

本章罗列繁多书目，并非哗众取宠。宋代历史的课题研究，一方面是借助各类考古发掘与文物遗存，另一方面离不开各类历史文献。文献资料搜寻的范围越广，获得的信息越多，对于研究的帮助必然越大，往往在不起眼的某本文集的某段文字里，就有验证某个推论的记载，或者解读了某个百思不得其解的用词。

彭信威教授不仅通读了以上宋代史料中的绝大部分，还熟悉上迄春秋典籍下至清代"实录"与"史稿"各种史料，此外精通四国语言，学贯中西，融会比较，加之对日本学术界之研究成果亦有参考和辩证，最终完成《中国货币史》这一巨著。

我辈亦当努力，以追先贤。

第二章
宋代的"钱陌"

南宋初年孟元老著《东京梦华录》有一则《都市钱陌》:

> 都市钱陌,官用七十七,街市通用七十五,鱼肉菜七十二,金银七十四,珠珍雇婢妮买虫蚁六十八,文字五十六,陌行市各有短长使用。
>
> 雇觅人力,干当人,酒食作匠之类,各有行老供雇觅女使,即有引至牙人。
>
> 凡雇觅人力,干当人,酒食作匠之类,各有行老供雇觅女使,即有引至牙人。
>
> 每坊巷三百步许,有军巡铺屋一所,铺兵五人,夜间巡警防火。

"都市钱陌,官用七十七,街市通用七十五,鱼肉菜七十二陌,金银七十四,珠宝雇婢妮买虫蚁六十八,文字五十六陌,行市各有短长使用。"

记载了宋徽宗时期东京城内钱币流通的"钱陌"制度。

"钱陌"是什么样的制度?它是何时出现,又是如何演变的呢?

一、"钱陌"制度

唐宋时期,陌、伯、佰三字同音,相互通用,南宋"临安府钱牌"的铭文中"伯"即通"佰",钱陌之"陌"也是"佰"的意思。

北宋沈括《梦溪笔谈》亦有载:

"今之数钱,百钱谓之'陌'者,借'陌'字用之,其实只是'百'字,如'什'与'伍'耳。"

"钱陌"制度指钱币流通时的计数规则:

足陌,一百作一百,足数流通;

短陌,不足一百充作一百流通;

官陌,官方认定的短陌标准,宋代官陌以七十七作一百,唐宋官方规章制度大多由中书门下省颁布,因此宋代官陌又称"省陌"。南宋"临安府钱牌"铭文的"省"即为"省陌"之意。

正　　　　　背

临安府钱牌
何代水藏
铭文:
临安府行用／准伍伯文省

两宋三百余年间,除在四川以外的地区,"省陌"制度在官方财政收支时,包括钱监铸钱计数时,都得以严格执行,所以在相关历史文献中,钱币计数不带足字者,不带具体陌制者,默认为"省陌"。

铜镜
张华藏
铭文：
湖州石道人法炼青铜镜
每两省八十住者壹百足

二、"钱陌"的出现

中国古代铸币自"五铢"到"开元通宝"再至两宋铜钱，都是以重三至四克的小平铜钱为基本货币单元。小平铜钱零星使用时计数方便，遇到大额交易或国家财政收支时，如何计数就成为一个难题。近年在江西南昌发现西汉海昏侯墓，出土约200万枚"五铢"铜钱。根据已披露的资料可知，每一千枚铜钱用麻绳穿成一串，然后将麻绳打结处用封泥固定于一块木板上，每块木板固定十串，共计一万枚。

小平铜钱

海昏侯墓

这次考古发现直观地反映了西汉官方对钱币计数封存的方式，也是以"千"作为大额铜钱计数单位的最早实例。此后"千"="缗"="贯"，成为历代钱币大额计数时的常用单位。南北朝时期《殷芸小说·吴蜀人》里"……腰缠十万贯，骑鹤下扬州……"即为例证。

海昏侯下葬于西汉强盛时期，因此钱币足额计数，那么不足数的"短陌"是何时出现的呢？

最早的史料见于东晋葛洪《抱朴子》内篇卷6《微旨》载：

"……借人长钱，还人短陌……"

以及《隋书》卷24《食货志》记载南朝梁武帝铸行铁钱时：

"……交易者以车载钱，不复计数，而唯论贯。商旅奸诈，因之以求利，自破岭以东，八十为陌，名曰'东钱'。江、郢以上，七十为陌，名曰'西钱'。京师以九十为陌，名曰'长钱'。中大同元年，天子乃诏通用足陌。诏下而人不从，钱陌益少，至末年遂以三十五为陌。"

由此分析，三国两晋以降，战乱频繁，人口减少，经济凋敝，铜钱铸币质量连年下降，南朝梁武帝时期甚至铸行铁钱以取代铜钱，民间通货膨胀严重，因此钱币流通时出现了不足额计数的情况。"钱陌"自此登上中国货币史舞台。

萧梁铁五铢

三、"钱陌"的演变

先来查阅相关史料。

《旧唐书》卷48《食货志》载：

"天宝九载二月，敕：'……量除陌钱每贯二十文。'"

《旧唐书》卷49《食货志》载：

"建中四年六月，户部……又以军须迫蹙……乃请……算除陌钱。……除陌法：天下公私给与货易，率一贯旧算二十，益加算为五十。……至兴元二年正月一日赦，悉停罢。"

北宋高承《事物纪原》卷10载：

"（元和十年）吴元济、王承宗拒命，经费尽竭，皇甫镈建议内外用钱，每缗垫二十。"

《唐会要》卷89《泉货》载：

"（长庆元年九月敕）泉货之义，所贵通疏。如闻比来用钱，所在除陌不一。与其禁人之必犯，未若从俗之所宜，交易往来，务令可守。其内外公私给用钱，从今以后，宜每贯一例除垫八十，以九百二十文成贯，不得更有加除及陌内欠少。"

同上，又载：

"（天祐二年四月敕）准向来事例，每贯抽除外，以八百五十文为贯，每陌八十五文。如闻坊市之中，多以八十为陌，更有除折，今后委河南府指挥市肆交易并须以八十五文为陌，不得更有改移。"

北宋《册府元龟》卷501《邦计·钱币》载：

"（后唐天成）二年七月，度支奏：'三京邺都并诸道州府市肆买卖所使现钱，旧有条疏，每陌八十文。近访闻在京及诸道街坊市肆人户，不顾条章，皆将短陌转换长钱，但恣欺罔，殊无畏忌，若不条约，转启幸门。请更各降指挥，凡有买卖并须使八十陌钱。'从之。"

《旧五代史》卷107《王章传》载：

"（后汉乾祐中）又官库出纳缗钱，皆以八十为陌，至是民输者如旧，官给者以七十七为陌，遂为常式。"

梳理以上史料可知，大唐盛世，纯用足钱。

唐玄宗天宝七载（748），唐代官方"钱陌"初次出现，为九十八陌。

"安史之乱"是中国货币史一个重要拐点。唐军在战争中全线溃退，自给自足的"府兵制"瓦解，取而代之的是"募兵制"，军费开支"货币化"；黄河中游被叛军占领，运输线被切断，京城长安物资匮乏，中央政府不得不将官员俸禄中"货币"比例加大，实物减少，官俸支出"货币化"；战后藩镇势力扩张，中央政府对地方财政的控制力下降，以"租庸调"为基础的财政制度崩溃，"两税法"与"禁榷专卖制"走向前台，此后国家财政收入中"货币"比例增加，实物比例下降，财政收入"货币化"。

这三个"货币化"导致唐代货币需求量大爆发，存量铜钱无法满足经济所需，国家财政支出时"钱荒"成为了一种常态。为了应对开支窘迫和适应民间流通，官方"钱陌"标准也在不断调整：

唐德宗建中四年（783），减为九十五陌；

唐德宗贞元元年（785），恢复足陌；

（兴元二年正月一日敕即指陆贽所撰《贞元改元大赦制》）

唐宪宗元和十年（815），减为九十八陌；

唐穆宗长庆元年（821），减为九十二陌；

821年至905年间逐渐减为八十五陌，文献缺载；

唐昭宗天祐二年（905），重申八十五陌，民间流通为八十陌；

905年至927年间官陌也减为八十陌，文献缺载；

后唐明宗天成二年（927），重申八十陌；

后汉乾祐年间（948—950），官支七十七陌，官收八十陌。

四、宋代的"钱陌"

历经"安史之乱"、"黄巢起义"、"五代更迭"，乱世之下，中央政府的规章制度近乎糜烂崩溃。后周世宗柴荣励精图治，修订官制、澄清吏治、均定田赋、修订刑律……立志"以十年开拓天下、十年养百姓、十年致太平"，可惜壮志未酬，英年早逝。赵匡胤借机发动"陈桥兵变"建立北宋。因此，北宋立国时各项规章制度总体继承于后周，后续也因循而定，小修小补，未作大规模变动。大乱之后，无为而治，这也是统治者一种合理的低成本选择。

具体到"钱陌"制度，北宋官方政府，受制于"钱荒"无力恢复"足陌"，于是继承了五代的官陌：七十七作一百，只是修改为官方收税和支出都执行同样的标准。文献记载见于《长编》卷18：

"唐天祐中，兵乱窘乏，始令以八十五钱为百，后唐天成中又减五钱，汉乾祐初复减三钱。国初因汉制，其输官亦用八十或八十五，然诸州私用犹各随俗，至有以四十八钱为百者。（太平兴国二年九月）丁酉，诏所在悉用七十七为百，每千钱必及四斤半以上。禁江南新小钱，民先有藏蓄者，悉令送官，官据铜给其直。"

此后两宋三百余年，除四川以外地区，官方财政收支统一执行七十七作一百的"官陌"，也称"省陌"。民间货币流通则依各地各行业的约定，执行不同的"短陌"标准。

《宋史》卷180《食货志·钱币》载：

"是时以福建铜钱数少，令建州铸大铁钱并行。寻罢铸，而官私所有铁钱十万贯，不出州境，每千钱与铜钱七百七十等，外邑邻两浙者亦不用。"

这里不能理解为大铁钱与小平铜钱比值为1∶0.77，而是指大铁钱与小平铜钱等值一比一，同时执行七十七为一百的"省陌"制度。

太平大铁钱

另有学者认为南宋时期出现"头子钱"导致宋代官陌标准再次降低。这个观点不正确，南宋"头子钱"应该理解为官方支付环节的附加税，与"省陌"制度无关，官方收税与支出以及财政统计方面的陌制仍然是七十七为一百。

在南宋数学家杨辉所著《杨辉详解算法》以及秦九韶所著《数学九章》里，记载了大量关于钱陌换算的习题，南宋末年陈元靓所著《事林广记》也记载了关于钱陌换算的"足数展省"和"省数归足"

口诀，这些内容足以证明宋代的"钱陌"制度已深入民间，钱陌的换算已成为百姓日常生活所需的必备技能。所以，了解"钱陌"制度出现的原因和演变，是接下来探索宋代货币制度的一个重要基础。

五、宋代四川"钱陌"

两宋时期四川地区的"钱陌"制度暂时不见明文记载，但可以通过其他史料来侧面探讨。

其一是通过换算四川铁钱的重量来验证陌制。

《长编》卷59载：

（景德二年二月庚辰）先是，益、邛、嘉、眉等州岁铸钱五十余万贯，自李顺作乱，遂罢铸。民间钱益少，私以交子为市，奸弊百出，狱讼滋多。乃诏知益州张咏与转运使黄观同议，于嘉、邛二州铸景德大铁钱，如福州之制，每贯用铁三十斤，取二十五斤八两成，每钱直铜钱一，小铁钱十，相兼行用，民甚便之。

同上，卷82载：

（大中祥符七年二月癸酉）西川用景德新铸钱将十年，以铁重，民多熔为器，每一千得铁二十五斤，鬻之值二千。转运使赵祯言其非便，请铸大铜钱一当十，诏三司议，未决。知益州凌策请减景德之制，别铸大铁钱，每一千重一十二斤十两，仍一当十，其旧钱亦许兼用；且言钱轻则行者易赍，铁少则熔者鲜利。乙亥，诏从其请。

李攸《宋朝事实》卷15《财用》载：

川蜀用铁钱，小钱每十贯重六十五斤，折大钱一贯，重十二斤。街市买卖，至三五贯文即难以携持。自来交子之法，久为民便。

根据以上记载可知，四川"小铁钱"每贯重六斤八两；景德"大铁钱"每贯重二十五斤八两；祥符减重型"大铁钱"每贯重十二斤十两。

以足陌制换算，四川"小铁钱"每文重1.04钱；景德"大铁钱"每文重4.08钱；祥符减重型"大铁钱"每文重2.02钱。

以省陌制换算，四川"小铁钱"每文重1.35钱；景德"大铁钱"每文重5.30钱；祥符减重型"大铁钱"每文重2.62钱。

测量现存的四川铁钱实物可知，四川"小铁钱"每文平均重量在4克左右；景德"大铁钱"每文平均重量在16~18克；祥符减重型"大铁钱"每文平均重量在8克左右。

北宋1两约合今40克，1钱合4克，由此对应以上数据分析：北宋时四川铁钱铸造计数时实行一百作一百的"足陌制"。

四川铁钱重量

其二是参考四川纸币"交子"的兑换情况。

吕陶《净德集》卷3《奏乞权罢俵散青苗一年以宽民力状》载：

（青苗钱）虽云出息不过二分，而节目颇多……支交子折足钱（原注：川中交交子一贯折为足钱，民间只换得九百二三十文）。

《长编》卷258载：

（熙宁七年）秘书丞、提举成都府利州路买茶公事蒲宗闵奏："伏见成都府转运司每年应副熙河路交子十万贯，客人于熙河入纳钱四百五十或五百，支得交子一纸，却将回川中交子务请铁钱一贯文足现钱。"

由此可知，四川纸币"交子"在兑换铁钱时实行了"足陌制"。

又据《宋史》卷181《食货志·会子》载：

宝祐四年台臣奏："川引、银会之弊，皆因自印自用，有出无收。今当拘其印造之权归之朝廷，仿十八界会子造四川会子，视淳祐之令作七百七十陌，于四川州县公私行使。两料川引并毁，见在银会姑存。旧引既清，新会有限，则楮价不损，物价自平，公私俱便矣。"有旨从之。

由此可知，南宋宝祐四年（1256），四川纸币改用"会子"，其钱陌制度由"足陌制"转为"省陌制"，这才与东南铜钱货币区的陌制相统一。

为什么会出现这样的情况？

在两宋的货币制度中，四川似乎成为一个独立的区域？

本书将在下一章揭晓答案。

第三章
北宋货币制度简述

一、北宋早期货币制度的确立

公元960年正月"陈桥兵变",后周殿前都检点归德军节度使赵匡胤"黄袍加身",定国号为"宋",改元"建隆",史称"北宋"。

赵匡胤对内加强中央集权,"杯酒释兵权"根除了唐末五代以来武将干政的威胁;改革地方行政机构,将行政权、财税权、司法权平行分设,收归中央,抑制了地方割据势力的形成;改革中央行政机构,削弱分割宰相权力,避免了权臣夺位的隐患。对外加强军事行动,南征北战,袭占荆湖、攻灭后蜀、平定江南,初步统一了全国。

北宋建国之初,重视农桑生产,减轻徭役赋税,治理黄河水患,疏浚运河交通,为社会经济的恢复和发展打下了基础。货币作为商品经济中不可或缺的元素,必然得以重视。北宋货币制度继承于盛唐至五代正统货币制度,"小平铜钱"是唯一的法定货币。在北宋统一战争中,中央政府将南唐、荆湖、南汉、北汉这些割据政权的货币制度进行整合,例如太平兴国二年(977)整顿江南币制,恢复及增设铜钱监,铸造小平铜钱投入流通,废除铅钱、铁钱、虚值大钱,将回收的铁钱改铸为农具,发放于江北流民恢复农业生产,最终形成了一个相对完整、统一、只流通小平铜钱的"铜钱货币区"。

在这个过程中,有两个地区成为例外。

其一是福建。

福建地区在五代时期铸行"永隆通宝"和"开元通宝"大铁钱。北宋太平兴国三年(978)统一福建。太平兴国八年(983),因本地小铜钱流通不足,建州铸"太平通宝"大铁钱与小平铜钱并行,由于

和中央统一币制的大方向有冲突随即停铸，新旧大铁钱共十万贯限于本地使用。此后，建、漳、泉、福等州，不再新增大铁钱，让原有大铁钱自然退出流通领域。咸平二年（999），建州设置丰国监铸造小平铜钱，加快了这一进程。宋神宗熙宁年间，福建路的大铁钱完全退出流通领域。

其二是四川。

1. "四川"地名的由来

北宋统一后蜀，将后蜀旧地分为"西川路"与"峡路"，文献中统称为"川峡二路"。北宋咸平四年（1001），将"西川路"划分为"益州路"与"梓州路"；将"峡路"划分为"利州路"与"夔州路"，此后的文献中合称为"川峡四路"，这就是"四川"地名的由来。宋徽宗大观年间设立"四川钱引务"，这是"四川"作为地名第一次出现在文献中。南宋时"四川"成为巴蜀以及陕南、甘南部分地区的统称，频繁在史料中出现。本书为了叙述方便，将"四川"这个概念提前使用，特此说明。

回到正题，自"安史之乱"历"黄巢兵祸"到"五代十国"，四川受到战争的影响较小，经济破坏有限，因此后蜀的货币制度直接继承于盛唐，只流通小平铜钱。后周世宗柴荣驻军秦凤，迫使后蜀秦岭前线的军费开支剧增，由于小平铜钱不足，增铸小平铅钱与小平铁钱。铜、铁、铅质小平钱，重量都在一钱（4克）上下，后蜀官方政府视铅钱和铁钱为铜钱的替代品，币值是相等的。"钱"是一个货币单位，以铜铸之、以铁铸之、以铅铸之，都是一"钱"。据史料记载，在边境前线军费支出时，每贯（1 000文）由400文小平铜钱搭配600文小平铁钱支付；在成都官用支出时，每贯（1 000文）由900文小平铜钱搭配100文小平铁钱支付；至于铅钱、铁钱在民间流通及官方收入时是否有贬值，史料记载不详。

2. 乾德三年四川货币制度

北宋乾德三年（965）统一后蜀，此时四川行用铁钱与铅钱的时间不长，铸造量有限，理应恢复旧制，与中原的货币制度相统一，但中央政府却将四川货币制度调整如下：

①废除小平铅钱；

②保留小平铁钱，限制其出川；

③保留小平铜钱，限制其他地区铜钱入川，同时官方挑选小平铜钱外运。

这使得四川成为一个铜铁钱兼用的特殊货币区。

分析推测其原因如下：

其一，在北宋的统一战争中，收复后蜀在前，中央政府将四川视为后勤基地。

其二，由于四川易守难攻，后唐庄宗派孟知祥等率军灭前蜀，最后成就了孟氏后蜀，为了避免再次出现地方割据，中央政府有计划地将蜀地历年积累的财富转运于京师，其中包括大量小平铜钱。

太平兴国四年（979），北宋已经统一南汉与南唐，浙江钱氏与漳泉陈氏也纳土归顺，政局趋于稳定，于是中央政府下令开禁，允许小平铜钱进入四川，准备统一全国的货币制度。

此时四川的形势已经变得非常严峻。

经过十余年的拣选上供，小平铜钱只出不进；经过十余年持续鼓铸，小平铁钱只增不减，四川的铜铁钱存量比例严重失调，民间流通难以维持一比一兑换的官价。以距铜钱货币区远近不同，民间兑换比值自一比四至一比十四不等，形成了铜铁钱比值的"双轨制"，地方官吏获得上下取利的操作空间,支付以"铁钱",收纳以"铜钱",兑换"剪刀差"严重损害了小商人、小市民阶层的利益。

淳化五年(994)赵安易建议,官方承认民间比价,取一比十为准,铸"淳化元宝"折十大铁钱以权小平铜钱。

然而,币制改革尚未成功,社会矛盾已彻底激化,爆发了王小波、李顺起义。

至道年间,这次起义被平定。

咸平年间,王均叛变被平定。

3. 景德二年四川货币制度

景德二年(1005),经历两次战乱后,四川的货币制度重新稳定:

①停用铜钱,只用铁钱;

②停止铸造小平铁钱,官方认可其贬值,改称"小铁钱";

③铸行"折十大铁钱",以权小平铜钱。

四川铁钱的兑换关系:10枚小铁钱兑换1枚大铁钱,等值于1枚小平铜钱

铜钱、铁钱之间不可兑换,仅作币值折算,小平铜钱与小铁钱币值折算为一比十。

此后,四川成为只流通铁钱的独立货币区,政府制定了相关法律,严禁"铜钱货币区"与"四川货币区"之间的钱币跨界相互流通。

4. 四川"交子"的出现

在两次战乱中大量铁钱被掩埋和流散,随后景德年间币制改革停用铜钱,使得益州(今成都)出现了货币"真空"。为了应对局部"钱荒",民间自发印制纸质兑换券"交子"参与流通。此时主政西川的大臣张咏以抚为主，没有取缔民间"交子"，然后在"交子"出现信用危机时借机将其改造为"官督民办"，因此也有文章称张咏为"交子之父"。

大中祥符四年（1011），为避免富民虚空滥发，官督民办的"交子"开始定期换界以起稽核作用。但是民间发行"交子"的弊端始终无法根除，官方对"交子"的态度也出现差异，一派认为应该彻底废除，一派认为应该由官方来主持发行。

最后北宋中央政府决定将"交子"收归官办。

天圣元年（1023）十一月成立"益州交子务"，以小铁钱为计值单位，收兑民间铁钱作为准备金，对应发放"交子"。自天圣二年（1024）二月至天圣三年（1025）二月止，第一界共计收兑 1 256 340 贯小铁钱，并以此数为每界的限额，每两足年收兑换界：

天圣五年（1027）二月以第二界收兑第一界；

天圣七年（1029）二月以第三界收兑第二界；

……

以此类推。换界收兑时每贯收取三十文小铁钱的工本费，即换界手续费为3%。

自此，世界上第一种官方正式发行的纸币在中国诞生。

益州官"交子"是一种百分百准备金的兑换券，无条件兑换支撑了它的货币信用，定期"换界"是出于防伪及稽核考虑，并不增加发行量，因此不存在滥发贬值的问题。由于信用充足，纸币便于携带的优越性得以体现，受到茶马商人的欢迎，以益州（换界的兑换地）为中心，"交子"随茶马商人的足迹而扩散，主要流通于益州至秦州一线。

总而言之，北宋虽然完成了初步统一，但并没有建成全国统一的货币制度，在宋真宗年间形成了两个相对独立而稳定的货币区。

铜钱货币区：

开封府，京西路，京东路，河北路，河东路，陕西路，淮南路，两浙路，福建路（局部参用大铁钱），江南东路，江南西路，荆湖北路，荆湖南路，广南东路，广南西路。

以上行用小平铜钱。

四川货币区：

益州路，梓州路，利州路，夔州路。

以上行用小铁钱、大铁钱（折换小铁钱十、折合小平铜钱一）。

铜钱、铁钱不能相互兑换且不能跨界流通。

此外，"益州交子务"印制的兑换券官"交子"，以两年为一界，流通于益州路、梓州路、利州路、陕西路的部分地区。

这个"货币制度"相对稳定地维持到了宋仁宗康定元年（1040）。

5. "绢帛"与"金银"

既然说到"货币制度"，需要补充介绍一下"绢帛"与"金银"。

唐初的经济制度继承于南北朝及隋的制度，以匹为计量单位的丝织品绢帛，在货币经济中占有重要地位。唐代史料中，绢帛用于价值尺度与支付手段的记载比比皆是。武德年间制定的律法，将绢帛作为计赃的标准，也是一个非常典型的例子。安史之乱后，唐代经济发生巨大变革，铜钱的使用空间和重要性开始上升，绢帛的货币地位开始下降。北宋建国后，绢帛已经逐渐退化为日常用品和生活物资，其货币属性逐渐消失。

唐代丝绸之路畅通无阻，受到西域的影响，金银器皿在中国上层社会中流行。黄金和白银，特别是白银，重要性开始上升，逐渐取代了绢帛的货币地位。唐宋之交，金银用于赏赐、贿赂、大宗交易、价值尺度、储藏手段的频率越来越高。唐宋金银的使用和影响，在社会阶层中，呈现由上而下扩散的一个状况。但需要注意，北宋时期的金银还不能作为流通货币，不能在日常生活中直接使用，需要通过"金银铺"这样的中介机构进行买卖，兑换为铜钱、铁钱、纸币。

二、宋仁宗朝货币制度的变动

唐僖宗中和元年（881），党项族首领拓跋思恭占据夏州（今陕北地区的横山区），受封定难节度使、夏国公，赐姓李，世代割据相袭。历经五代到北宋初年，党项与中原政权关系时好时坏。一代枭雄李元昊于北宋明道元年（1032）继承为党项族首领，不愿臣服于北宋，于北宋宝元元年（1038）正式称帝建元，国号"大夏"，并积极准备军事扩张，引发了第一次宋夏战争。

西夏军兴，与之比邻的陕府西路（简称陕西路）沦为交战区。北宋各路大军汇集陕西，调集物资，筹措军饷，导致财政压力骤增。为了应对危机，陕西路的多位官员建议朝廷变更陕西的货币制度，增加货币供应。时任陕西安抚使的韩琦，提议陕西"产铁甚广，可铸铁钱兼行"；时任通判河中府的皮仲容，提议以商州洛南县红崖山、虢州青水冶的青铜，设置钱监铸造当十大铜钱。调整陕西货币制度的建议在朝堂引发争议，遭到翰林学士丁度等朝臣的反对，因此在康定元年（1040）拖而未决。但是在宋仁宗的批准或默许下，相邻的利州路已在铸造"康定元

——康定铁钱

宝"铁钱供应陕西军费；皮仲容也调任商州筹措钱监铸钱事宜。

庆历元年（1041）八九月间（庆历改元在本年十一月，此时实为康定二年），宋仁宗正式下令，允许陕西行用铁钱；以商州洛南县钱监为"阜民监"、虢州朱阳县钱监为"朱阳监"，批准铸造当十大铜钱。同年九月，知永兴军范雍建议于河东路的铁矿产区铸造大铁钱，以助陕西军费；陕西都转运使张奎建议以河东路晋州所产的生铁铸造小铁钱。次年十月，张奎调任河东都转运使，正式行动铸大铁钱于晋、泽二州，以一当十，运往关中作为军费。

庆历元年（1041）十一月，诏"江、饶、池三州铸钱监铸铁钱三百万缗，以备陕西军费。"根据现存实物分析，这批铁钱少数为小铁钱，大多数为折十大铁钱。

随后朝廷又"敕江南铸大铜钱，……悉辇致关中。"

庆历四年"陕西复采仪州竹尖岭黄铜，置博济监铸大钱。"

……

第一次宋夏战争引发的财政危机，陕西路在短时间内变成了同时流通小平铜钱、小平铁钱、当十大铜钱、当十大铁钱的特殊货币区。河

铜、铁两种材质的小平钱和折十钱

东路铸造的铁钱名义上是供应陕西路军费，实际上也有部分留存在本地使用，也成了铜铁钱混用的特殊货币区。各地供应的各种货币混杂流通，看似复杂，其实币值只分小平和折十两等，各有铜铁两种材质。

小平铜钱是足重足值的基准货币；

小铁钱重一钱，折换小平铜钱一；

大铜钱重两钱，折换小平铜钱十；

大铁钱重三钱，折换小平铜钱十。

新增发行的三种货币为低值或虚值货币，受到百姓抵制而流通不畅，民间盗铸蜂拥而起。

庆历四年（1044），宋夏签订和约，宋仁宗开始着手整顿混乱的货币制度，派遣鱼周询视察陕西路钱法利害，派遣欧阳修视察河东路钱法利害，随后于庆历四年（1044）至皇祐二年（1050）间，相继实施了一系列调整政策，归纳如下：

①河东的钱监停铸大、小铁钱；

②陕西的钱监停铸大铜钱；

③江南的钱监停铸专供陕西的铜钱、铁钱；

④陕西现行当十大铜钱先改为当五，后改为当三（小平铜钱）；

⑤陕西现行当十大铁钱先改为当五，后改为当三（小平铜钱）；

⑥陕西和河东小铁钱币值改为三枚当小平铜钱一枚。

以上六条政策，前三条切断货币供应，目的是平抑物价；第四和第五条调整了大钱币值，第六条重新规定小铁钱的币值，目的是抑制私铸。政策实施后，物价略平，盗铸稍息，可是大钱贬值导致持有者财富十去其七，民间破产者无数，财政危机的损失被政府转嫁给了百姓。

至和元年（1054），田京任陕西都转运使，兴复钱监铸造"至和重宝"当三大铜钱和大铁钱以回收民间私铸。新钱铸造工艺改进"棱郭精好"，私铸者"莫所能为"，受到民众的欢迎和接受，对整顿陕西币制起到一定的效果。

至和重宝大铁钱和大铜钱

大钱虽已贬至当三，民间盗铸仍未断绝。嘉祐四年（1059年），宋仁宗再次下令调整陕西和河东地区钱法，归纳如下：

①陕西路当三大铜钱改为当二（小平铜钱）；

②陕西路当三大铁钱改为当二（小平铜钱）；

③大铜钱和大铁钱只行用于陕西路；

④小铁钱只行用于河东路；

⑤减免民间因钱法变更导致的官债差额；

⑥官吏俸钱以铜钱、铁钱各半支付。

大铜钱重二钱，改为当二，足重足值；大铁钱重三钱，改为当二，铜铁原料比为1∶1.5，符合当时生铁价值，基本上杜绝了民间私铸的获利空间。最后两条措施，证明朝廷吸取了前次调整的经验，适当兼顾了民众的利益。此后，陕西主政官员也采取了一些适当的举措，使民众逐渐相信货币制度不再变更，货币危机因此逐渐平息。

宋仁宗康定元年（1040）以前，陕西路和河东路属于"铜钱货币区"，只流通小平铜钱，受第一次宋夏战争的影响，先后成为铜钱、铁钱混用的特殊货币区。嘉祐四年（1059），经过二至三次币制整顿后，这两个货币区进入一个比较稳定的状态：

陕西货币区：行用小平铜钱、大铜钱（折换小平铜钱二）、大铁钱（折换小平铜钱二）；

河东货币区：行用小平铜钱、小铁钱（三枚当小平铜钱一枚）。

加上原有的两大货币区——

铜钱货币区：行用小平铜钱；

四川货币区：行用小铁钱、大铁钱（折换小铁钱十、折合小平铜钱一）、纸币"交子"*。

北宋形成了四大货币区，相对稳定地维持至宋徽宗继位之初。

三、"熙丰变法"中货币制度的调整

宋神宗为北宋第六位皇帝，继位时大宋建国已一百余年，繁荣之下，积弊已深。

宋太祖为防止割据，分化地方权事，增官设职；宋太宗以文人治国，广开科举；宋仁宗"与士大夫共天下"，大推"恩萌制"笼络百

---

*注：嘉祐四年（1059）改益州为成都府，益州路与"益州交子务"也相应改为成都府路和"成都交子务"，为行文方便，本章以下仍将四川纸币简称为"交子"或"四川交子"。

官。百余年间,北宋官僚机构变得庞大而臃肿,"冗员"成为政府一大负担。为了维持社会稳定,为了应对辽国与西夏军事威胁,北宋实行"养兵"政策,士兵为职业雇佣制,缺乏退役机制。百余年间,兵员战斗力不高,数量却急剧膨胀,"冗兵"成为政府又一大负担。承平日久,皇亲国戚与宠臣恩宦日益滋生,皇室赏赐负担与日俱增,外加营造城池、宫殿、寺院、皇陵,"冗费"使得政府的财政压力巨大。

宋神宗面对的局面正是"三冗"导致财政连年赤字,国库空虚,史载"百年之积,惟存空簿"。年轻的皇帝立志一扫积弊,富国强兵,遇到了共鸣者王安石,君臣合力开启了变法的篇章。这场变法的核心是宋神宗,在熙宁年间由王安石具体实施,在元丰年间王安石引退后,宋神宗走到前台继续推行新法,因此称为"熙丰变法"比"王安石变法"更合适。"熙丰变法"涉及政治、经济、军事、文化、社会各个方面,这里重点探讨其中"货币制度"的调整。

北宋于仁宗朝形成的四大货币区在这次变法中没有大的改动,只是局部有调整,依次介绍如下。

1. 四川货币区

北宋四川的货币制度自真宗朝稳定以后,行用"小铁钱"和"折十大铁钱"。

"小铁钱"只有"宋元通宝"、"太平通宝"、"淳化元宝"三种钱文,早已停铸。"折十大铁钱"最初为大型"景德元宝"和"祥符元宝",枚重四钱左右;大中祥符七年(1014)官方依益州知州凌策的建议将重量减半;此后"天禧通宝"、"天圣元宝"、"明道元宝"、"景祐

陆续减重的大铁钱

元宝"、"皇宋通宝"等大铁钱陆续减重。

劣币驱逐良币，"小铁钱"和大型"折十大铁钱"由于币材价值超过了币值，被民间大量熔为铁器，甚至还被官方作为原料改铸为减重型"折十大铁钱"。因此"小铁钱"退出了流通领域，成为一个虚拟的"货币单位"。这个历史遗留问题直到"熙丰变法"时才得以解决，虽然文献流失导致过程缺载，可以通过残存的史料来分析复原。

据《文献通考》卷14《征榷考一》记载，在熙宁十年（1077）以前北宋各州府商税税额中，四川各府州军均名列前茅：

40万贯以上，除了东京府，就是成都府与兴元府（今陕西汉中，北宋时属于利州路）；

20万贯以上，全为四川的州军；

10万贯以上，除了开封、寿州、杭州，其他16个州军全在四川；

……

《文献通考》的编纂者马端临也注意到这不是一个正常的数据，其按语曰：

"天下商税惟四蜀独重，虽夔、戎间小垒，其数亦倍蓰于内地之壮郡。然《会要》言四蜀所纳皆铁钱，十才及铜钱之一，则数目之多，而所取亦未为甚重。而熙宁十年以后再定之额，他郡皆增于前，而四蜀独减于旧，岂亦以元额偏重之故欤？"

由此分析：

熙宁十年（1077），北宋政府重新修订了全国商税的定额，其中四川各府州军将统计基本单位从"小铁钱"改为"折十大铁钱"。"折十大铁钱"法定折合一文"小平铜钱"，名义上四川和全国的统计口径得以统一，便于中央财政管理。这意味着"小铁钱"作为虚拟"货币单位"的最后一个作用消失了，减重型"折十大铁钱"在文献中成为新式的"小平铁钱"，也成为四川货币区新的基本货币单位。

四川"交子"也出现一些调整。

"交子"每界祖额约125万贯"小铁钱"，换界不加印、保证金充足、随时可兑换，由此赢得了民间充分信任。庆历七年（1047），为筹备粮草应对西夏战事，朝廷两次下令"益州交子务"共加印60万贯"交子"（折合6万贯小平铜钱）借给陕西路秦州（今甘肃天水）支用，这是"交子"第一次超发。加印部分没有对应的铁钱作为准备金，影响了"交子"的换界，主政益州的大臣文彦博上疏，建议汇集益州路各州军的财政余款，每月调拨一部分与"益州交子务"以回收超发的"交子"。皇祐三年（1051），在基本收兑完超发部分后，三司使田况上奏，获准禁止秦州借支，"交子"的信誉得以维护。

"交子"以"小铁钱"为计值单位，先行印好图文，再手书面额发放。初始面额书放固定为一贯至十贯，共十等；宝元二年（1039）发行第八界时调整为只书放五贯和十贯两等，其中八成为十贯，二成为五贯。

熙宁元年（1068），成都府路转运司奏准将熙宁二年（1069）发行的第二十三界"交子"书发面额进行调整，六成为一贯，四成为五百文。在祖额固定的前提下，面额减小至十分之一，意味着印造数量及成本相应增加十倍，所以这次调整的目的和动机很是蹊跷。对此，一个合理的解释是："交子"面额减小是将计值单位从"小铁钱"改为"折十大铁钱"——

一张新界面额五百文"折十大铁钱"对应收兑一张旧界面额五贯"小铁钱"；

一张新界面额一贯文"折十大铁钱"对应收兑一张旧界面额十贯"小铁钱"。

变更计值单位后祖额不变，"交子"的发行量借机扩张了十倍，由原来125万贯"小铁钱"变为125万贯"折十大铁钱"。因此，面额调整的实质，其一是"交子"放弃"小铁钱"这个虚拟货币单位；其二是"交子"在没有对应准备金的前提下超发十倍，从一种"兑换券"货币转变为一种国家信用货币。

超发的"交子"掌握在官方手中，为朝廷在四川推行变法提供资金支持。官方一旦尝到超发的甜头就很难刹车。据《长编》记载：

"（熙宁四年正月壬子）赐提举成都府路常平司交子钱二十万缗为青苗本钱。"

"（熙宁四年二月戊辰）赐交子十万缗为梓州路常平籴本。"

"（熙宁四年三月戊戌）诏成都府路转运司支交子十万缗为梓州路常平籴本。"

（以上两则记载，或为同一事件，或为两次共计20万缗。）

熙宁四年（1071）为第二十三界换界之年，由于第二十四界被官方大量挪用，不足以兑换，所以熙宁五年（1072）增发第二十五界收兑第二十三界，"交子"成为两界并行，实际发行量进一步翻倍。

详情如下：

熙宁四年（1071），发行第二十四界，第二十三界暂缓收兑，两界并行；

熙宁五年（1072），增发第二十五界收兑第二十三界，第二十四界并行；

熙宁六年（1073），发行第二十六界收兑第二十四界，第二十五界并行；

熙宁八年（1075），发行第二十七界收兑第二十五界，第二十六界并行；

熙宁十年（1077），发行第二十八界收兑第二十六界，第二十七界并行；

……

以此类推。

吕陶《净德集》卷3《奏乞权罢俵散青苗一年以宽民力状》载：

"……在州（注：彭州）见在实直：第二十七界交子卖九百六十，茶场指挥作一贯支用；第二十六界交子卖九百四十，茶场指挥作九百六十支用。此亦亏损园户之一端也。"

此状上奏于熙宁十年（1077），可以佐证当时"四川交子"的流通情况。

四川货币区在"熙丰变法"中，废除了虚拟的货币单位"小铁钱"，将减重型"折十大铁钱"改称为新式的"小平铁钱"（法定币值与"小平铜钱"为一比一）；"交子"的计值单位，从"小铁钱"改为"折十大铁钱"（即后来的新式"小平铁钱"），再而两界并行，发行量扩大了20倍。"交子"超发缓解了当地因经济发展引起的"钱荒"，为政府在四川推行变法提供了资金保障，同时造成四川地区的物价局部上涨。

2. 河东货币区

河东货币区，通用"小平铜钱"，专属的"河东小铁钱"三枚当"小平铜钱"一枚。

"河东小铁钱"出现于"西夏军兴"，于庆历末年停铸。河东是北宋重要的铁矿产地，新党官员计划恢复铸造"河东小铁钱"以增加财政收入，遭到旧党官员们的强烈反对。最后朝廷将庆历年间陕西路停用后收兑库存的40万贯"小铁钱"调拨与河东路，交换河东路所产的生铁，没有同意生产新的"河东小铁钱"。

借鉴于四川推行"交子"的成功案例，熙宁二年（1069）河东路设"潞州交子务"，发行"河东交子"，由于和盐矾专卖制度冲突，影响入中粮草，次年即停罢。

3. 陕西货币区

陕西货币区，通用"小平铜钱"、专属的"折二大铜钱"和"折二大铁钱"。

出现于"西夏军兴"时的"折二大铜钱"和"折二大铁钱"，于至和以后停铸。熙宁四年（1071）皮公弼任陕西转运副使，上奏获准恢复铸造"折二大铜钱"；熙宁八年（1075）皮公弼再次上奏，计划以官库中收兑库存的民间私铸铁钱以及陕西所产的生铁作为原料，铸造"折二大铁钱"，同时作为推行"陕西交子"的准备金，获准实施。

同样借鉴于四川推行"交子"的成功案例，新党官员于熙宁四年（1071）奏准推行"陕西交子"，由于和"盐钞"专卖制度冲突，于熙宁九年（1076）罢废停用。

4. 铜钱货币区

铜钱货币区，通行"小平铜钱"。

宋仁宗庆历末，广南东路韶州（今韶关市）发现一处大型铜矿，原铜产量逐年扩大，充足的铜源为"熙丰变法"中的部分条法提供了条件。

王安石先是主张废除"铜禁"，甚至允许铸钱之余的原铜出口至西夏和辽国，以增加财政收入。遭到旧党官员强烈反对后，王安石改为恢复及增设铜钱监，大量铸造铜钱，消化余铜并增加财政收入。上文陕西路恢复铸造"折二大铜钱"正是在这样的背景下获准实施。

中国古代翻砂铸钱的生产效率，唐宋以来没有显著提升，生产相同数量的成品，"折二大铜钱"相比于"小平铜钱"，耗用的工时有所增加但不至于翻倍，以币值计算产能则翻了一倍。因此为了消化巨量原铜，快速增加铸钱数量，陕西以外的铜钱监也陆续参与铸造"折二大铜钱"，行用区域突破了陕西一路的限制，扩展至全国除四川以外的地区，但是最为关键的京师重地出现了反复。在旧党反对和两宫太后的压力下，宋神宗妥协，诏令京师不用"折二大铜钱"。

北宋京师开封府，聚天下之财，为大宋经济之核心枢纽。京师不用，意味着"折二大铜钱"相比于"小平铜钱"仍然是二等公民，各地上缴中央财政时，只能上缴小平铜钱；京师大贾交易收款时，只能收受小平铜钱。王安石急而力争，不成则以病为由罢工不出，宋神宗不得不使人谕之："朕无间于卿，天日可鉴，何遽如此？"即便如此，巨大的产量也让"折二大铜钱"步入一个辉煌期。北宋元丰年间，政府每年铸造约 500 万贯铜钱，构成如下：约 200 万贯小平铜钱；约 150 万贯折二大铜钱，折计小平铜钱 300 万贯。

5. 小结

"熙丰变法"中，北宋四大货币区的框架没有变化。四川货币区变更了基础货币单位，"交子"更改了计值单位，两界并行，实际发行量扩张了 20 倍，成为一种信用货币；陕西货币区恢复铸造"折二大铜钱"与"折二大铁钱"，其中"折二大铜钱"的行用区域扩展至除四川外的三大货币区，受阻于京师开封府。此外，借鉴于四川推行"交子"的成功，新党尝试在河东、陕西推行纸币"交子"，因故均未成功。

可以这么理解，"熙丰变法"中增发"交子"、提高金属货币铸量，都是以增发货币的形式来增加政府的财政收入，达到"增源以富国"的目的。

四、宋哲宗朝货币制度的反复

元丰八年（1085），宋神宗英年早逝，年幼的宋哲宗登基，太皇太后高氏垂帘听政，重用司马光等旧党大臣恢复旧法，次年改元"元祐"，史称"元祐更化"。

元祐八年（1093），太皇太后高氏去世，宋哲宗亲政，罢免范纯仁、吕大防等旧党大臣，启用章惇、曾布等新党大臣，次年四月以"绍述新法圣政"之意改元"绍圣"。

北宋的货币制度也在新旧两党的"党争"中反复变动。

仍以四大货币区依次介绍如下。

1. 四川货币区

元祐年间旧党执政，四川货币制度延续于前。

绍圣元年（1094）新党执政，以方便四川商人运输粮草入边陕西，为军事进攻青唐包抄西夏做准备为由，四川"交子"在陕西流通，每界增印 15 万贯，两界并行实际增发 30 万贯。元符元年（1098），四川"交子"再次每界增印 48 万贯，两界并行实际增发 96 万贯。

2. 河东货币区

元祐年间旧党执政，河东货币制度延续于前，朝廷曾经讨论是否恢复铸造"河东小铁钱",最后未有定论。

绍圣年间新党执政,恢复铸造"河东小铁钱"。绍圣三年(1096),河东计划铸"折三大铁钱"以权"小平铜钱",未能正式实施。

3. 陕西货币区

元丰八年(1085)十二月,旧党关闭了陕西三个铜钱监,停止铸造铜钱;元祐七年(1092)因形势所需,陕西恢复铸造铜钱。

由于陕西处于宋夏战争的前线,军费开支巨大,陕西专用的"折二大铁钱"没有停铸,反而增加了钱监,扩大了产量。每年新铸100万贯陕西"折二大铁钱"折合200万贯"小平铜钱",供应陕西六路军政开支。依现存实物分析,陕西"折二大铁钱"中"元祐"和"绍圣"钱文占比最高,可以作为一个佐证。

绍圣年间,恢复铸造"河东小铁钱"

法定"折二大铁钱"与"折二大铜钱"等值,经过十余年持续鼓铸,铁钱泛滥,逐年贬值。熙丰年间,陕西民间铁钱兑换铜钱时尚可维持一比一的官价,只需加价5%作为手续费;元祐初年,则需加价10%;绍圣改元前后,上涨至加价60%~70%;绍圣末,"二贯五六百文方换得铜钱一贯";元符初,再贬至"铁钱四千换铜钱一千",陕西大铁钱的币值近乎崩溃。元符二年(1099)闰九月,朝廷下令陕西禁用铜钱,独用"折二大铁钱",希望以此能挽救这次局部货币危机。

4. 铜钱货币区

元丰八年(1085)十二月旧党执政,迫不及待对"新法"发动第一波反击,一刀切裁撤关闭了14个宋神宗在位时期增设的铜钱监(包含上文提及的陕西三个铜钱监)。户部尚书李常比较理智,基于实际情况所需,于元祐初年恢复其中江南五监,重新修订管理制度,形成了北宋后期江南十大铜钱监的格局。

经此调整,铸造"折二大铜钱"的钱监只剩下韶州永通监、梧州元丰监,每年所铸"折二大铜钱",主要用于采购韶州所产原铜。随着韶州铜矿的产量在元祐年间逐年下降,在旧党官员的考量中,"折二大铜钱"的重要性也相应下降。元祐八年(1093),广南东西路两个铜钱监也停铸"折二大铜钱",其行用区域调整缩减至陕西路、河东路局部、京西路局部。各地停用的"折二大铜钱"由各路转运司收兑库存。

5. 小结

旧党执政全面推翻新党政策，裁撤新增铜钱监，降低铜钱铸币量，后因实际情况所需恢复其中五监，重定每年铜钱产量的祖额；广南停铸"折二大铜钱"，并缩减其流通区域。

新党重新执政后重拾"铸币增源"政策。恢复铸造"河东小铁钱"；恢复陕西的铜钱监以铸铜钱；将四川"交子"推广至陕西流通，并两次增加发行量。

陕西专用的"折二大铁钱"，由于西北用兵财政开支巨大，新旧两党均未废止，十余年持续鼓铸下币值崩溃，导致陕西第一次停用铜钱，独用"折二大铁钱"。

第四章
宋徽宗"当十铜钱"始末

一、"直"、"当"、"折"

宋代文献中关于币值的常用词有"直"、"当"、"折"等，例如：

"（大中祥符七月二月癸酉）西川用景德新铸钱将十年，以铁重，民多熔为器，每一千得铁二十五斤，鬻之直二千。转运使赵祯言其非便，请铸大铜钱一当十，诏三司议，未决。知益州凌策请减景德之制，别铸大铁钱，每一千重十二斤十两，仍一当十，其旧钱亦许兼用；且言钱轻则行者易赍，铁少则熔者鲜利。乙亥，诏从其请。"《长编》卷28；

"（景祐二年）春正月，盐铁副使任布请铸大钱一当十"《宋史全文》卷7；

"陈刑部缜云：荆公作相时，尝欲作当十钱。神宗曰：'刑狱自此滋

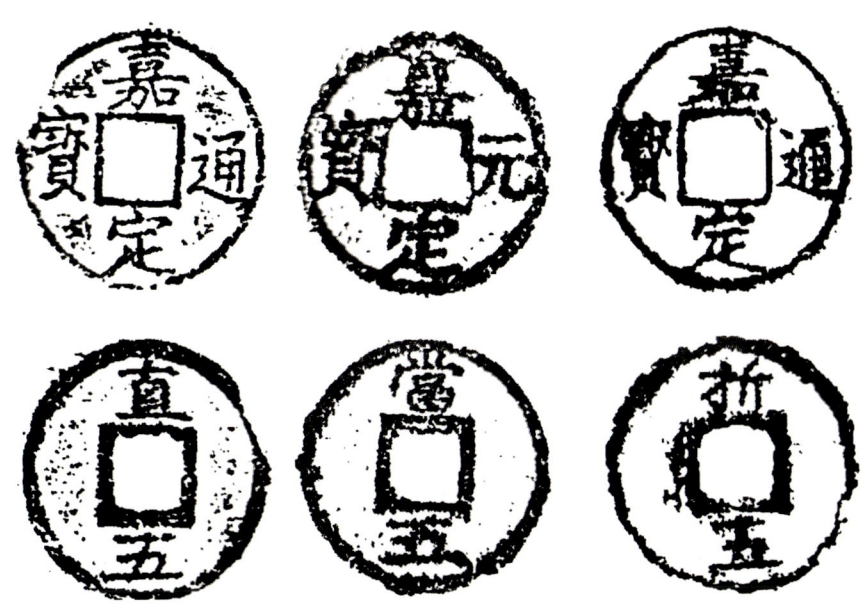

嘉定铁钱

嘉定铁钱直五、当五、折五

张矣。'遂已。《时政记》载之。"王巩《甲申杂记》;

"(熙宁六年冬十月)壬辰,权发遣广东转运判官许彦先请应铜钱路通行折二钱。诏除在京并开封府界外,诸路并通行。"《长编》卷247;

"(熙宁七年六月癸未)秦凤等路转运司请于凤翔府斜谷置监,铸折五、折十钱,乞御书字样。诏惟铸折二钱。"《长编》卷254;

宋代钱币实物上的铭文也有相应的佐证,如图:

嘉定元宝、淳祐通宝
陈享东先生藏
嘉定元宝折十铜钱、
淳祐通宝当百铜钱

这里可以发现一个有趣的事情。

《长编纪事本末》卷136《当十钱》载:"(崇宁二年十月)甲戌,诏改折二、折十钱并作当二、当十钱称呼。"又据陆游《家世旧闻》卷下载:"……初,熙宁间铸折二钱,故崇宁大泉始亦号折十,已而群阉谓徽宗乃神宗第十子,而折非佳名,遂称当十,已而遂降旨云(原注:神宗第十子俊早世,故宫中谓上为十大王)。"

原本两宋时期"直"、"当"、"折"相互通用,在宋徽宗朝特意下旨规范只能用"当",因此本书在介绍宋徽宗一朝的折十大铜钱时统一以"当十铜钱"为准。

二、宋徽宗"当十铜钱"出现的背景

元符三年（1100）正月宋哲宗驾崩，在皇太后向氏的支持下，端王赵佶继位为宋徽宗，为调和新旧两党的矛盾和斗争，以"本中和而立政"之意诏次年改元"建中靖国"。

建中靖国元年（1101）正月向太后去世，宋徽宗亲政，倾向于起用新党并主张变法，同年十一月以"崇尚熙宁"之意诏次年改元"崇宁"。

宋徽宗继位时遇到两个棘手的问题。其一，陕西"折二大铁钱"持续贬值，币值崩溃，元符年间尝试将陕西路变为独用"折二大铁钱"的货币区，但货币危机仍未解除，最后不得不恢复为铜钱、铁钱兼用；其二，江南地区的铜矿产能急剧萎缩，原铜供应不足，江南十大铜钱监无法完成每年的生产任务，国家财政收入出现巨大缺口。所以，宋徽宗一朝出现"折二夹锡铁钱"与"当十铜钱"正是对应解决以上两个问题，下面将具体介绍"当十铜钱"的始末。

元祐初年，户部尚书李常重定江南十大铜钱监祖额，每年生产小平铜钱280余万贯以供朝廷支用。崇宁元年至二年间（1102—1103），户部尚书吴居厚为了解决原铜产量萎缩导致产能不足，先是调整铸钱配比降低铜料增加铅锡料，然后将胆水置换法获取的"胆铜"正式纳入铸钱原料，并制定新的钱监绩效考核制度，但是收效甚微，最后尝试铸"圣宋通宝"当五铜钱也未能成功。

崇宁元年（1102）五月，宋徽宗的宠臣蔡京上台主持推行新法。

圣宋通宝当五　陈光扬先生藏

据《长编纪事本末》卷136《当十钱》引蔡條《史补》载：

国朝铸钱，沿袭五代及南唐故事，岁铸之额日增。庆历、元丰间为最盛。铜铁钱岁无虑三百万贯。及元祐、绍圣而废弛；崇宁初，则已不及祖宗之数多矣。鲁公（蔡京，编者注）秉政，思复旧额，以铜少终不能得。考夫古人之训，母子相权之说，因作大钱以一当十。至大观，上又为亲书钱文焉。盖昔者鼓冶，凡物料火工之费，铸一钱，独十得息者壹二，而赡官吏、运铜铁悉在外也。苟稍加工，则费一钱之用始能成一钱。而当十钱者，其重三钱，加以铸三钱之费，则制作极精妙，乃得大钱一，是十得息四矣。始亦通流，又以其精致，人爱重之。然利之所在，故多有盗铸。如东南盗铸，其私钱既锲薄且制作粗恶，遂以猥多成弊。大观三年，鲁公既罢，朝议改为当二、当三，则折阅倍焉。虽县官亦不能铸矣，而大钱遂废。初议改当三也，宰执争辇钱而市黄金，在都金银铺未知之，不两月命下，时传以为讪笑。

由此可知，蔡京主张以铸三个小平铜钱的原料铸一个"当十铜钱"，三成的原料可完成十成的绩效定额，彻底解决原铜不足问题。又据同书所载："（崇宁）二年……有许天启者……请铸当十钱，……限今岁铸三十万缗……。"按计划年铸30万缗"当十铜钱"折合300万缗小平铜钱，对比于旧额280万贯，年产额并未大幅提高，因此推行"当十铜钱"的初衷是为了省料达标而非超发货币。

但是，这种虚值大铜钱几乎是庆历折十大铜钱（折二大铜钱前身）的翻版，中国古代货币自秦汉以来为铜本位制，民众对于青铜铸币的接受底线为轻重相当，枚重三钱而当十行使，必然亏折官民，引发盗铸，导致货币制度来回不停变换。

三、宋徽宗"当十铜钱"出现的过程

第一次推行"当十大钱"的过程如下：

崇宁元年（1102）十二月，陕西铸当五铜钱[①]。

崇宁二年（1103）五月，江南钱监铸"圣宋通宝"当五铜钱[②]。

推行"当五铜钱"可视为推行"当十铜钱"的前奏和试验，并未正式发行。

崇宁二年（1103）二月，蔡京党羽，陕西转运副使许天启获准于陕西开铸"崇宁重宝"当十铜钱[③]。新党计划在陕西和河东铁钱行用区内铸造当十铜钱，在铜钱货币区内流通行使，理论上可以规避钱监盗铸与民间私铸。

同年九月，陕西所铸造的"崇宁重宝"当十铜钱，第一批计5 000贯运抵京师（折合5万贯小平铜钱），自皇室采购渠道投入流通[④]。

十一月，江淮等路发运副使胡师文上言宋徽宗，4个折二铜钱熔为原料可以铸造3个当十铜钱，对应40万贯个折二铜钱可以铸30万贯个当十铜钱，折值小平铜钱300万贯。胡师文偷换概念，折二铜钱以个数计，当十铜钱以币值计，得出40万贯可变300万贯的结论。

蔡京借机下令江南八个铜钱监停铸小平铜钱和当五铜钱，参与铸造"崇宁重宝"当十铜钱[5]，所用原料来源于宋哲宗朝停用并贮藏于各地转运司的折二铜钱。

崇宁三年（1104）正月，宋廷正式将"崇宁重宝"当十铜钱推广至除四川外的三大货币区流通行使[6]。由于推行"崇宁重宝"当十铜钱过于仓促，新增众多铜钱监和铸钱院，相应的管理制度未能跟上，各地所产的"崇宁重宝"大小轻重不一，民间信用不足导致流通不畅。

崇宁四年（1105）四月，政府修订《钱纲验样法》统一铸币形制和质量，同时改铸瘦金体御书钱文的"崇宁通宝"当十铜钱[7]，将旧"崇宁重宝"在局部地区改为当五使用[8]。

崇宁五年（1106）正月，"崇宁通宝"当十铜钱停铸[9]。

同年二月，蔡京第一次罢相，货币政策转向，"崇宁重宝"在不同地区分别改为当三、当五，"崇宁通宝"就地封桩或收兑库存[10]。由于币制不断调整、朝令夕改，"当十铜钱"仍在局部地区流通；此外官府的小平铜钱不足以收兑民间"当十铜钱"，发行纸币"小钞"以救急收兑[11]。

第二次推行"当十铜钱"的过程如下：

大观元年（1107）正月甲午，蔡京复相。蔡京上台后操纵章綖盗铸案，一方面打击政敌以立威，另一方面将第一次推行"当十铜钱"失败的原因归结于"盗铸"。

同年二月，以京畿转运使宋乔年兼领提举京畿铸钱司，复设京畿两钱监，以收缴所得私钱为铜料，铸新式"大观通宝"御书当十钱；颁行《大观新修钱法》于天下，当十铜钱限定于淮河以北地区行用（不含边境州县）[12]。

三月，御笔诏令重申"大观通宝"与"崇宁通宝"兼行。先是京畿铸当十铜钱，其余各路钱监铸小平铜钱，随后复设真州铸钱监，以淮南等地所收缴的不合格大钱及官库所积折二铜钱为原料，以旧式（"崇宁通宝"制式）改铸"当十铜钱"[13]。

九月，规定各路铸当十铜钱重量为三钱，即旧式当十[14]。

大观二年（1108）正月，令江、池、饶钱监在铸小平铜钱外，依旧样制铸"当十铜钱"上供[15]。大观二年至三年间，广南东路英、连等六州铸钱院，在铸"夹锡铁钱"与"小平铜钱"外，可能参与铸造过旧式"当十铜钱"[16]。

大观三年（1109）六月，朝廷补充修订"当十铜钱"的行用区域[17]。

同月，蔡京第二次罢政⑱，随后执政的张商英多次上言宋徽宗，力主罢废"当十铜钱"。

大观四年（1110）正月，停铸"大观通宝"新旧式当十铜钱⑲。

四、宋徽宗"当十铜钱"的后续

政和元年（1111）五月，朝廷下《公私当十钱改当三诏》，正式改"当十铜钱"为"当三铜钱"⑳，行用区域不变。政和及宣和年间，蔡京先后两次复相，据史料记载，仍有推行大铜钱的计划，受到重重阻力而未能成行㉑。

建炎元年（1127）九月"始通当三大钱于淮、浙、荆湖诸路"，即将"当三铜钱"的使用区域，由原来淮河以北地区（不含边境州县）扩展至全国的铜钱货币区㉒。此后，"崇宁重宝"、"崇宁通宝"、旧式"大观通宝"作为"当三铜钱"，轻重相当，民众接受，后续被南宋和金国继承，至明朝洪武年间仍有流通。

崇宁重宝、崇宁通宝、大观通宝（旧式当十）

新式御书"大观通宝"当十铜钱（重五钱），大约300万枚（一说500万枚），铸而未发，库存于"明堂"，先后被伪齐刘豫和金国获得。金大定十九年（1179），正式将这批大铜钱以实际重量作为"折五铜钱"投入流通㉓，至明朝洪武末年才彻底退出流通领域。

总而言之，宋徽宗朝推行"当十铜钱"，以三钱原料铸造虚值的当十铜钱，隐含有获取"铸币税"的理念，但是在民众抵制和私铸压

力下，这次尝试可谓是完败。

---

①据《宋史》卷19《徽宗本纪》载："（崇宁元年十二月）庚申，铸当五钱。"又参见注②第二条。

②据《皇宋十朝纲要》卷16载："（崇宁二年五月）辛卯，诏江、池、饶、建州铸当五大钱。"据《九朝编年备要》卷26载：（崇宁二年五月）铸当五钱。（去冬，令陕西铸折五铜钱。至是，户部尚书吴居厚言："江、池、饶、建四监岁铸缗钱一百三十余万，近年寖少，欲别定劝沮之格。"诏从之。又令江、池、饶、建、舒、睦、衡、鄂八州将每年上供小平钱缩减万数增入料例铸当五大钱，以"圣宋通宝"为文，其背铸"当五"二字。）据《群书考索》后集卷60《财用·铜钱》载：崇宁三年正月戊子，罢铸小平钱及当五钱并作当十大钱。尚书省勘会："崇宁二年五月十三日，已降朝旨，令江、池、饶、建州将每年所铸上供小平钱缩减万数，于每贯上增入料例铸当五大钱，以'圣宋通宝'为文，仍背铸真书'当五'二字。及后来节次指挥并将陕西所铸当十钱样令依效铸造，当五钱样去讫。……铸当五大钱前后已降朝旨，并更不施行。"

③据《东都事略》卷10《徽宗纪》载："（崇宁二年春正月）甲子，蔡京以陕西铸大铜钱当十，夹锡钱当二。"据《长编纪事本末》卷136《当十钱》载：崇宁二年二月庚午，初令陕西铸折十铜钱并夹锡钱。左

仆射蔡京奏："据陕西转运使许天启申送到新铸铜铁钱样，已降指挥：铜钱于岁终，须管铸钱三十万贯；铁钱铸二百万贯。自来铸钱张官置吏，招刺军兵，所费不少，而军兵之役，最为辛苦。官得至薄，率三钱得一钱之利。盖是久矣。擘画今陕西河中府等处，民间私铸最多，召募私铸人令赴官，充铸钱工匠，广为营屋，许其一家之人在营居止，不必限其出入，官给物料，尽其一家人力鼓铸，计其工直，率十分中支若干分数充其工价，又可收私铸人在官。盖昔人招天下亡命即山铸钱之意。欲令许天启相度，疾速准此施行，仍与旧来军工相兼鼓铸。今来所铸铜钱，陕西、四川、河东系铁钱地分，更不得行使外，诸路并令折十行用。其钱惟令陕西铁钱地分铸造，却于铜钱地分行使，贵绝私铸之患。如有私铸，并以一文计小钱十科罪。又陕西铜钱至重，每一钱当铁钱三或四。今夹锡铸造，样制精好，欲一钱当铜钱二支用，令许天启相度，依此施行。"从之。

④据《长编纪事本末》卷136《当十钱》载："（崇宁二年）九月癸卯，尚书省言：'提举陕西铸钱许天启起第一运乌背折十铜钱五千缗至京，乞自禁中先用，然后颁之四方。'从之。"据《皇宋十朝纲要》卷16载："（崇宁二年九月癸卯）尚书省言：'提举陕西铸钱许天启起第一运乌背折十铜钱五千缗至京，乞自禁中先用，然后颁之四方。'从之。"

⑤据《宋会要辑稿·食货》卷11载："（崇宁二年）十月，江淮等路发运副使胡师文言："自熙宁以来，当二大铜钱不许转京，故诸州官库所积甚多。今迄改铸当十钱，许四文，可成三文，则十万贯当为三百万贯。"癸卯，诏从之，令江、池、饶、建、舒、睦、衢、鄂八监依陕西样铸当十钱。于是当二钱悉罢铸矣。

据《长编纪事本末》卷136《当十钱》载：（崇宁二年）江淮、荆浙等二路发运司言："自熙宁以来，鼓铸当二大钱盛行民间，而于条不许起发上京，以故目今诸州军官库见管当二钱甚多。乞将当二大钱改铸造当十大钱，四文可得三文，约四十万贯，寔计三百万贯。工部欲依所乞，仍依陕西见铸钱样，于钱背铸'十'字，以示所当小平之数。其当二铜钱更不鼓铸。"从之。"十月戊申，尚书省言：'乞降当十钱样于天下。'诏各降一千，分布晓示，使人识认，有司觉察，如稍异，许越诉，论如和钱法，以钱计赏。""十一月癸卯，初令江、池、饶、建、舒、睦、衡、鄂州八钱监依陕西样铸当十钱。"

⑥据《长编纪事本末》卷136《当十钱》载："（崇宁）三年正月戊子，诏：'江、池、饶、建州罢铸小平钱及当五钱，并依陕西当十大钱样制、模规、大小、轻重，次第改铸当十大钱。'"据《宋史》卷19

《徽宗本纪》载:"(崇宁三年春正月)戊子,铸当十大钱。"

⑦据《宋史》卷180《食货志·钱币》载:"(崇宁)四年,立'钱纲验样法'。崇宁监以所铸御书当十钱来上,缗用铜九斤七两有奇,铅半之,锡居三分之一。诏颁其式于诸路,令赤仄乌背,书画分明。"据《群书考索》后集卷60《财用·铜钱》载:"崇宁四年,尚书省言:'崇宁监铸御书当十钱,每贯重一十四斤七两,用铜九斤十两二钱,铅四斤一十一两六钱,锡一斤九两二钱,除火耗一斤五两,每钱重三钱,十钱重三两。'"诏颁样于诸路,仍令赤仄乌背,字画分明。(此事又见《长编纪事本末》卷136《当十钱》及《文献通考》,文字略有出入。)另据《皇宋十朝纲要》卷16载:"(崇宁四年四月)癸酉,诏颁御书当十崇宁钱样于诸路。"

⑧据《长编纪事本末》卷136《当十钱》载:"(崇宁四年)十一月丙辰,尚书省言:'私铸当十钱利重不能禁,深虑民间物重钱滥,乞荆湖南北、江南东西、两浙路并改作当五钱。旧当二钱依旧。又虑冒法运入东北,宜以江为界。'从之。"据《九朝编年备要》卷26载:"(崇宁四年)十一月,又诏荆湖江浙当十钱并改作当五钱。"

据《皇宋十朝纲要》卷16载:"(崇宁四年)十二月庚寅,诏淮南路'重宝'钱作当五行使。"

⑨据《长编纪事本末》卷136《当十钱》载:(崇宁五年正月)丙午,尚书省言:"'通宝'当十钱,东南私铸甚多,民间买卖沮滞。其荆湖、两浙、江南、淮南路已降指挥,并改作当五行使,尚虑民间盗铸不已。其当十钱并行罢铸,其已在官私当十钱,依已降指挥行使外,所有铸当十钱监,并仰铸小平钱。""(崇宁五年正月)己酉,诏:'诸路铸铜钱监可逐监工料计定为十分,自崇宁五年为始,内八分铸小平钱,二分铸当十钱。'""(崇宁五年正月)壬戌,诏:'近降指挥,铸当十钱监并依旧铸小平钱,所有先降指挥计定工料分数内二分铸当十钱指挥,更不施行。'"

⑩据《长编纪事本末》卷136《当十钱》载:(崇宁五年)二月甲子,诏:"荆湖、江南、两浙、淮南路'重宝'钱作当三,在京畿、京东、京西、河北、河东、陕西、熙河作当五行使。'通宝'钱所铸未多,在官者并随处封桩,在民间者小平钱纳换。"据《皇宋十朝纲要》卷16载:(崇宁五年)二月甲子,诏:"荆湖、江浙、淮南路'重宝'钱作当三,余路作当五行使。其'通宝'钱令在官者并随处封桩,许民以小平钱纳换。"丙寅,冲改勿行。

⑪据《皇宋十朝纲要》卷16载:"(崇宁五年)六月,内降札子:

'当十钱惟行于京师、陕西、河东、(河)北路,余路不行。令民于州县镇寨送纳,给以小钞,自二百贯止,并令通融行使,如川钞引法。'"据《九朝编年备要》卷26载:"(崇宁五年)六月,诏'当十钱惟京师、陕西、两河许行,余路并罢。令民于诸县镇寨送纳,给以小钞,自一百至十贯止,并令通行使,如川钞引法。'"

⑫据《长编纪事本末》卷136《当十钱》载:"(大观元年)二月甲子,诏:'淮南、两浙应私铸钱限一季首纳,限满不首,并依私钱法。其纳到私钱并许发赴京畿钱监,改铸御书当十钱。'"据《宋史》卷180《食货志·钱币》载:"(大观元年)时蔡京复相,再主用折十钱。二月,首铸御书当十钱,以京畿钱监所得私钱改铸,寻兴复京畿两监,以转运使宋乔年领之,用提举京畿铸钱司为名。乔年铸乌背、漉铜钱来上,诏以漉铜式颁行诸路。……于是颁行《大观新修钱法》于天下……"又据《长编纪事本末》卷136《当十钱》载:"(大观三年)六月丁丑,……内降札子:'大观钱法令旧文:诸当十钱,在京、京畿、四辅、京东、京西、河北、河东、陕西路并许行使。河北缘边,登、莱、潍、密州缘海镇、城、寨、堡及四榷场不在行使之限。'"

⑬据《长编纪事本末》卷136《当十钱》载:(大观元年)三月甲午,御笔:"比因改元更铸'大观通宝'钱,与'崇宁通宝'兼行,即无更改。"据《宋史》卷180《食货志·钱币》载:"……是岁,京畿既置钱监,乃专铸当十大钱,而小平钱则铸于诸路。既而当十钱少,复置真州铸钱监,以本路所换钱不依式者及诸司当二现缗,用旧式改铸当十钱。"

⑭据《长编纪事本末》卷136《当十钱》载:"(大观元年)九月丁亥,诏:'合铸当十铜钱路分每文重三钱,令崇宁监疾速铸样并锡母申尚书省颁降。余依已降指挥。'"

⑮据《宋史》卷180《食货志·钱币》载:"……明年(大观二年),令江、池、饶、建州钱监,自来岁以铸当十,五分铸小平钱。"据《长编纪事本末》卷136《当十钱》载:"(大观)二年正月癸酉,诏:'……可令江、池、饶州上供钱监将合铸小平钱所得铜料,依旧样制并铸当十钱起发上供,余监依旧。'"

⑯据《长编纪事本末》卷136《当十钱》载:"(大观三年)九月庚戌,诏:'广南东路英、连等六州铸钱院只铸夹锡并小平钱,更不兼铸当十钱。'"

⑰据《长编纪事本末》卷136《当十钱》载:"(大观三年)六月丁丑,蔡京为太师、中太一宫使。内降札子:'大观钱法令旧文:诸当

十钱,在京、京畿、四辅、京东、京西、河北、河东、陕西路并许行使。河北缘边,登、莱、潍、密州缘海,镇、城、寨、堡及四榷场不在行使之限。今增入下项:诸当十钱,在京、京畿、四辅、京东、京西、河北、河东、陕西路并许行使。河北缘边州军、县、镇、城、寨、堡及四榷场并登、莱、潍、密州缘海县、镇、城、寨、堡不在行使之限。'"

⑱见上条。

⑲据《皇宋十朝纲要》卷17载:"(大观四年)正月癸卯,诏罢改铸当十钱,止铸小平钱。"据《宋史》卷20《徽宗本纪》载:"(大观)四年春正月癸卯,罢改铸当十钱。"《长编纪事本末》卷136《当十钱》有载,略。

⑳据《长编纪事本末》卷136《当十钱》载:"政和元年五月丁卯,内降札子:'累据臣僚上言钱法之弊,内一项:其当十钱官铸例重三钱,私铸率皆锲薄沙镴,既作当十行使,即有虚钱,几及两倍。遂至物价增高,奸民冒禁,公私受弊,首尾十年,若不别行措置,显见盗铸不息,为害滋多。其官司见在当十钱宝,可自今来指挥到日并作当三,依旧地分行使,以为定制。虽公私稍有折阅,行之既久,物价自平,岂不为利。'"

据《皇宋十朝纲要》卷17载:"(政和元年)五月丁卯,诏自今公私当十钱并改作当三。"

据《宋大诏令集》卷184《公私当十钱改当三诏》载:"……可自(政和元年)五月八日,应公私当十钱并改作当三行使。"据《宋史全文》卷14载:"(政和元年)五月壬戌朔,内降札子:……应公私当十钱并改作当三。"据《东都事略》卷11《徽宗纪》载:"(政和元年)五月戊辰,诏以当十钱当三。"

㉑据《群书考索》后集卷60《财用·铜钱》载:"政和三年,(宇文)粹中出札子论:'铸钱司所铸,一年不敷一月之数。山泽之政,隶属虞部,鼓铸之利,乃国计之本。有司谓朝廷必复铸当十钱,所以观望,言无铜,不铸小平钱。利源湮塞,职事废弛。'上愕然曰:'有司直敢耳!当十钱改为当三,尚且钱轻物重,岂可复为当十?自古利不百不变法,利少害多,不若不为。'粹中奏言:'江、饶、岑水场自来不曾说无铜,岂有蔡京才预政,铜本便竭?当十之行,盗铸蜂起,庚寅(大观四年)星赦,缘钱法得罪者与除落罪名。陛下令刑部尚书白时中具依赦放免缘钱法罪,罪人数具到:正犯及从坐者十余万人。法之不善,一致于此。改为当三,而盗铸者自息,朝廷执此之令,当坚如金石,观望不铸小平钱,亦宜治其旷职之罪。'上曰:'卿只今携此

札子往都堂。'读札子未毕，京以手拨去，云：'无铜教他如何做也？'粹中又言：'广南盐铁数亦浩瀚，五分归铸钱司为本，若只贡本钱，亦是一季以上之数，今本钱不知何在？'京不答。所奏不行。"

㉒据《建炎以来系年要录》卷9载："（建炎元年九月）庚戌，始通当三大钱于淮、浙、荆湖诸路。……政和旧法，当三大钱止行于京畿东西及河东北，由是东南小平钱甚重而物轻，西北反是。憲为上言：'大钱始不行于东南，虑盗铸耳。其后改当十为当三，则无私铸之利矣，何为而不可行？况财货多出于东南，尝虑钱宝不足于交易，望特诏三省参论，以革因循之弊。'从之。"

㉓据《建炎以来系年要录》卷91载："（绍兴五年七月）伪齐刘豫废明堂，得金龙之金四万两，大铜钱三百万，暴风连日，瓦屋皆震。"据《大金国志》卷31《齐国刘豫录》载："（阜昌六年七月）毁明堂，得金龙之金四万两，大铜钱三百万，是日天地晦暝。"（同一条记载亦见于《三朝北盟会编》与《伪齐录》，后者所记为"大铜钱五百万"。）据《建炎以来系年要录》卷117载："逮豫之废也，汴京有钱九千八百七十余万缗，绢二百七十余万匹，金一百二十余万两，银一千六十余万两，粮九十万斛，而方州不在此数。"据《续文献通考》卷7《钱币考》载："（金世宗大定）十九年八月又以代州所铸新钱未行，令以宋大观钱当五用之。"据《金史》卷7《世宗本纪中》载："（大定十九年八月）戊戌，以宋大观钱当五用。"据《金史》卷48《食货志·钱币》载："（大定二十年）……初，新钱之未行也，以宋大观钱当五用之。"

再从窖藏情况来验证。近年河南省鲁山县中学发现的三吨窖藏以及湖南省常德市、平江市等地发现的几处大型窖藏钱币，下限均为"绍兴"年号，应为金人南侵及岳飞平定湖南诸盗时，战乱而窖藏。这些窖藏中，发现有"崇宁重宝"和"崇宁通宝"（当十改当三）、"大观通宝"折二和折三（旧式当十），唯独不见枚重五钱的大观折十。批量发现大观折十的地点，集中于山西、河南、河北、山东一带（例如最近山西省长治市潞城区发现的8 000枚大观折十窖藏）以及东北的数次小批量。而且根据已知规律，发现大观折十的窖藏，几乎都会伴随发现金代"大定通宝"小平铜钱。

第五章
北宋铜钱监的增减

一、"铸钱监"与"铸钱院"

"监"和"院"是中国古代官署机构的名称。

隋唐改革中央官制，定为"三省六部二十四司"加"一台九寺五监"，其中，"监"有掌管国家教育的"国子监"、掌管全国军事装备生产供应的"军器监"等。随后，唐宋陆续出现外派于地方的"监"，例如在盐铁专卖制度下，铁矿产区设置有"铁监"、采盐产地设置有"盐监"；另有放养军马的"马监"；也有铸造钱币的"铸钱监"。这些"监"大体上是专门负责某一方面生产事务的中央外派机构，类似于现代的"大型央企"。由于古代采矿冶炼须汇集大量劳动力，带动起周边商业的发展，所以，某些规模较大的"监"还会兼管当地民事和财务，成为一个地方行政单位，例如唐代湖南的矿场"桂阳监"、宋代四川的盐监"富顺监"、京东路的铁监"莱芜监"和"利国监"等，类似于现代的"某某矿区"。

唐宋中央官制逐渐演变，增加"院"作为官署机构，例如"枢密院"、"宣徽院"等，没有大规模出现外派于地方的"院"。

据《宋史》卷180《食货志·钱币》载：

"（崇宁二年）五月……募私铸人丁为官匠，并其家设营以居之，号'铸钱院'，谓得昔人招天下亡命即山铸钱之意。"

同上又载：

"（崇宁四年）……其置'铸钱院'盖将以尽收所在亡命盗铸之人，然犯法者不为止。"

根据以上史料解析，蔡京创立"铸钱院"将民间私铸工匠招安，在减少官方投入下增加产能，同时规避"增设钱监"的舆论压力。"铸钱监"与"铸钱院"，都是由宋朝中央政府设立，负责铸造钱币的生产机构，"铸钱监"类似于"国企"；"铸钱院"类似于政府外包的"公私合营"。由于相应的管理制度没有健全，"铸钱院"的产品质量无法统一，造成了"崇宁重宝"当十铜钱推行的失败。"铸钱院"在两宋历史上存在时间不长，南宋早期存在的"赣州铸钱院"已经变为完全官营的机构。

"铸钱监"与"铸钱院"，除了少数偶尔同时兼铸铜钱、铁钱以外，大多分工明确，对应生产不同的铁钱或铜钱。本章重点介绍北宋立朝以后"铜钱监"的设置和增减。

二、北宋早期的铜钱监

北宋立朝时，以"开元通宝"为主的各种"小平铜钱"都是参与流通的法定货币。后周于开封府设置"京师监"铸造"周元通宝"，北宋继承后改铸"宋元通宝"。后周世宗柴荣"毁佛铸钱"是历史上有名的事件，宋太祖赵匡胤认为周世宗早逝与此有关，因此将回收的佛像封存不再用于铸钱，曾令"铸钱使"重新铸造一座大型佛寺的佛像。据此推测，由于只有"铜禁"回收的各式铜器用于铸钱，原料供应有限，宋太祖时期的"宋元通宝"的铸造量不会太大。开封"京师监"受制于原料供应，于景德三年（1006）改为"铸泻务"，即由铸币厂改为官营铜器厂。

咸平三年京师铸钱监铜镜

北宋收复南唐获得江南地区的铜矿，于太平兴国二年（977）开始大规模铸造"宋元通宝"以收兑江南的铁钱，整合江南的货币制度。这项工作由樊若水主持，他在升州（今江苏省南京市）、鄂州、饶州（今江西省鄱阳县）设置铜钱监来完成任务。

饶州永平监，继承于南唐，早在唐代就已设置，北宋继承之初年产量为七万贯。

升州监，极大可能是南唐池州监的延续。池州是宋军征服南唐的一个前进基地，樊若水在平定南唐的战争中，先任池州知州，后随军有功升任江南转运使进驻升州。升州新增一个铜钱监，年产量又是30万贯之高，如果没有成熟的工匠团队很难完成任务。因此推测南唐池州监的工匠被樊若水带到了升州，从而建立了升州铜钱监。

鄂州监，极大可能是南唐江州监的延续。江州（今江西省九江市）在北宋平定南唐的战争中先降后叛，被曹翰率军重新攻占后屠城，遭到了毁灭性破坏。因此，推测鄂州监的工匠极有可能来自于临近的江州。

所以，北宋初年江南三个铜钱监与南唐的三个铜钱监有对应继承。

此外，钱越国的杭州也有一个宝兴监，在钱氏纳土归顺时被北宋接收，不久便因铜料与燃料供应困难而废弃。

同样由于原料供应等原因，升州和鄂州铜钱监生产时间不长就已罢废，工匠合并至饶州永平监。淳化年间，在靠近铜矿产地的江南西路南安军（今江西省大余县）曾设置过一个钱监，未能持久。宋太宗末年，江南地区只有饶州永平监在生产，工匠汇集过多造成资源浪费，在池州知州马亮的建议下，分出一半工匠于池州设立了永丰监。

宋真宗咸平年间派冯亮考察江南地区矿冶资源，恢复了江州广宁监与建州丰国监。

北宋早期饶、池、江、建四大钱监自此形成。

天禧年间设定额度，江南四大钱监每年生产105万贯小平铜钱（8亿多枚），运至京师交付中央政府，以旧换新，循环投放流通。

那么，江南四大钱监，是如何管理的呢？

两宋是高度中央集权、精细化管理的朝代。行政方面，地方政府以"州"、"县"、"镇"或"寨"为三级行政制度，人事任免权直属于中央；财政方面，以"州"为结算单位，财权直属于中央。由于幅员广阔，事务繁多，宋朝常常由中央派遣"某某使"来执行部分"路"一级的地方政务。

那么就铸钱来说，北宋刚征服江南时，设立"江南转运使"来负责东南地区的财政经济事务，其中就包括整顿货币制度以及管理钱监。樊若水与张齐贤就任"江南转运使"时，都有参与管理铸钱的记载。北宋经济货币化的程度逐年递增，钱荒出现，铸钱成为重中之重。江南地区钱监增加，铜钱铸量增大，相关事务变得繁琐，"江南转运使"本身事务已属繁重，于是将铸钱管理划给其中一位"江南转运副使"来兼管，后又于咸平三年将"提点银铜坑冶铸钱公事"一职加衔于时任"江南转运副使"的冯亮，统筹管理江南四大钱监。

江南地区局势稳定后，各路转运使如"两浙路转运使"、"福建路转运使"、"江南东路转运使"等，相继得以分设，使得"江南转运使"的存在意义逐渐减少而裁撤。但江南地区是北宋重要的财政来源地，每年需要筹集600万石粮食及其他物资运送到开封，因此，需要设立"东南六路发运使"来统筹管理这些事务。正是由于"发运使"的设置，"铸钱使"的独立设置受到影响，江南铸造铜钱上缴京师这一块事务先是划归"发运使"兼管，直至景祐二年（1035）才设置独

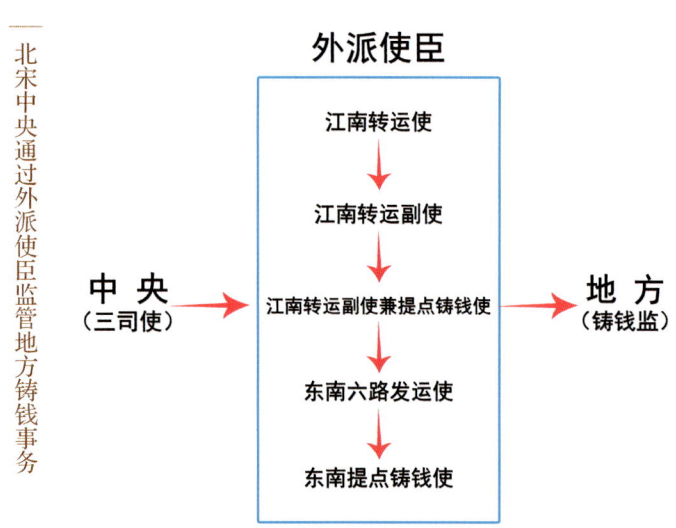

北宋中央通过外派使臣监管地方铸钱事务

立的"铸钱使",以魏兼为首任。

三、"西夏军兴"前后铜钱监的增减

西夏军兴,陕西告急,江南四大铜钱监中饶、池、江三州钱监连接长江水运,受命在完成每年固定铸额之外,增铸各式铜铁钱供应陕西前线。

庆历元年(1041)九月,陕西路增设虢州朱阳监和商州阜民监铸当十铜钱。庆历三年(1043),商虢之间兵卒叛变,并欲招诱钱监役兵。陕西安抚使韩琦将钱监役兵拨归原籍,最终平息兵变。虢州朱阳监此后不见记载,推测是受到兵变影响而裁撤。庆历四年(1044),陕西路开采仪州竹尖岭黄铜设置博济监铸大铜钱。皇祐年间,宋仁宗整顿陕西币制,商州阜民监和仪州博济监被裁撤。至和年间,陕西都转运使田京恢复和增设钱监,铸大铜钱和大铁钱以收兑民间私铸,此计划未能持久,不过仪州博济监借机恢复,成为唯一幸存的铜钱监,改铸小平铜钱。

庆历年间,河东路增设晋、泽两州钱监。据欧阳修的调查报告,生产大铁钱和小铁钱,未生产铜钱;河东路其他临时增设的小型钱监,不定额生产,以小铁钱为主,也偶有铸造小平铜钱。庆历以后河东路钱监全部裁撤关闭。

庆历末年,韶州发现大型铜矿,皇祐元年(1049)正式设置韶州永通监以铸造铜钱。

归纳总结,宋仁宗时期,在江南四大钱监的基础上,韶州发现铜矿增设永通监,《宋史·食货志》中"皇祐中,饶、池、江、建、韶五州铸钱百四十六万缗"(刘弇《龙云集》卷28《策问》所载更为详尽)即为相应记载。西夏军兴后,陕西路和河东路先后设置多个钱监，其中仪州博济监于至和年间恢复后得以存留，《宋史·食货志》中"……至治平中，饶、池、江、建、韶、仪六州铸钱百七十万缗。"即为相应记载。

江南钱监，由中央外派的"江浙荆广福建等路都大提点坑冶铸钱使"（对应机构为"东南提点铸钱司"）统筹管理；河东路的钱监归属本路转运司管理；陕西路在庆历年间增设"提举陕西路银铜坑冶铸钱"管理铸钱事务，皮仲容和范祥先后就任此职，庆历以后省并，先后归属转运司和提刑司兼管。

四、"熙丰变法"时增设的铜钱监

治平四年（1067）正月，宋英宗驾崩，宋神宗即位，当年沿用"治平"年号，次年才改元"熙宁"。治平四年，因韶州铜产量大增而设置的惠州阜民监，系宋神宗登基后增加。（此事与元丰八年裁撤钱监有关。）

熙宁五年（1072），仪州降为华亭县，具体原因史料缺载，熙宁七年（1074）有计划恢复华亭钱监未成的记载，由此推测仪州博济监于熙宁初年受到西夏战事而裁撤。

韶州铜矿开采量持续增加，远超现有铸钱监的需求量，王安石取消"铜禁"及出口原铜的方案受到阻力，于是改变策略为增设钱监，铸造铜钱来增加财政收入。

熙宁初年，河东路增设绛州垣曲县典钱监。

熙宁四年（1071），陕西路增设京兆府、陕州、华州、河中府四个铜钱监。

以上五个铜钱监铸折二大铜钱，其中河中府一监存在时间不长即省并。

熙宁七年（1073），陕西路计划增设凤翔府斜谷监，未能获准设置。

熙宁七年至八年间（1073—1074），在王安石主持下又增设七个铜钱监：河北路卫州黎阳监、京西路西京阜财监、两浙路睦州神泉监、淮南路舒州同安监、江南西路兴国军大冶县富民监、荆湖北路鄂州宝泉监、荆湖南路衡州熙宁监。

成书于元丰三年（1080）前后的毕仲衍《中书备对》载诸路17个铜钱监与此对应：

饶州永平监，唐代设置，北宋继承于南唐，江南东路；

池州永丰监，至道二年分饶州永平监设置，江南东路；

江州广宁监，咸平三年设置，江南东路；

建州丰国监，咸平三年（《宋史·地理志》记为咸平二年）设置，福建路；

韶州永通监，皇祐元年设置，广南东路；

惠州阜民监，治平四年设置，广南东路惠州归善县；

绛州典钱监，熙宁初年设置，河东路绛州垣曲县；

永兴军铜钱监，熙宁四年设置，陕西路；

华州铜钱监，熙宁四年设置，陕西路；

陕州铜钱监，熙宁四年（《宋史·地理志》记为熙宁三年）设置，陕西路；

卫州黎阳监，熙宁七年设置，河北路；

西京阜财监，熙宁七年（设置；即河南府河清县钱监）

睦州神泉监，熙宁七年设置，两浙路；

鄂州宝泉监，熙宁七年设置，荆湖北路；

舒州同安监，熙宁八年设置，淮南路；

衡州熙宁监，熙宁七至八年间设置，荆湖南路；

兴国军富民监，熙宁七至八年间设置，江南西路兴国军大冶县。

熙丰之交，熙河路通远军威远监，原为铸造陕西折二大铁钱的钱监，曾短期改铸铜钱，不久又恢复铸造折二大铁钱。

元丰六年（1083）三月，京东东路增设徐州宝丰监以铸铜钱，又增设宝丰下监以铸铁钱。

同年五月，广南西路增设梧州元丰监以铸铜钱。

至此，元丰末年诸路共计铜钱监19个。

元丰二年（1079）七月，因新增钱监事务繁多，东南提点铸钱司增置一员，定为两司，分路管理。一司设于饶州，管理江南东路、淮南路、两浙路、福建路的铜钱监；一司设于虔州（今江西省赣州市），管理江南西路、荆湖南北两路、广南东西两路的铜钱监。其他铜钱监，大体上归属本路转运司管辖，其中陕西于元丰年间曾短暂独立设置过提举铸钱司；西京阜财监则先后归属东南提点铸钱司和三门白波提举辇运司管辖。

五、江南十大铜钱监

元丰八年（1085）十二月，宋神宗驾崩，旧党上台后清算新法，罢废宋神宗在位时增设的铜钱监共计14个。依前文所述19个铜钱监，除饶、池、江、建、韶五监外，正好有14个为宋神宗继位后所设置。但是韶州所产原铜每年仍有积压，户部尚书李常于元祐初恢复了江南地区的五个钱监，重新修订管理制度，规定各监年产总额以及相应成品去向，形成了北宋后期江南十大铜钱监的格局。据史料记载，各铜钱监所生产的铜钱，除少量"率分钱"可由钱监支配外，大部分按照规定，有的上缴中央财政，有的用于采购原铜，有的交付市舶司采购香料等，有的交付所在路分转运司支用。

此次恢复的五个铜钱监为：

舒州同安监，淮南路；

睦州神泉监，两浙路；

鄂州宝泉监，荆湖北路；

衡州熙宁监，荆湖南路；

梧州元丰监，广南西路。

元祐七年（1092）二月，权陕西转运使李南公以民间铜铁钱兑换所需，申请恢复陕州铜钱监获得批准，此后陕西路恢复铸造铜钱。由于史料缺失，无法确认具体还有哪些铜钱监得以恢复，只能根据实物版式分析至少还有永兴军监，同时推测这些恢复的铜钱监，大体与陕西路的铁钱监有关，应该是以铁钱监的人力和生产资源来对应恢复铜钱监。

绍圣年间，河东路增设钱监生产"河东小铁钱"，具体细节史料缺失。从现存实物分析可知，新增两监应为铜铁两铸钱监，以生产"河东小铁钱"为主，同时也生产少量"小平铜钱"，一监铸币背文有"汾"字，推测位于汾州（今山西临汾市隰县）；一监铸币背文有"上"字，应该位于上党地区（今山西长治市）。

综上可知，宋哲宗朝江南地区形成十大铜钱监的格局，成为国家财政最重要的铸币基地。元祐元年（1086）将元丰年间分设的东南两个铸钱司重新合并为一，统一管理江南十大铜钱监。此外，陕西路与河东路的"铸钱监"铸造铁钱为主，同时也参与铸造铜钱，归属本路转运司管理支用。绍圣元年（1094），蔡京重设"陕西路银铜坑冶铸钱"并以许天启为任，绍圣四年（1097）更欲以其通管陕西、京西、川路，以夺取各转运司铸钱事务。元符三年（1100），中书省以许天启费用繁多而实效有限奏罢此职。这次试验可以视为宋徽宗时期蔡京变更钱法的伏笔。

六、宋徽宗崇宁年间的铜钱监（院）

在查阅宋代史料时可以发现一个问题，南宋李焘所编撰的《续资治通鉴长编》是一本编年体巨著，所载内容丰富详尽，但是流传至今缺失三大部分：其一是宋神宗治平四年四月至熙宁三年三月；其二是宋哲宗元祐八年七月至绍圣四年三月；其三是宋徽宗和宋钦宗两朝全部。这给后人研究增加了极大的难度，只能从《续资治通鉴长编纪事本末》《皇宋十朝纲要》《宋会要辑稿》《宋史》等史料中去找寻相应资料。

因此，宋徽宗崇宁年间铜钱监（院）的增减只能做一个大概梳理。

江南十大铜钱监饶、池、江、建、韶、梧、舒、睦、衡、鄂，在宋徽宗时期存在延续，在崇宁年间参与了"当十铜钱"的铸造。

崇宁三年（1104）正月，京城外增置"崇宁监"、复置徐州宝丰监和卫州黎阳监，以铸"当十铜钱"。同年十二月复置惠州阜民监，不过据《皇宋十朝纲要》卷17载："（大观元年六月壬戌）复广、惠、康、贺州旧铸夹锡钱钱监。"该监于崇宁年间恢复目的似乎是铸造"折二夹锡铁钱"。

陕西路和河东路的"铜钱监"，大部分参与铸造"当十铜钱"。

崇宁年间，新党执政后在西北发动军事行动"开拓青唐"，收复湟州、西宁等地。陕西作为后勤基地，新增阶、叠等州"铸钱监"或"铸钱院"，有参与铸造"当十铜钱"供应军需，相关记载散见于各处史料。

其他路分新增的"铸钱监"和"铸钱院"，有的铸造"折二夹锡铁钱"，有的铸造"当十铜钱"，不排除在铸造"崇宁重宝"时有两者兼铸的特殊情况，具体细节史料不详。

据《宋会要辑稿·职官》载：

崇宁五年二月十五日，诏："内外冗官颇多，不能振举事，徒废禄廪。提举措置河东坑冶铸钱司、提举陕西路坑冶铸钱司、措置河北路铁冶坑冶、措置广东路坑冶铸钱司、专切管勾韶州岑水场买铜事、措置磁邢相怀州铁冶公事、河北铁冶铸钱司准备差使管勾踏逐窟眼官、淮南西路提举常平司检踏坑冶使臣，以上可并入诸路转运使官兼管勾，其官吏并罢。"

由此可知，宋徽宗崇宁年间大规模的币制改革，新增多处"铸钱监"与"铸钱院"，各项事务繁多，相应增设多个"铸钱司"，大体形成了户部、各铸钱司、各铸钱监（院）三级管理制度。笔者分析"京师崇宁监"初设时应为户部直属，大观年间新增"京师大观监"后，才增"提举京畿铸钱司"（由权知开封府宋乔年兼任）来管理京师两监。

第六章
宋代活字铸钱法

一、中国古代铸钱工艺简述

中国古代金属铸币起源于商周时期的青铜贝，其铸造工艺脱胎于小型青铜物件的铸造，为范型浇铸。综合目前发现的古钱与钱范实物，参考已发表的铸钱遗址考古报告，可以从范型制作工艺初步区分为"硬范法"阶段和"翻砂法"阶段前后两个阶段，然后进一步将中国古代铸钱工艺的发展划分为三个时期。

1. 硬范期（先秦至两晋十六国）

西周战国时期，随着商品经济的发展，货币需求量增加，铸钱工艺不断改进和发展。从一范一钱到一范多钱再到叠铸法；从泥陶范、石范、金属范并行发展为金属母范压印烧制泥陶子范，成品式样趋于统一，铸造量也成倍增长。

两汉时期，范铸工艺趋于成熟，各式钱范均有实物存世验证。其间，新莽时期范铸工艺达到巅峰，叠铸法广泛应用，各种金属母范的实物存世不下数百件。

三国时期，以吴国为代表沿用范铸法，有早年在江苏句容东吴铸钱遗址发现的大泉五百泥陶范，以及近年西湖出水的吴国铸钱遗物（包括半成品和钱范）可作佐证。

两晋十六国时期，战乱导致经济凋零，部分时期甚至倒退为实物经济，官府铸钱较少，即便开铸也继续采用范铸，无力开创新的工艺。

以上"范铸法"工艺流程中直接用于浇铸钱币成品的子范，要么是泥陶质，要么是石质，要么是金属质，质地坚硬，使用过后仍有整件或残块保存至今，故称为"硬范法"。

2. 过渡期（南北朝至五代十国）

随着南北朝经济的恢复，官府陆续重新开始铸钱。其中南朝以"硬范法"为主流工艺，南京萧梁铸钱遗址发现的大量泥陶质钱范可以佐证。但是北朝的钱币实物，例如北魏"永安五铢"等已经带有翻砂工艺的一些特征，钱背偶见甲痕，边缘平阔等等。这些钱币铸造量较大却没有发现对应的钱范实物存世，因此倒推它们是"翻砂法"所铸，将"翻砂法"出现的上限推至南北朝时期。唐石父先生在《中国古钱币》书中总结"翻砂法"优于"硬范法"有三点：一，不用泥范可省焙烤之费；二，范型用砂可以反复使用；三，制范取砂条件捷便。

隋朝统一中国，隋"五铢"的大规模铸造可视作"翻砂法"取代"硬范法"的节点。

唐朝"开元通宝"铸量极大，全国各地开炉众多，几乎不见钱范实物存留，可视作"翻砂法"的正式应用。旧谱所载一件"开元通宝"铜质阳文母范，工艺与时代不符，应为民国老仿；西安某博物馆藏有一件铜质阴文子范，一说真伪待考，一说为民间私铸所用，不足为证。

五代十国大体上继续采用"翻砂法"，福建闽国"永隆通宝"和"开元通宝"陶范以及南汉"乾亨通宝"石范，可以看作"硬范法"的一种回光返照，不能阻挡"翻砂法"成为铸钱工艺的主流。

可以把"硬范法"和"翻砂法"共存的时期划为过渡期。

隋以前，"硬范法"占主流地位，"翻砂法"刚刚出现；隋以后，由于"翻砂法"无法比拟的先进性，迅速取代"范铸法"成为主流工艺，而"范铸法"则逐渐淘汰消亡。

3. 翻砂期（北宋至清末）

唐宋以降，商品经济高速发展，钱币需求量越来越大。"翻砂法"的广泛应用使得钱币的铸造量呈几何级数增加，适应了经济发展所需。逐渐成熟的"翻砂法"牢牢占据中国铸造工艺的主流，直至清末机制币的出现才被取代。

如果深入细究，唐宋时期文献记载铸钱时屡屡提及"翻沙"或"沙模作"；明清时期的文献则记为"翻砂"。

"沙"与"砂"，一字之差，其意为何

综合文献记载与古钱实物可知：北宋是中国古代青铜铸币的顶峰，

南宋和金国受制于铜源减少，金属铸币数量萎缩，货币制度纸币化；元朝统一中国，废除金属铸币，货币制度完全纸币化；元武宗时期，短暂恢复铸钱但未能持久；元末明初，元顺帝与各地义军均恢复铸钱，明朝建立后于洪武二十七年（1394）再次废除铜钱，只允许通行"大明宝钞"；明朝弘治嘉靖年间，重新恢复铸行铜钱，直至清末民国，所铸铜钱称为"制钱"。可以总结，中国古代金属货币的铸造从两宋到明清出现过三次中断，铸钱工艺也因此出现了断层。

唐宋至明朝洪武年间为一个时期，祖模制作应是软质材料，推测为木质，也可能为铅锡质，便于雕刻出钱文的书法笔势；铸造时使用的"沙范"颗粒较细，沙范上有特制脱模剂，便于母钱靠自身重力脱模，不需要母钱具有拔模斜度，所铸成品表面相对细腻光滑。

明朝弘治至清末为一个时期，祖模制作从软质材料过渡为金属材料，因此錾刻出来的钱文多为直上直下的工匠体，缺乏书法韵味；铸造时使用的"砂范"颗粒较粗，母钱需要加工修整出拔模斜度以便于脱模，所铸成品表面比较粗糙，人工挫磨的痕迹较重。

二、两宋铸钱工艺细分

1. 宋代铸钱的工艺流程

根据现存的钱币实物分析宋代铸钱的工艺流程大体如下：

①先是手工制作一个"祖模"；

②用"祖模"翻沙浇铸、打磨加工出第一批成品"原母"；

③用"原母"翻沙浇铸、打磨加工出下一批成品"母钱"；

④用"母钱"翻沙浇铸、打磨加工出下一批成品"子钱"。

当产能扩大时，还会挑选部分铸工较好、字口清晰的"子钱"来应急翻铸出"次出子钱"，以此类推。这种情况类似于中国古代铜镜铸造中的头版（头模）和二版（二模）现象，由此引申出一个"铸造级"的概念。

宋代铸钱为什么需要多个铸造级

可以类比"复印"来理解。

假设手写一张签名卡片，需要将它在规定时间内复印一亿张，那么使用一台复印机复印一亿次效率是最低的。如果在复印机充足的情况下（对应多设钱监钱炉，多开生产流水线），先将原始签名卡片用1台复印机印出100张，分给100台复印机各印100张得到10 000张，再分给10 000台复印机各印10 000张即可完成任务。也就是说，快速增加复印的"母件",即快速增加翻沙使用的"母钱",是提升效率的关键;增加复印的"层级",即增加翻沙的"铸造级",成为效率提高的决定性因素。

以上流程有一个前提是需要将一个祖模生产出亿级单位的成品。也许有人会问,为什么不增加祖模?例如找100个成熟的工匠每人刻制100个祖模,一个铸造级批次不就可以完成任务了么?况且在古泉界的传统认知中,北宋钱币的版别多如牛毛,不是有宋钱"一钱一版"之说么?

通过收集和整理宋钱版式可以肯定地回答:

宋钱"一钱一版"的说法是错误的,宋钱的版式虽然复杂,但有规律,版式数量并没有想象中那么多。

具体分析同一钱文的独立版式数量(对应祖模数量)。

例如"咸平元宝"、"景德元宝"、"祥符元宝"小平铜钱,独立版式目前所见不超过十个,不足以按一个钱监每一年铸造一个版式来分配,因此某些钱监需要连续几年生产同一个版式。从史料记载可知,这段时间各钱监的年铸额,多的四十余万贯,少的二十余万贯,按省陌制770枚为一贯换算,每年需要生产1亿5 000万~3亿多枚。在版式(祖模)标准化、统一化的前提下,只有增加铸造级,才能满足铸额呈几何级数递增的需要。

但是,同一个版式(祖模)的铸造级数增加,成品质量会逐级下降,出现字体变小、笔画变粗以及阔缘、隔轮等修模造成的变化,因此不能无限度增加铸造级;为了监督和管理货币的铸造,"祖模"的统一和规范化又是必然的,也不能无限度增加"祖模"。

如何解决产量和质量的矛盾

于是,北宋铸钱的"年号钱文制"、"对子钱"相继出现,形成定期换版的制度,有序有规律地增加"祖模"(版式),与三到四个铸造级形成一种相对平衡,使得铸钱的品种(版式)统一规范,质量达到一定要求的同时产量也能完成。

2. 制作"祖模"的三种情况

整体而言,两宋铸钱工艺流程在不同时期和不同钱监中相差不大,只是在制作"祖模"阶段细分有三种情况:

"整体法"

"祖模"为软质材料(推测为木质)整体手工雕刻成型。由于手工雕刻不可能制作出完全一样的成品,因此每个"祖模"对应一个版式。这种工艺以饶州永平监为代表，贯穿了两宋三百余年，占据铸钱工艺的主流。大部分的铜钱监、四川、陕西、河东的钱监、南宋江北铁钱监基本都采用"整体法"制作祖模。

"组合法"

由已有的某种钱币与一个或两个"字戳"组合，印范翻沙浇铸出整体的"原母"或者"祖模"，此后的流程和"整体法"没有太大的差异。这类组合而成的版式俗称为"换字钱"。

如果组合件为镶嵌整件，可多次印范，则组合件为"祖模"，翻沙浇铸出一批成品为"原母"；如果由各个组件先后套印成型，由于沙范随印随铸随毁，因此每组合一次，铸出唯一的成品为"祖模"。

例如"乾道元宝-绍兴手"折二铜钱，即是选取一枚"绍兴元宝-细字背星月"版的折二铜钱（可能是母钱，也可能只是精美一点的子钱），或者铲去"绍兴"两字在沙范上印模，或者在沙范上印模后覆盖"绍兴"二字，再用"乾"和"道"两个活字字戳分别在沙范上印模成型。我们可以注意到，"乾"字加盖时上半部分着力，使得笔画高于内郭和外轮；"道"字最后一笔较长，加盖到了外轮上。由此组合成一个完整的"乾道元宝"沙范，浇铸出唯一的成品（如果多次加盖，钱文位置或者深浅必然出现变化）。这枚整体浇铸出来的"乾道元宝-绍兴手"成为"祖模"，印范翻沙铸造出一批（数量级在数百至千）"母钱"，然后再印范翻沙铸造出批量的子钱。

"乾道元宝-绍兴手"折二铜钱

"换字"这一情况，往上溯源唐代"乾元重宝"和"大历元宝"部分版式由"开元通宝"换字而来；五代"天福元宝"和"汉元通宝"

部分版式由"开元通宝"换字而来。

北宋时期，"宋元通宝"部分版式由"开元通宝"换字而来；"祥符通宝"部分版式由"祥符元宝"换字而来；"天禧通宝"小字类由"祥符通宝"换字而来；"元符通宝"阔缘类两版分别由"元丰通宝"和"元祐通宝"换字而来；"宣和通宝"巨头宣由"政和通宝"狭穿版换字而来。

各式换字版

但是"组合法"不是宋代铸钱的主流工艺，带有一定的临时性和急就性，在两宋时期零星随机出现。由这种工艺的"祖模"铸造出来的成品与采用整体法雕刻成型相比，精度差距明显，所以这类版式铸造级有限、产量也不大。

"活字法"

由外轮、内郭、钱文四个文字字戳组合制范（类似活字印刷）。由于字戳更换以及手工摆放导致字戳位置变化，每组合一次成为一个整件即位一个"祖模"，对应一个"版式"，铸出一批成品"原母"，此后的流程与"整体法"没有太大差异。

"活字法"与"整体法"的区别在于"祖模"是整体成型还是组合成型。

"活字法"相较于"整体法"显得繁琐，但是成品率高，零件可以重复使用，提高了增加"祖模"的效率。在子钱产量固定的前提下，采用"活字法"制作"祖模"的钱监，具备条件减少一个铸造级，从而使得铸钱的整体质量得以提高。

通过现存实物的版式分析，"活字法"的祖模并不是无序无限度增加，而是按照一定的规律进行组合，次数（版式数目）是有限的，在介绍"活字类"版式时再具体介绍。

三、两宋"活字铸钱法"的应用和发展

唐武宗毁佛铸钱，史称"会昌开元"，其中有些钱背的铭文即活

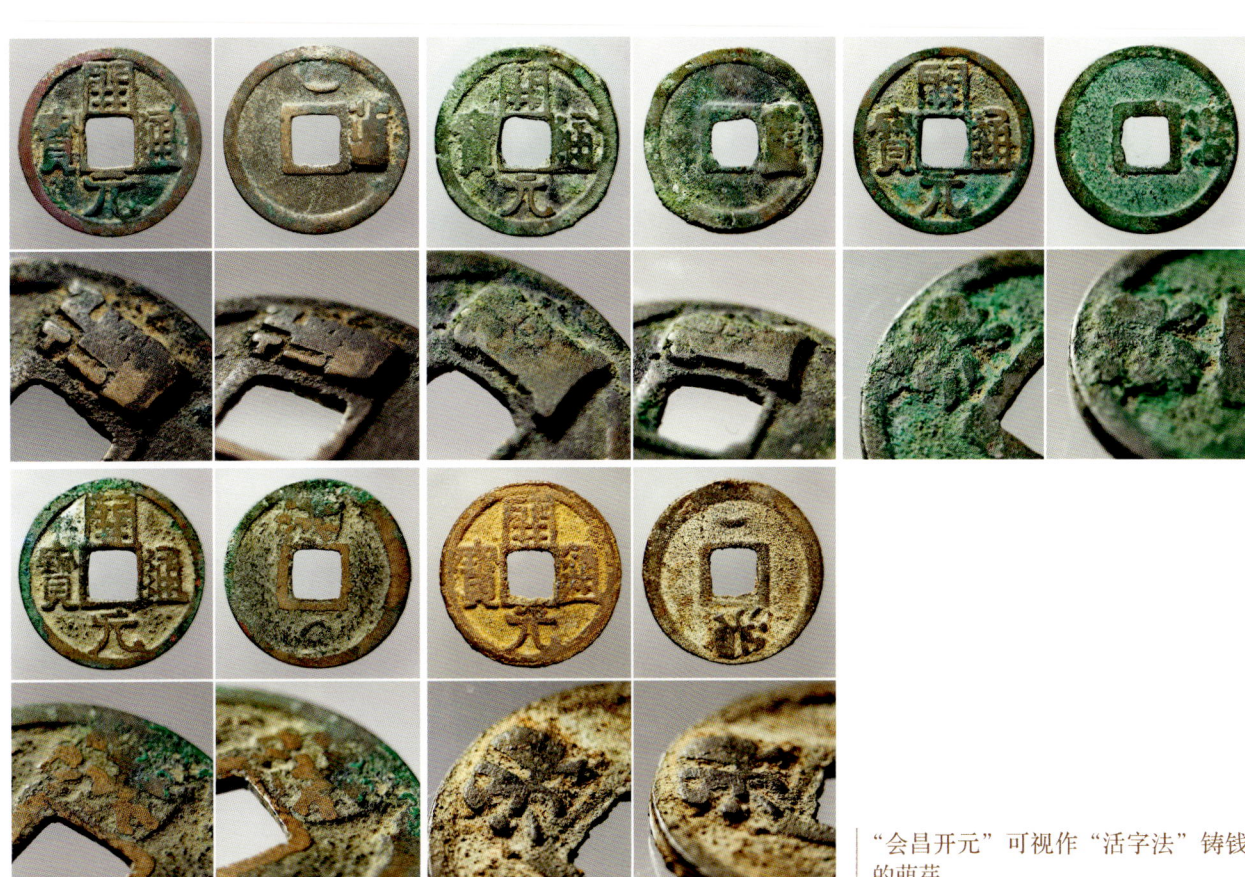

"会昌开元"可视作"活字法"铸钱的萌芽

北宋"活字法"试验性质的"咸平元宝"和"景德元宝"

字字戳在沙范上加盖而成,可以视作"活字法"铸钱的萌芽。

北宋"活字法"制作的版式,最早出现为"咸平元宝"和"景德元宝"的四笔元,应为试验性质,没有大规模生产。"天禧通宝"狭宝类正式大规模生产,标志"活字法"工艺的成熟。此后天圣、明道、景祐均有一到两个类采用"活字法",存在继承和发展的关系。西夏军兴,江南钱监受命铸造铜铁钱供应陕西,所铸"庆历重宝"旋读大铜钱和大铁钱亦采用了"活字法"。

咸平年间,江南新增江州广宁监和建州丰国监;庆历年间,江南四大钱监中,江、池、饶三监由于靠近长江便于水运,受命铸钱供应陕西,取其交集,推测"活字法"工艺极有可能最早应用于江州广宁监。

熙丰年间,宋廷新增多处铜钱监,史料记载江州广宁监和饶州永平监分别派遣工匠协助新增的钱监教习铸钱,"活字法"的应用因此得以局部推广。

狭宝类"天禧通宝"的量产标志"活字法"工艺的成熟

"庆历重宝"旋读大铜钱和大铁钱亦采用"活字法"

梳理北宋小平铜钱的版式还可以发现一个现象:"元丰通宝"大概有600个版式,其中"大字类"占比三分之一;"元祐通宝"大概有400个版式,其中"小字系列"(大概分为十个小类)占比三分之二左右。以上两个系列都是采用了"活字法"制作祖模,先是根据字戳的不同组合区分小类,各小类再根据字戳位置的变化区分具体版式。

显然,这两个系列不应只由一个钱监所生产,推测这是元丰年间出现的一种管理制度,将江南部分钱监中特殊去向(怀疑为上运京师)的部分,以"活字法"制模来统一管理;然后,李常于元祐初年重定江南十大铜钱监铸额时将这个制度继承下来。

据《宋史·食货志》载:

崇宁元年……户部尚书吴居厚言:"江、池、饶、建钱额不敷,议减铜增铅锡,岁可省铜五十余万斤,计增铸钱十五万九千余缗。所铸光洁坚韧,与见行钱不异。"诏可。然课犹不登。

根据现存实物可知,"圣宋元宝-小字类"应为文献中提及的减铜增铅所铸,留存至今大多腐蚀严重。往前"元符通宝-挑元类"也是这种情况。这两类钱币都是采用了"活字法"。

再次验证,存在这样的情况:多个钱监参与同一特殊项目时,管理机构为了便于品控,以"活字法"制作祖模分配给各监铸造。

宋徽宗时期由于"整体法"铸钱工艺改进(赤仄乌背),"活字法"的应用逐渐减少。"崇宁通宝当十铜钱"中"美制正字"的仿铸之"小字类"采用了"活字法",我们推测这一系列是由江南十大钱监在同一管理项目下参与铸造的。

南宋以降,铜源减少,铸币量下降,大部分铜钱监被裁撤合并,"活字法"制模逐渐消亡,不再应用。

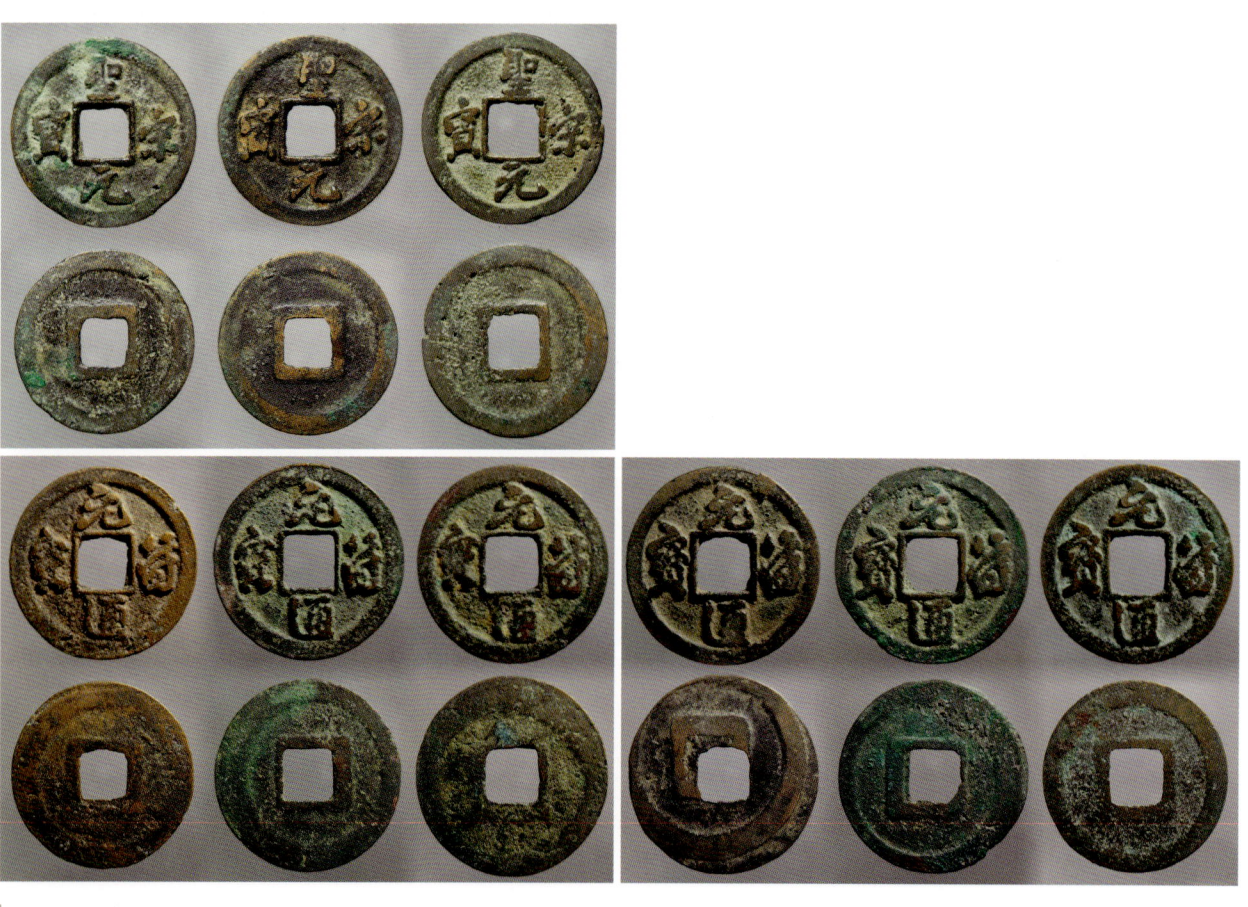

采用"活字法"的"圣宋元宝-小字类"和"元符通宝-挑元类"

四、"活字法"在宋钱实物上的证据

1. 字戳缺陷

绍圣元宝小平铜钱肥字类,"绍"字第二笔有断笔。

元符通宝小平铜钱挑元小字俯通类,"通"字走之处有断笔。

熙宁重宝折二铜钱省点熙类,"熙"字右点缺失。

"绍"字第二笔有断笔

"通"字走之处有断笔

"熙"字右点缺失(右:曾麟全先生藏)

2. 外轮缺陷

熙宁元宝小平铜钱短宁类,背外轮内侧有小缺。

背外轮内侧有小缺

3. 字戳细微特征

元祐通宝小平铜钱狭通类其中数版，"宝"字带点。

"宝"字带点

4. 字戳台基痕迹

熙宁元宝小平铜钱长宁背四出和长宁狭穿，可见"熙"字字戳台基。

"熙"字字戳台基可见　　　　　　　（郑燮藏）

5. 字戳松动移位

熙宁重宝折二铜钱狭穿飞宁；

熙宁重宝折二铜钱小字进熙昂宁，"宁"字松动叠印；

元丰通宝小平铜钱细郭飞元；

崇宁重宝当十铜钱短宝飞宝；

崇宁通宝当十铜钱正字降仰宁。

熙宁重宝折二铜钱小字进熙昂宁，"宁"字松动叠印

熙宁重宝折二铜钱狭穿飞宁

元丰通宝小平铜钱细郭飞元（姜一藏）

崇宁重宝当十铜钱短宝飞宝（陈浩敏藏）

崇宁通宝当十铜钱正字降仰宁（靳义藏）

五、"活字铸钱法"与"活字印刷术"

"活字印刷术"是中国古代四大发明之一，史料中最原始的记载来源于北宋沈括（1031—1095）《梦溪笔谈》卷18"技艺"门。该条全文如下：

> 版印书籍，唐人尚未盛为之，自冯瀛王始印五经，已后典籍，皆为版本。庆历中，有布衣毕昇，又为活版。其法用胶泥刻字，薄如钱唇，每字为一印，火烧令坚。先设一铁版，其上以松脂、蜡和纸灰之类冒之。欲印则以一铁范置铁板上，乃密布字印。满铁范为一板，持就火炀之，药稍镕，则以一平板按其面，则字平如砥。若止印三、二本，未为简易；若印数十百千本，则极为神速。常作二铁板，一板印刷，一板已自布字。此印者才毕，则第二板已具。更互用之，瞬息可就。每一字皆有数印，如之、也等字，每字有二十余印，以备一板内有重复者。不用则以纸贴之，每韵为一贴，木格贮之。有奇字素无备者，旋刻之，以草火烧，瞬息可成。不以木为之者，木理有疏密，沾水则高下不平，兼与药相粘，不可取。不若燔土，用讫再火令药熔，以手拂之，其印自落，殊不沾污。昇死，其印为余群从所得，至今保藏。

国外学术界有人对"活字印刷术"起源于中国一说表示怀疑。

原因大概有三点：其一，这则记载是个孤例，没有其他文献印证；其二，"活字印刷术"出现过于突兀，往前缺少一个萌芽和试验的过程，往后缺少一个继承和应用的发展；其三，缺少宋代实物验证，无论是活字印刷的工具还是成品，目前已知最早的活字印刷品是发现于宁夏的几页西夏文佛经。

为了解答以上疑问，可以将"活字铸钱法"与"活字印刷术"作个对比。

萌芽自唐代会昌开元的"活字铸钱法"到北宋天禧年间发展成熟。庆历初年江南钱监为了完成供应陕西的额外铸钱任务，需要增加人手和增设钱炉（生产线），其中所铸"庆历重宝"旋读大铜钱和大铁钱，正是采用了"活字铸钱法"。当江南钱监任务完成后，缩减临时增加的钱炉，遣散工匠，因此"活字法"铸钱工艺存在外溢的可能。

笔者推测庆历年间出现的"活字印刷术"，是毕昇将成熟的"活字铸钱法"在印刷领域的扩展应用，并且作了相应的改进。

"先设一铁版，其上以松脂、蜡和纸灰之类冒之。欲印则以一铁范置铁板上，乃密布字印。满铁范为一板，持就火炀之，药稍熔，则以一平板按其面，则字平如砥。"

这一段可以视作"活字法"制作祖模的工艺复原。

宋代铸钱祖模为木质，"活字印刷术"最先也是使用木质字戳，试验发现"木理有疏密，沾水则高下不平，兼与药相粘，不可取。"改进为泥质活字。"胶泥刻字，薄如钱唇"更是直接证明毕昇的字戳仍然是按照"活字铸钱法"的标准来制作的。

铸钱是国之大事，为防民间私铸，铸钱工艺受到政府管控，制约了"活字印刷术"的大规模应用。直到元代官方停铸铜钱，民间出版业发展繁荣，"活字印刷术"才重新得以应用和发展。

以上正是为何"活字印刷术"出现如此突兀、没有广泛应用、成为文献孤例的合理解释。目前大量存世的使用"活字铸钱法"铸造的宋代钱币则可作为重要的物证。

再把目光投回《梦溪笔谈》的作者沈括。

沈括字存中，杭州钱塘人，新党中的实干派官员，成功处理与契丹河东划界争地一事为宋神宗所重用。元丰三年（1080），沈括出知延州兼鄜延路经略安抚使。元丰五年（1082），鄜延路计议边事徐禧空降延州（今陕西省延安市）筹划进筑永乐城。不久，西夏30万大军攻陷永乐城，徐禧等人战死，数万军士官吏工匠战死或被俘。受"永乐城之败"牵连，沈括免官贬职，后隐居于润州（今江苏省镇江市）梦溪园，留下了笔记《梦溪笔谈》。

文中"群从"在古代指堂兄弟及子侄，具体是沈氏家族的何人已不可考。不过沈括既然熟知"活字印刷术"，不排除其在延州试用并导致技术外溢的可能；永乐城之败，大量北宋官吏、兵员、工匠失陷于西夏，不排除"活字印刷术"因此外溢西夏。西夏所用铜钱大部分来源于北宋，本朝铸钱极少，并且没有使用"活字铸钱法"的工艺，然而对"活字印刷术"则不存在限制，所以现存最早的活字印刷品实物为几页西夏文佛经可以得到合理解释。同时也可以注意到这些佛经的印刷年代，不早于元丰五年（1082）永乐城之战。

笔者认为"活字印刷术"是毕昇基于"活字铸钱法"在印刷领域的应用和改进，受制于政府管控而无法广泛应用，因此影响不大，后为沈括族人所知，经沈括及"永乐城之败"外溢西夏并得以实际应用，再沿丝绸之路外传至中亚及欧洲。

笔者期待未来能找到更多的实物或文献来验证这个观点。

第七章
宋钱版式的意义

中国古代金属铸币属于手工业生产的范畴。对比于近现代机械化生产整齐划一的机制币，手工业制品存在一定的成品偏差，因此有人不明就里，将古钱币的成品偏差与人为设计的版式相互混淆，进而否定中国古钱版式区分的意义。正本清源，本章基于宋代铸币的实物，归纳宋钱版式的定义标准、分析宋钱各种成品偏差的具体情况、进而讨论宋钱版式区分的意义。

一、宋钱版式的定义标准

两宋是中国古代金属铸币最多最繁杂的时期，如何提纲挈领地将复杂的宋钱分门别类串连起来？这就需要引入"纲目"这个概念。

1. 两宋钱币的纲目

钱文之分：年号或国号以代表铸造时期；宝文"通宝"、"元宝"、"重宝"等不同；钱文读法直读与旋读之别；对子钱有钱文书体真篆之分；钱背加字或者纹饰，如星、月、祥云、背"陕"、背"上"、背"同三"，等等。

材质之分：铜钱、铁钱、金银钱（皇室礼佛或宫廷赏赐）。

币值之分：小平、折二、折三、折五、折十、当百等。

钱型之分：如四川所铸"祥符元宝"大铁钱，在大中祥符七年以前枚重五钱，七年以后钱型减小，重量减半。

以上基于钱文、材质、币值、钱型上的区别，合起来就是宋钱之"纲目"，因此"宋钱"不完全等同于"宋版"，"版式"是每个"纲目"节点下面的分支。

为了更直观地介绍,以宋仁宗"至和"年号与宋钦宗"靖康"年号来举例说明。

至和钱之纲目

小平铜钱:通宝直读真篆一对 2 种、元宝旋读真篆一对 2 种、重宝旋读真书 1 种;

陕西大铜钱(铸行时为折三/嘉祐四年后改折二):重宝旋读真书 1 种;

陕西大铁钱(铸行时为折三/嘉祐四年后改折二):

重宝直读真书 2 种,光背、背同;

重宝旋读真书 5 种,光背、背坊、背虢(目前仅见铜样)、背河、背仪;

以上合计 13 个纲目品种。

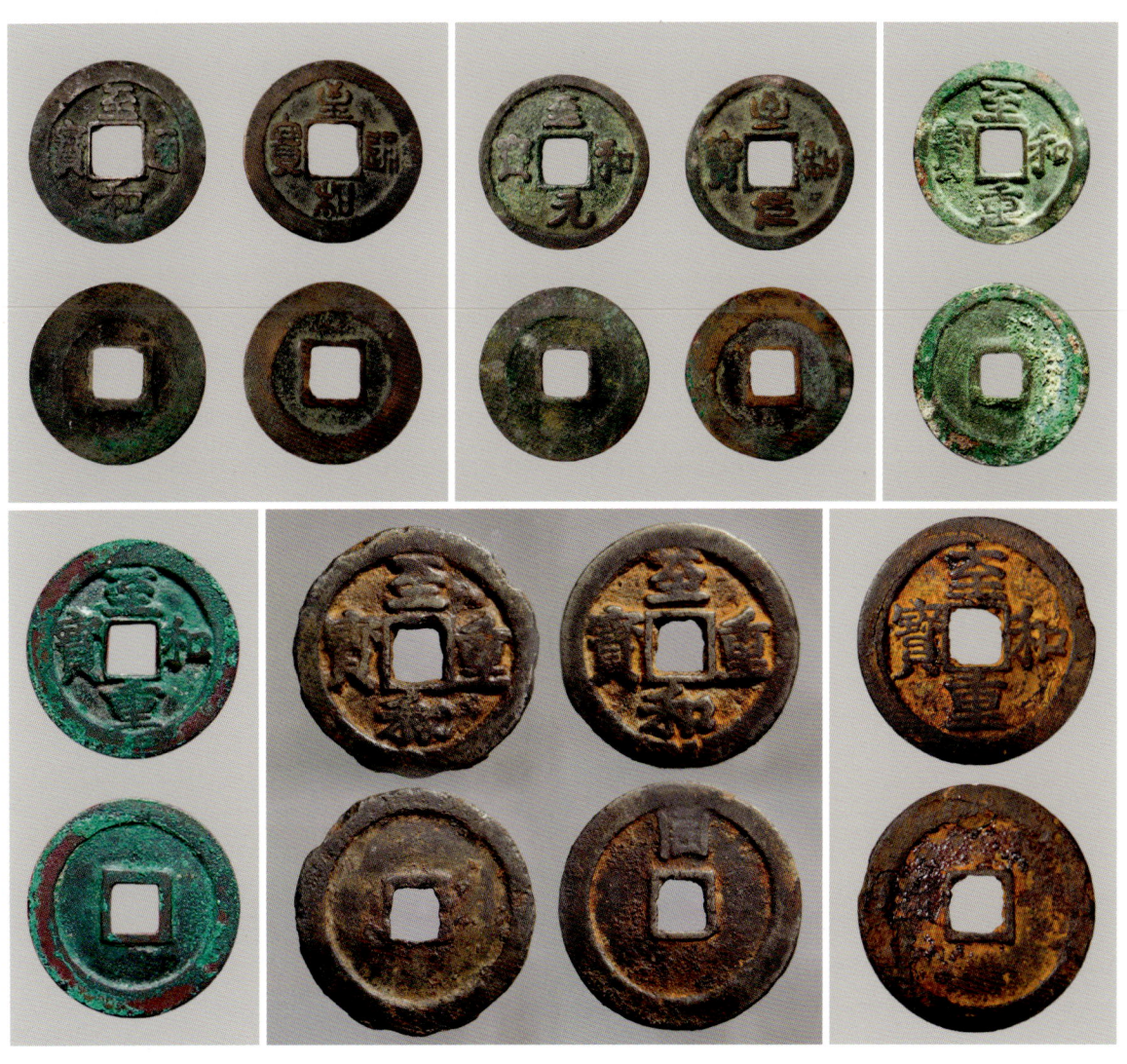

至和钱十三纲目(图一)

| 至和钱十三纲目（图二） | 赵梓凯（少泉）藏

靖康钱之纲目

小平铜钱：元宝旋读真篆一对 2 种，通宝直读真篆一对 2 种；

折二铜钱：元宝旋读真篆一对 2 种，通宝直读真篆一对 2 种；

四川小平铁钱：通宝直读真篆一对 2 种；

金银宫钱：通宝直读银钱 1 种，通宝直读金钱 1 种（缺图）。

以上合计 12 个纲目品种。

| 靖康钱十二纲目（图一）

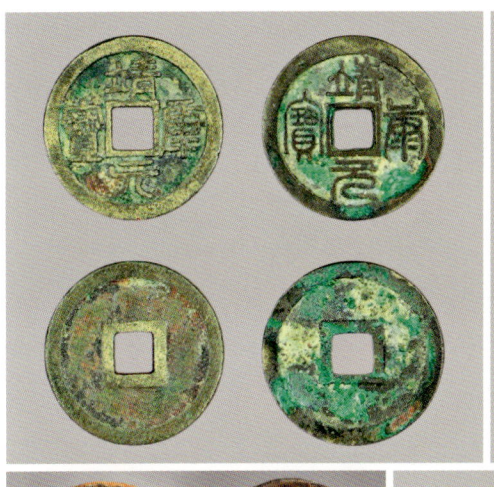
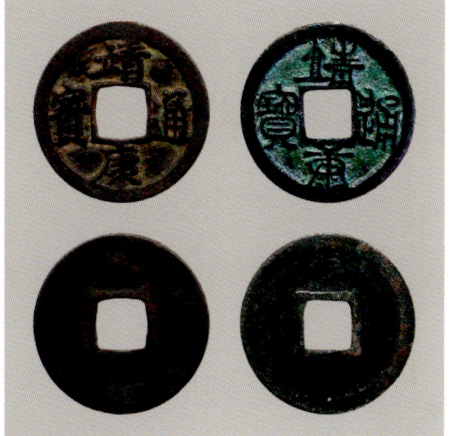

靖康钱十二纲目（图二）

2. 两宋钱币的版式

在同一"纲目"品种下基于不同的"祖模"，出现钱文书法、文字布局、笔画走势、外缘宽窄、内郭粗细等区别，对应不同的"版式"。

根据上一章节的介绍，重温"祖模"制作的三种情况：

其一，整体法。祖模是一个由手工雕刻而成的整体，由于手工不可能雕刻出完全一模一样的产品，因此每一个成品"祖模"对应一个"版式"；

其二，组合法。由已有的某种钱币与一个或者两个"字钉"局部组合，或者钱背加盖"字钉"或"符号"，每一次组合的"祖模"对应一个"版式"；

其三，活字法。由外轮、内郭、四个文字字钉组合制范（类似活字印刷），字钉搭配更换、手工组合摆放等因素导致这一环节中每一次组合的"祖模"对应一个"版式"。

因此，宋钱的"版式"属于宋钱某一个具体"纲目"品种下的区分，区分标准以"祖模"为锚定。

二、宋钱的成品偏差

宋钱铸量巨大，铸造级增多，加之手工翻沙锉磨等因素，基于同一个"祖模"所生产出来同一个"版式"的成品，存在一定范围的铸造偏差和加工偏差，统称为"成品偏差"。以下将这些同版的"成品偏差"依次罗列分析。

1. 钱型大小偏差

钱型大小偏差有多种情况*。

祖模翻铸原母，手工锉磨的公差会导致同一批原母的直径出现基于一个标准值上下浮动的偏差；然后原母翻铸母钱时，在直径标准值同比例缩小的前提下，以最小原母翻铸的最小母钱为下限，以最大原母翻铸的最大母钱为上限，浮动偏差会扩大；同理，大批量生产的子钱，其直径的浮动偏差进一步扩大。

根据大数据统计，当同一个量产"版式"的直径存在基于一个标准值上下浮动的偏差，符合渐进式递增递减，越接近标准值数量越多、越偏离标准值数量越少，这就属于铸造偏差和加工偏差叠加的"成品偏差"，没有区分的意义，即便是挑选同版的最大品与最小品这种极端情况来对比，也不足以区分。

根据大数据统计，当同一个量产"版式"的直径存在基于多个标准值上下浮动的偏差，而多个标准值又呈现一种跳跃式递减的情况。这就值得深入细究。

第一种情况是官方改动钱型制式，初时设计直径偏大，后期通过削去外缘改小直径，形成两个大小批次的量产子钱。这种削去改动发生在祖模、原母、母钱阶段的可能性均存在。

举例1：熙宁重宝折二狭重版大样与正样

熙宁狭重

* 注：此处不考虑测量取值的偏差。

举例 2：宣和通宝折二寄郭版大样与正样

宣和寄郭

举例 3：熙宁正字狭重

熙宁正字狭重

第二种情况比较普遍，即官铸正品、官铸减重、民间私铸三个大小批次。

宋代钱监的管理制度规范严格，原料、燃料、人工等生产成本由政府供应并稽核，每年定额生产的成品依照相关制度上交中央或者转交指定机构支出，钱监不得自由支配，正常情况下质量相对划一。但是，有两种情况例外。各钱监存在官方批准的"犒赏钱"，大型钱监一般每年 200 贯至 300 贯；以及"率分钱"，即利用边角余料按每年产额的一定比例（大约十分之一）额外铸造。"犒赏钱"与"率分钱"由钱监自由支用，缺少外部的质量稽核，所铸成品整体精度尚可，但钱型与重量明显减小，属于官方铸造的减重钱。

宋代执行严格的"铜禁"政策，各地开采的原铜只能由官方收购用于铸钱，民间获得原铜的渠道有限且成本不低。正常情况下，民间常常违禁熔毁铜钱改铸铜器以获赢利，私铸铜钱则得不偿失。不过也有特殊的情况：西夏和辽、金自铸铜钱有限，流通以宋钱为主，两宋铜钱具有较高的购买力，因此边境地区出现规模化私铸铜钱的情况，所用"次出母模"由流通中的铜钱随机挑选改制；宋廷发行虚值大铜钱，会刺激民间熔毁小平铜钱私铸大铜钱牟利，所用"次出母模"由流通中的大铜钱随机挑选改制；建炎至绍兴年间宋金战乱，南方铜产区民间出现大规模私铸铜钱的情况，所用"次出母模"由流通中的折二铜钱随机挑选改制。

收集宋钱时，可以发现量产的宋钱"版式"普遍存在官铸正品子钱、官铸减重子钱、民间私铸薄片钱三个批次。从遗存数量上来看，民间私铸与官炉减重远远少于官铸正品。这种固定批次的大小钱型区分，属于同一个"版式"的衍生变化，具有一定的历史研究意义。

举例：皇宋通宝

| 皇宋通宝（官铸正品、官铸减重、民间私铸）

第三种情况比较特殊，主要出现在"崇宁重宝"当十铜钱中。

蔡京推行"崇宁重宝"当十铜钱过于急迫，相关的管理稽核制度未能跟上，又以铸量为绩效考核导向，促使各铜钱监（院）在原料有限的前提下，疯狂改小钱型制式以扩大产量。因此"崇宁重宝"当十铜钱的子钱，普遍出现同一版式由大到小多个铸造级批次的情况，轻重大小不一，受到民间抵制，最终导致"崇宁重宝"当十铜钱推行失败。这才有崇宁四年（1105）颁布《钱纲验样法》以及改铸"崇宁通宝"当十铜钱补救措施的出台。

这些基于同一个"版式"衍生出来的"崇宁重宝"各个批次的官铸品，记录和印证了一段特殊的历史，有一定的研究意义，不过对于收藏而言，建议以点带面不必深究。

举例1：立点宝大样/正样/中样/小样/特小样

举例2：美制小头重大样/正样/中样/小样

举例3：方冠系列

| 立点宝系列 | 美制小头重系列 |

2. 钱型厚薄与重量偏差

同一版式不同铸造级批次出现的钱型厚薄与重量偏差，属于前述包含的情况。

同一版式同一铸造级批次出现的钱型厚薄与重量偏差，主要产生于翻沙时正背合范的松紧程度和打磨加工的偏差。宋代管控铸钱质量时，稽核重量是以"贯"为单位的总重量为准，这种偶然出现的厚薄与重量偏差属于合格的成品偏差，因此没有作为版式区分的意义，可作为趣味品收集。

3. 外缘或内郭的修模

当同一版式的量产子钱铸造级增多时，由于翻沙铸钱存在一定的收缩比例，随着铸造级降低，钱型文字同比例减小。为了保证钱型与重量维持原有标准，存在一种纠偏情况，在量产下一铸造级子钱时，在其"次出原母"嵌套一圈外缘，铸出一批加宽型"次出母钱"，最终达到量产子钱直径不减小的效果。

| 方冠系列

举例1：淳化元宝正字草书 / 正字中缘草书 / 正字阔缘草书

举例2：崇宁重宝短宝宽崇 / 短宝宽崇-阔缘

淳化元宝草书系列

崇宁重宝短宝宽崇

当需要调节成品重量时，又出现外缘内侧削轮、背郭修削或嵌套等方式来进行修模。对应出现隔轮、背细郭嵌套为背肥郭、背肥郭削改背小郭、背郭修出背四决等变化。

举例：祥符元宝狭元、狭元-背肥郭、狭元-隔轮、狭元-小字。

祥符元宝狭元系列

以上基于同一个"祖模"不同铸造级批次的钱型修模变化，属于同一个"版式"的衍生品种，这些衍生变化有没有研究意义呢？

南宋江北铁钱中正好有相关例子可以作为参考。

举例1：庆元通宝折二汉元直读小字版、春二直读小字版。

庆元通宝折二直读小字版，是汉阳监于庆元元年所铸，蕲春监于庆元二年借用（或由汉阳监代铸）时面文同比例缩小，外缘增阔，整体铸造级低于汉阳监子钱。

举例2：嘉泰通宝折二直读汉元、汉二、同二狭穿版。

庆元通宝

嘉泰通宝

同上，此面版由汉阳监于嘉泰元年和二年所铸，同安监于嘉泰二年借用（或由汉阳监代铸）时铸造级降低一级。

因此，这类基于同一个版式衍生的各种铸造级修模变化，需要根据具体情况具体分析，有些具备研究价值的衍生值得关注。

4. 固定的缺损特征

如果在祖模上因为各种偶然因素形成边轮或内郭的磕碰、文字笔画的断笔等局部缺损，这个缺陷特征将随着翻砂浇铸一层一层往下传递，最终该"版式"的量产子钱都具备这个缺损特征，可以视作识别该"版式"的一个暗记。

举例：治平元宝中阔缘篆书，元字第二横断笔。

如果这种缺损出现在原母或者母钱阶段，则类似于基因突变，该"版式"的量产子钱中只有一部分带有这个缺损特征，即"同模现象"。这种属于铸造过程中偶然形成的区别，不足以作为版式区分的依据。

举例1：至和元宝阴郭篆书：正常品，断笔至，短至。

举例2：庆历重宝折二旋读降历俯重，背郭差异。

治平元宝·中阔缘篆书

至和元宝

庆历重宝

5. 文字笔画的修模

第一种情况，同一个"版式"在原母或母钱阶段因手工修整时出现"基因突变"，导致量产子钱中存在文字笔画局部的变化。这种修模变化，大部分研究价值不高，应该合并省略，少数特殊情况可作为衍生品种区分，以备未来验证是否有特殊意义。

举例1：咸平元宝正字、正字-勾平；

举例2：政和通宝阔缘、阔缘-异政；

举例3：宣和通宝细郭、细郭-阔和；

举例4：崇宁通宝宽字-长点通、宽字-中点通、宽字-短点通。

咸平元宝

政和通宝

宣和通宝

崇宁通宝

第二种情况，同一个"版式"随着铸造级降低，钱型大小和精度下降，文字笔画变粗而粘连，为了保证钱文字口清晰度，在"次出母钱"上手工加刀修整导致钱文出现变化。这类修模变化俗称"加刀版"，属于衍生品种，其中一些特殊品种可作为参考品区分。

举例：崇宁重宝短宝、短宝-分冠宝、短宝-斜四宁。

崇宁重宝

第二种情况中还有一类极其特殊的"加刀版"。

例如"崇宁重宝"中有"重"字加刀修模的情况，同时出现于众多版式成为一个系列，随机修削的可能性极低，应属人为设计。笔者推测是某个"铸钱院"以市面流通的"崇宁重宝"子钱，随机挑选一些版式作为模板，统一加刀修改"重"字作为标记。

举例1：纤字阔崇、纤字阔崇-狭重；

举例2：纤字离宝、纤字离宝-狭重。

纤字阔崇、纤字阔崇-狭重

纤字离宝、纤字离宝-狭重

举例3：纤字狭宁昂宝、纤字狭宁昂宝-狭重；

举例4：美制狭宝、美制狭宝-狭重。

| 纤字狭宁昂宝、纤字狭宁昂宝-狭重 | 美制狭宝、美制狭宝-狭重 |

6. 流铜和甲痕

宋钱沙范印制时，由于沙范崩塌或开裂、母钱跌落砸印、棍状或片状工具（推测为拨取母钱或刮挖浇铸槽）砸印划伤等因素，导致浇铸的成品出现片块状、线纹状、弧状、柱状、点状斑纹的流铜或甲痕。以上属于铸造原因形成的偶然偏差。

流铜与甲痕，绝大多数情况出现在量产子钱批次，没有区分意义；如果出现在原母和母钱批次时，大概率会报废或者人工修整去除，即使有极少数不明显者用于量产，使得对应的子钱继承这个"基因突变"具有"同模特征"，仍没有区分意义。

宋钱的星月纹，第一种情况是固定面版、固定位置、固定的星月等纹饰；第二种情况是该面版同时有素背和星月等纹饰，在原始素背作模翻铸原母阶段（或者原母翻铸母钱），于沙范加印纹饰铸出固定的新"祖模"成为固定版式。

流铜与甲痕

两者对比：星月等纹饰，出现的形态是标准规范、位置是规律固定、有大量同版验证、有同时期或同系列相互印证；流铜与甲痕，出现的形态是无规则状、位置是随机出现、基本无同版验证、无同时期或同系列相互印证。

7. 叠范、移范、合面、合背

宋钱铸造合范时，母钱松动造成二次压印，导致正背沙范出现钱

叠背

叠字

模重影，如果是对应的重影正背范合成，铸出的成品称为"叠范"；如果重影的正范和普通背范合成，铸出的成品称为"叠字"；如果重影的背范和普通正范合成，铸成的成品称为"叠背"。

宋钱铸造合范时，正范和背范合成位置对应不当，铸出的成品称为"移范"。

宋钱铸造合范时，操作失误将两面正范（或背范）合成，铸出的成品称为"合面"或"合背"。（目前所见真品极其罕见）

叠范、移范、合面、合背属于铸造偏差，可作为趣味品收集。

这类随机出现的铸造偏差，按照概率分析，各类的成品数量应该相差不大，不过实际情况中，背移范的存世数量比较常见，叠背也相对多见，但是面范出现异常状况者数量极少。笔者分析这与宋代铸钱质量管控的标准有关，面范有异被视为不合格产品而回炉熔毁。

有一个典故出自蔡絛南宋初年撰《铁围山丛谈》卷2：

南俗尚鬼，狄武襄青征侬智高时，大兵始出桂林之南，道旁遇一大庙，人谓其庙甚神灵。武襄遂为驻节而祷之焉，因祝曰："胜负无以为据。"乃取百钱自持之，且与神约："果大捷，则投此，期尽钱面也。"左右或谏止曰，"倘不如意，恐沮师。"武襄不听，万众方耸视，已挥手倏一掷，则百钱尽面矣。于是举军欢呼，声震林野。武襄亦大喜，顾左右取百钉来，即随钱疏密布地而钉帖之，加之青纱笼覆，手自封焉，曰："苟凯归，当偿谢神，始赎取钱。"其后，破昆仑关，败智高，平邕管。及师还，如言赎取钱。与群幕府士大夫共视之，乃两字钱也。诏封庙曰灵顺。吾道过时梦甚异，又得是事于其父老云。

据此记载，宋仁宗皇祐年间狄青南征侬智高，巧用"合面"钱激励大军士气。此事如为真实历史事件，这批"合面"钱大概率系狄青大军南征时于韶州永通监特意定制铸造，面文推测为"皇宋通宝"。

8. 花穿、圆穿和雨丝纹

宋钱翻砂浇铸的批量成品，需要用尖头圆锥型、中间方棱型的棍状工具冲锉穿口的流铜毛刺，当排整待加工的成品偶然发生偏转，穿口未能对齐，则冲锉出来的成品呈现"花穿"的状态；当排整待加工的成品过多或者工具过短，则冲锉不完整导致部分前端成品呈现"圆穿"的状态。

宋钱翻砂印范前，平整砂范有两道工序，第一道粗刷平整，第二道细刮或碾压，使得铸出的成品地章相对平整光洁。当遗漏第道工序，导致铸出的成品，地章出现同向平行的粗细刷痕，俗称"雨丝纹"。

"花穿"、"圆穿"、"雨丝纹"是铸造和加工形成的成品偏差，不属于"版式"，可以作为趣味品收集。

举例：雨丝纹。

雨丝纹

三、宋钱版式区分的意义

不同的"祖模"（版式）是否人为设计？如果系人为设计，其目的又是为何？

可以从两个方面来探讨这两个问题。

首先在量产的宋钱中，统计某个"纲目"品种下的"版式"数目，与该"纲目"的总存世量作一个比值。如果该比值趋于1，说明"版式"是随机出现的，"版式"是无穷无尽的，那就没有区分和研究的意义；如果该比值趋于0，说明"版式"是有规律的，"版式"数目与各"版式"的平均数量相比是微乎其微的，"版式"可能蕴含着某种历史信息。

以"咸平元宝"小平铜钱、"皇宋通宝"小平铜钱、"崇宁通宝"小平铜钱为例：

"咸平元宝"小平铜钱的存世量，据前几年某电子盘交易所庄家收集的情况分析，至少收集了50万枚以上的实物，其"版式"数目在10个以内，比值低于五万分之一；

"皇宋通宝"小平铜钱的存世量，某电子盘交易所最大庄家收集到180万枚左右的实物（未区分真书与篆书），其"版式"数目，真书加篆书大概在200种，比值约为万分之一；

"崇宁通宝"小平铜钱的存世量，目前没有可参考的统计数据，推测有数万枚，其"版式"数目，四个流通版加三个试样版（试样版目前均为孤品）共7个，比值约为万分之一。

综上所述，比值不是趋于1，而是趋于0，说明"版式"是有规律的。

再来分析北宋与南宋的铸币情况。

北宋是中国封建社会的顶峰，商品经济中货币化程度占比极高，铸币量达到历史峰值。南宋偏居一隅，商品经济持续繁荣，海上丝绸之路也得以发展，受制于铜源不足，货币制度全面纸币化，金属铸币逐渐成为辅币，铸币量远远低于北宋时期。

可以参考这组数据：

北宋钱币的纲目大约300个，扩充至"版式"来统计为5 200~5 300种；

南宋钱币的纲目大约700个，扩充至"版式"来统计为1 200~1 300种。

南宋铸币量远远少于北宋，从"版式"数据来看是符合预期的，但从"纲目"数据对比却增加了一倍多。此外，南宋钱币的"纲目"数与"版式"数之比约为一比二，平均一个"纲目"节点不到两个"版式"。奇怪，南宋钱币的"版式"似乎消失了？

这组数据的变化，原因出在钱背上。

北宋钱币，早期在钱背上出现星月符号等标记，中后期这种情况减少，偶有加铸州名（钱监所在州）、或钱监名简称、或行用区域简称，但总体来说素背（光背）的情况占绝大多数。

南宋钱币，东南货币区的铜钱和江北货币区的铁钱，从淳熙七年开始，在钱背加铸数字代表年份；四川货币区的铁钱，从绍熙庆元年间开始，在钱背加铸数字代表炉次。一个炉次为一周年，利州绍兴监的炉次是跨年的，类似于欧洲足球联赛；邛州惠民监的炉次是一整年，类似于中超足球联赛。此外，南宋时期大规模在钱背加铸州名或钱监名简称。例如"泉"指严州神泉监，"利"指利州绍兴监，"春"指蕲州蕲春监，等等。

丰富的背文信息，使得南宋钱币的"纲目"大规模增加，而同一"纲目"节点下的"版式"则相应减少。

以南宋庆元年间（1195—1200）舒州同安监所铸小平江北铁钱为例。

南宋庆元年间一共有三个钱监参与铸造江北铁钱：舒州同安监背铸"同"；蕲州蕲春监背铸"春"；汉阳军汉阳监背铸"汉"。庆元年间这三个钱监所铸造的小平铁钱，面文没有出现交叉互用情况，因此可以通过面文"版式"对应归属钱监。

舒州同安监所铸小平铁钱，面文共有四个"版式"，分析其钱背数字可知：

"小字"版，铸造时间为庆元元年至庆元二年上半年；

"低点通"版，铸造时间为庆元二年下半年至庆元四年上半年；

"高点通"版，铸造时间为庆元四年下半年至庆元六年上半年；

"单点通"版，铸造时间为庆元六年下半年，"同七"为六年底预铸。

假设以上铁钱都为素背（类似北宋时期），那么"庆元通宝江北

（小字版） （低点通版）

（高点通版）

（单点通版）

南宋庆元通宝小平铁钱"同安监"铸

"小平铁钱"这个纲目节点下，这四个面文"版式"分别对应了"同安监"的四个铸造周期。

由此可知，宋钱"版式"包含的就是"空间"和"时间"的信息。北宋铸币大部分为素背，这些信息是隐性的；南宋铸币于钱背加字，隐性信息变为显性信息。

如果说面文"版式"对应了宋钱铸造的"空间"和"时间"，那么某钱监（或下属某钱炉）同一铸期内铸出来的批量成品，在未被破散流通之前，应该都是同一"版式"。这一点有没有出土或文献的相关印证呢？

有！

21世纪初安徽枞阳段长江水下发现约20万枚"崇宁通宝"当十铜钱，90%以上都是同一版式"寄郭"。20世纪90年代，河南平顶山某地发现1200斤宋代窖藏，全部为"皇宋通宝"小平铜钱，约14万枚，版式只有两

"寄郭"崇宁通宝当十铜钱

21世纪初安徽出水的"寄郭"崇宁通宝当十铜钱

对,"阴郭"与"阴郭直宝"。

又据《庆元条法事类》卷32《鼓铸》载:

"诸受纳新铸钱而粗怯不如样者退换,若数多即申所属。

诸钱监铸上供钱并依元样,州差官看拣讫,方得起发。内抽取一贯申纳尚书省。

诸装发钱监上供钱,每纲于所装钱内取样,不得拣选,监专与纲梢管押人同封书印以样比验交纳。若不如样者,申所属验实,据数发回元铸钱监验认,送所属究治。(原注:一百文入急脚递传送至交纳处,一贯随纲,仍于装发钱数外取别同样钱一贯留本州作住样,以备照验。转般者装发日,将元随纲样钱重加封印。)"

20世纪90年代,河南平顶山出土的"皇宋通宝"小平铜钱

文中"抽取"、"不得拣选"、"比验交纳"等情况,证明钱监所铸上供的钱币成品在转运时,每一纲的"版式"是相同的,而且这个"版式"不会被其他钱监所使用,这样才能保证当出现质量问题追责

时不会产生纠纷和争议。

因此可以得出结论，宋钱的"版式"是人为设计的。宋代相关机构利用"版式"来管理控制铸币质量，这正是宋钱"版式"区分的核心意义。

宋代钱币的铸造是宋代精细化管理的典范。

北宋每年铜铁钱数百万贯（数十亿枚）、南宋每年铜铁钱数十万贯（数亿枚）的铸造量，由相关管理机构通过设计和分配不同"版式"来对应不同钱监、不同钱炉、不同铸期，以此来进行质量管控，使得在手工业生产环境下，铸币的产量与质量达到相对平衡。因此，可以通过对宋钱"版式"的研究，倒推复原更多宋代铸币与货币制度的相关信息。

宋代钱币同一"纲目"品种下的不同"版式"，以"祖模"为区分标准。

宋钱铸造属于手工业生产范畴，因铸造级批次不同、翻沙和打磨的工差、人为修模改制导致同一个"版式"存在一定范围的"成品偏差"。首先要将"版式"与"成品偏差"区分开来，具体情况具体分析，将具备研究价值和历史意义的"成品偏差"挑选和归纳出来，作为"版式"的"衍生品种"以备未来研究所用。

第八章
宋钱版式的命名

一、宋钱的树型逻辑体系

繁复的两宋钱币，按钱文、材质、币值、钱型可区分为不同的"纲目"；在每一个"纲目"节点下，以"祖模"为标准可区分出不同的"版式"；在每一个"版式"下，将具有一定研究价值的"衍生品种"补充收录，由此构建出一个完整的树型逻辑体系。

有的"纲目"节点下只有一个版式，一般不用命名，或者命名为"正字"或"正样"，"正"为标准之意。

有的"纲目"节点下包含数个版式，一般以书法规整、制式标准、最为常见的版式命名为"正字"或"正样"，如果其他版式的钱型制式和书法风格与标准版式相似，则归为一类，以其区别于标准版式的明显特征点命名为"正字（类）某某（版）"；如果其他版式的钱型制式和书法风格与标准版式迥异，则以其明显特征点命名"某某（版）"。

有些"纲目"节点下的版式数目增多，情况变得复杂，则根据钱型制式、钱文书法等特征，将这些版式归纳分组成为类别，形成该

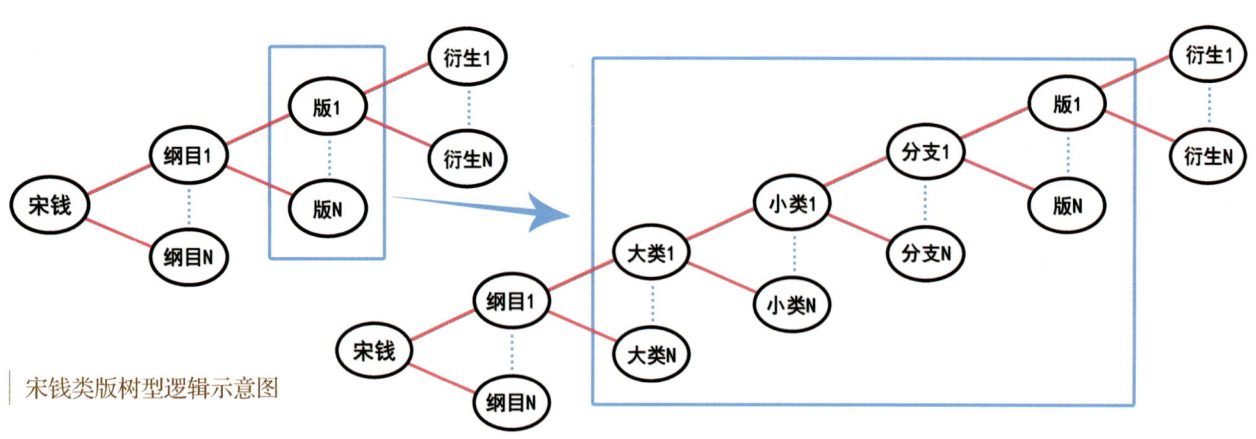

宋钱类版树型逻辑示意图

"纲目"节点下分为若干"大类",下分若干"小类",特殊情况下再分若干"分支",最后才具体分为若干"版式",将前文中的树型结构进一步细化。

因此,在树型结构中某一个"纲目"节点下,将每一层分类节点分别用英文字母或者数字交替代表,则某一个"版式"就可以具体定位。例如:

A(类别)1(具体版式);

B(大类)1(小类)a(具体版式);

C(大类)1(小类)a(分支)1(具体版式)。

以英文字母和数字组成的编码来代表版式,便于大家加深对树型逻辑体系的理解,但不便于记忆与交流。因此,归纳某一节点下的相似特征,与同一层其他节点加以区分并命名,可以方便学习、记忆、交流、探讨,这就是宋钱版式如此命名的原因。

二、宋钱类别和版式的命名方式

1. 以钱型特征来命名

以钱体外缘的宽窄特征命名:阔缘、中缘、细缘等;

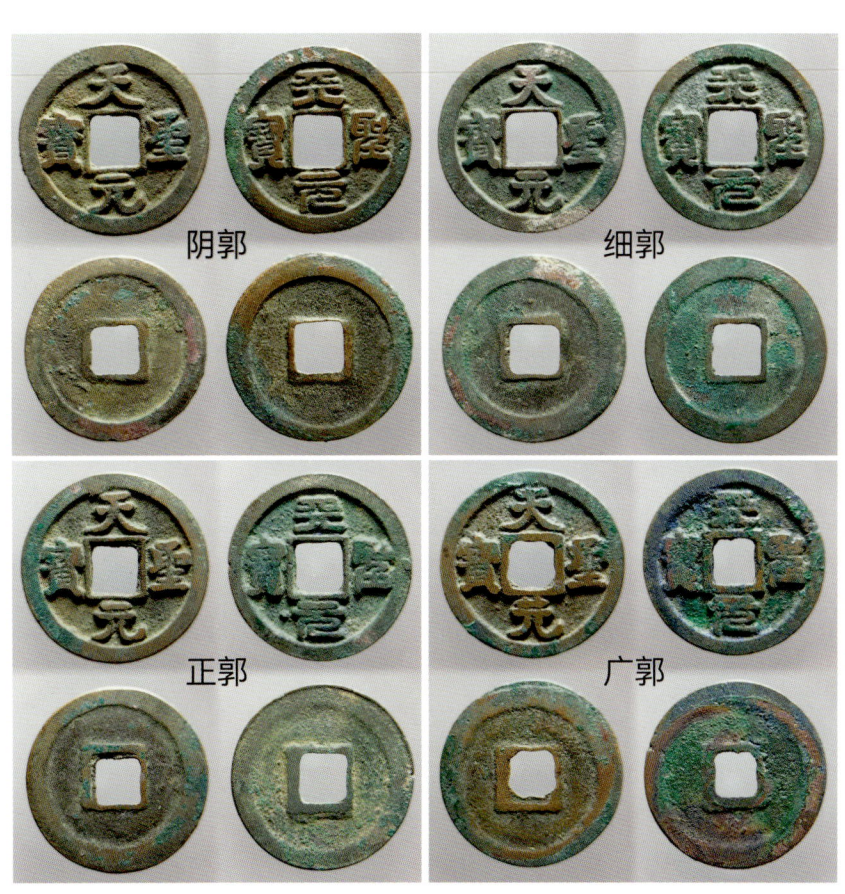

以钱体内郭特征命名的天圣元宝小平铜钱

以钱体穿口的大小特征命名：狭穿、中穿、广穿等；

以钱体穿口的细节特征命名：四决、四出、决文、反郭、长孔等；

以钱体内郭的粗细特征命名：阴（隐）郭、细郭、正郭、广郭、肥郭等。例如天圣元宝小平铜钱中有四对版式以内郭特征命名，这些版式之间不仅是内郭细节不同，其文字骨架整体都不同，属于不同祖模的区别，只是由于该纲目节点版式不多，故以内郭细节特征作为区分点简便醒目。

以钱体直径的大小特征命名：大样、正样、中样、小样、特小样等。参考上一章节可知，钱体大小特征，多用于同版不同铸造级衍生品种的命名。

2. 以铸造工艺特征命名

某版或者某类具有钱文笔画清晰、挺拔、秀美、钱型铸工精美且字口几乎无流铜等特征，以"美制"命名。

某版或者某类具有钱文高低不平、局部笔画凹陷等特征，以"阴（隐）起文"命名。

某版或者某类具有钱文高耸突兀等特征，以"兀字"命名。

宣和通宝、元丰通宝

3. 以钱文书体命名

中国的汉字大概经历了以下演变：商代"甲骨文"、商周时期青铜器上的"金文"（钟鼎文）、西周刻于石鼓的"大篆"、秦代书同文的"小篆"、汉代出现于下级官吏书写的"隶书"、魏晋南北朝逐渐演变出现的"楷书"、"行书"、"草书"。其中，可用于毛笔书写的字体即五种：篆书、隶书、楷书、行书、草书。

此外，还有一种书体，名为"正书"，后称"真书"，意指相对正式的、常用的公文书体，在两汉时期代指"隶书"，唐宋以后直至明清时期代指"楷书"，所以唐宋以后可以把"真书"理解为"楷书"。不过在宋钱版式领域中，"真书"的概念略为扩大，将隶、楷、行、草一同视为"正体"包含在内；"篆书"视为"古体"，与"正体"配对，这就是宋代对子钱"真篆配对"的由来。

因此钱文书体也可应用于版式命名。

例如元丰通宝小平铜钱的真书纲目节点中，绝大部分都是行书，只有一类书体为隶书，可作为其明显特征命名为"隶书"类。

| 元丰隶书类

| 政和楷书类

| 大观小铁钱行书版

例如政和通宝小平铜钱的真书纲目节点中，绝大部分都是隶书，只有一类书体为楷书，可作为其明显特征命名为"楷书"类。

例如大观通宝河东小铁钱纲目节点中，其他版式都是楷书，只有一个版式为行书，可作为其明显特征命名为"行书"版。

此外，有一些版式的某一字书体与余字不同，亦可作为其明显特征命名：楷宣、楷通、隶通、隶宝、草元，等等。

4. 以钱文书法风格命名

八分书，隶书中的一种书体，笔意古朴；
遒劲，书法风格刚劲有力；
容弱，书法风格温婉柔美；
垂露，笔意饱满，笔画间似有墨汁滴垂如露珠；
柳叶，笔画形如柳叶故名；
圆画，笔画圆绕舒展故名。

| 熙宁八分书

崇宁通宝遒劲

崇宁通宝容弱

圣宋元宝垂露

政和通宝柳叶

元符通宝圆画

5. 以钱文整体特征命名

以字体大小特征命名：大字、中字、小字、缩字等。

这种情况也常常用于同版的不同铸造级衍生品种命名，需要根据具体情况而定。

以字体形态特征命名：长字、宽字、狭字、阔字等。

以字体粗细特征命名：纤字、细字、瘦字、肥字等。

此外，如前文介绍，"正字"一般用于最常见的标准类别或某类中最常见的标准版式命名，同时需要注意，"某（类）正字（版）"在一般情况下可以将"正字"省略。

6. 以钱文位置命名

以整体钱文或单个钱文与内郭的关系命名：寄郭、离郭、连郭等。

以整体钱文或单个钱文与外轮的关系命名：隔轮、离轮、连轮等。

以单个钱文的位置形态命名：进、退、仰、俯、昂、降、斜等。

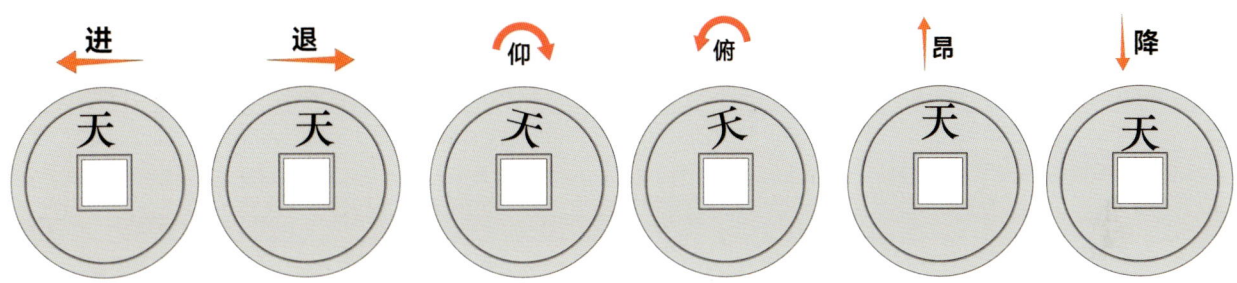

钱文位置命名示意图

7. 以钱文中某字的特征命名

以某字整体特征命名：狭通、小通、大通、长通、短宝、长宝等。

以某字局部特征命名：结圣、结宋、长点通、短尾通、圆贝宝、短丁等。

圣宋结圣　　　　　　圣宋结宋　　　　　　崇宁通宝短丁

三、宋钱类别版式的命名规律

如果将宋钱某一个纲目节点下的各分支节点加以命名，取代大小写字母或数字，替换后组合起来就是每一个"版式"甚至每一个"衍生品种"的完整名称。

在命名时需要注意一点：同一个分支的同一层节点命名不能重复，其他情况则不受限制。

例如崇宁通宝当十铜钱中，有一个类命名为"离宝"类，而"正字"类有一个"离宝"版合称"正字离宝"；有一个类命名为"小头通"类，而"长字"类和"宽字"类分别有一个"小头通"版，合称"长字小头通"和"宽字小头通"。这样的情况并不矛盾。

宋钱版式的命名，最主要的目的是方便记忆与交流。如果以名称来学习版式，则容易引起混淆，因为相似的特征也会出现在其他版式上。所以学习宋版应该首先抛开版名的干扰，通过反复对比实物和图谱，找到一眼的区别特征点，然后才通过版名来加强记忆以及与同好交流。

总而言之，不是"按名找版"，而是"对版记名"。

还有一个问题值得讨论。

同样的版式分类树型结构，各节点的特征点不止一处，既然是人为归纳命名，完全有可能出现多种命名方式，形成多套命名体系，那么应该以什么为标准呢？如果不加统一，同好之间交流版别时，往往因为同一个版的名称不同，导致鸡同鸭讲，造成沟通的障碍。

笔者认为，类别版式的命名体系，应该遵循"约定成俗"这个原则。

例如北宋的小平铜钱，日本古泉界已建立一个相对合理的分类分版框架体系，即一个树型结构，并且系统命名，以《新订北宋符合泉志》作为代表。中国古泉界整理出版的《北宋铜钱》大体也以日本古泉界的体系为基础，有局部的补充和改动。日本古泉界的研究成果已经传承近百年，影响了一代又一代的宋钱研究者，因此未来整理北宋小平铜钱部分时，仍然应该以《新订北宋符合泉志》为基础，加入《北宋铜钱》中合理的补充和修改，恢复部分值得商榷的改动，再根据最新的发现和研究成果作局部调整。

崇宁通宝当十铜钱这一纲目节点，《北宋铜钱》建立了一个相对合理的分类分版框架体系并加以命名，《崇宁泉谱·通宝卷》在此基础上作了局部补充和改动。本书同样以《北宋铜钱》为基础，加入《崇宁泉谱·通宝卷》中合理的补充和修改，恢复部分值得商榷的改动，再根据最新的发现和研究成果作局部调整。

总之，前辈们已经建立的框架体系，如非万不得已，不可贸然"标新立异"地推倒重来。

至于新发现的版式，如是独立版式，则开创一个新的分支并命名；如是可以归属于已知某类，则可命名为"某类某版"。一般来说，当给新版命名时，发现者的意见值得尊重和优先考虑。

第九章
崇宁通宝"当十铜钱"概述

一、铸期与钱监

通过归纳北宋货币制度的演变，探索宋徽宗"当十铜钱"的始末，可以明确"崇宁通宝"瘦金体御书当十铜钱的铸造时间为：崇宁四年四月至崇宁五年正月，共计九个月。

通过梳理北宋铜钱监（院）的增减，对比宋徽宗时期相关文献记载，可以归纳如下：

饶州永平监；

池州永丰监；

江州广宁监；

建州丰国监；

韶州永通监；

舒州同安监；

睦州神泉监；

衡州熙宁监；

鄂州宝泉监；

梧州元丰监。

以上江南十大铜钱监，明确参与了"崇宁通宝当十铜钱"的铸造。

京师崇宁监；

徐州宝丰监；

卫州黎阳监。

以上三监，为铸"当十铜钱"而增置或复置，明确参与了"崇宁通宝当十铜钱"的铸造，其中"京师崇宁监"还有多次铸造和下发

"钱样"的记载。

崇宁三年（1104）九月，复置广南东路惠州阜民监，未明确是否铸造"当十铜钱"，根据其他记载分析，铸"夹锡铁钱"的可能性更大。大观元年（1107），复置淮南东路真州钱监铸造"旧式当十"，推测该监在崇宁年间有可能参与铸造"崇宁通宝当十铜钱"。

陕西路作为最早铸造宋徽宗"当十铜钱"的生产基地，又是崇宁年间"开辟青唐"的后勤基地，所属铸钱监（院）大部分参与了"崇宁通宝当十铜钱"的铸造，具体情况不详，其中至少包含永兴军铜钱监、陕州铜钱监、阶州铸钱院。

河东地区的铸钱监（院），推测有部分参与了"崇宁通宝当十铜钱"的铸造，具体情况不详。

其他地区新增的铸钱院，参与铸造"崇宁通宝当十铜钱"的具体情况不详。

总结如下：在崇宁四年至五年的九个月内，全国的铜钱监（院）停铸其他各式铜钱，全力铸造"崇宁通宝当十铜钱"，但具体参与的清单和总数不清楚，目前可以明确的只有 13~16 个。其中，建州丰国监、韶州永通监、梧州元丰监分别铸造了少量的"崇宁通宝"小平铜钱。

二、《钱纲验样法》

前文多次提及与"崇宁通宝"同步颁行的《钱纲验样法》，是一份官方用于管理稽核铸币质量的制度文件，由于历史久远，其具体内容已无法窥视。不过，这个制度文件不应是一蹴而就，而应是根据北宋历年以来的铸钱管理制度归纳总结而成，崇宁以后陆续出现的《大观新修钱法》、《政和钱法敕令》等，证明其版本仍然在不断更新迭代。

类似的情况还有关于北宋建筑规范的制度文件《营造法式》。见于史料记载的先有元祐六年（1091）版本的《元祐法式》，后有由李诫于绍圣四年（1097）起重编、于崇宁二年（1103）颁布的《营造法式》版本。

高宗南渡，大量的规章典籍和法物制器因战乱流散殆尽。绍兴和议以后，南宋政府多次任命重臣领衔组织官吏重写，并对比参考各州的档案，归纳整理成为《条法事类》。在这些不断更新版本的《条法事类》里，甚至有一些有关陕西路、河东路的旧条款也得以保留。

右件狀如前勘會某官主管欠司計若干年共
催納過錢物若干每年季納及若干分准令格該
某酬賞本司保明並是詣實謹具申
尚書某部謹狀
　年　月　日依常式

旁照法

名例勑
諸稱分者以十分為率稱釐者以一分為十釐
諸司條者以半月罰直者以十直為一等不在官蔭
　減等之例
諸稱不以赦降原減除緣姦細事或傳習妖教詭幻
妖之術及故決盜決江河隄堰已決外餘化若
遇非次赦或再遇大禮赦者聽從原免
鼓鑄勑令格式
勑
擅興勑
諸鑄錢柳勒于功限外鼓鑄及令夜作者以違制
論

厩庫勑
諸鑄錢虧額依課利場務虧欠法因闕功料致虧者
除其數即揀退錢滿一釐監官衝替額外增鑄者
聽折免
諸納到新鑄上供錢有揀退者元看揀官與監鑄官
同罪
諸鑄錢司錢物州縣輙慢惜支使者依擅支封樁錢
物法
諸酒務監轉應宿不宿者杖一百錢監監官監門官
准此

令
職制令
諸輓運司奉行鑄錢職事謂攢鑄錢司併入者此元額鼓鑄增
虧分數歲終委提點刑獄司每歲至輪者取索具
職位姓名限次年三月終保明申尚書工部
場務令
諸鑄錢監所鑄錢每貫熟重四斤五兩轉運提點鑄
錢司巡歷所至依樣校驗

因此，虽然《钱纲验样法》原文失载，笔者有理由相信以下几条记载与之有关。

第一，《庆元条法事类》卷32《鼓铸》载：

诸受纳新铸钱而粗怯不如样者退换，若数多即申所属。

诸钱监铸上供钱并依元样，州差官看拣讫，方得起发。内抽取一贯申纳尚书省。

诸装发钱监上供钱，每纲于所装钱内取样，不得拣选，监专与纲梢管押人同封书印以样比验交纳。若不如样者，申所属验实，据数发回元铸钱监验认，送所属究治。（原注：一百文入急脚递传送至交纳处，一贯随纲，仍于装发钱数外取别同样钱一贯留本州作住样，以备照验。转般者装发日，将元随纲样钱重加封印。）

第二，《庆元条法事类》卷32《鼓铸》引《场务式》载《转运司申铸钱计帐》、引《赏式》载《保明铸钱监官酬赏状》。

第三，《宋会要辑稿·职官》载：

（政和）五年二月十八日，河东路提辖检踏措置坑冶钱监司奏："承朝旨节文，铸到钱每季令提刑、提举司分诣再行看拣，别无粗陋不堪，方行行用。契勘本路诸监院，每季铸到钱，直至次季看拣了当方许支桩，其被差官有事故或先承他司差委者，有经半年未曾看拣，委是有妨应时桩拨支遣。今乞将诸监院每月铸到钱，于次月内令提刑、提举司再行看拣。如逐司官巡历未到，未能亲诣，即乞令逐司于上旬内就钱监院邻近州县差官看拣。如被差官先承他司差务，除军期急速外，并乞限三日先次起发，于当月内看拣了当，方许承担别司所委事。"

又提辖措置河北路坑冶铸钱司奏："乞应提举、提刑司所差看拣钱官，并依贡举差试官法，限三日起发。如敢托故推避，或本州别作名目占留，不为依限起发。并乞朝廷立法加以刑名约束。"

（尚书省）看详，今除三路系应副军期不可缓慢，以每月；余路每季差官看拣外，今拟修下条：

"诸提举常平、提点刑狱司（河北、河东、陕西路每月，余路每季）分诣钱监院看拣已铸到夹锡钱。如亲诣不及，计程前期差官，须管于本季、本月终到监院（谓如春季钱春季终、正月钱正月终所差官到监院之类），即被差官他司不得差委。若承他司差者，俟看拣毕听赴（应副军期机速事非）。"右入《政和钱法令》；

"诸被差看拣夹锡钱官不趁期到监院，若妄托事故避免，或官司别作名目占留或辄差委者，各杖一百。即差委后时，致所委官趁期到监院不及者，止坐所差监司（监司应亲诣而不如期到者同）。"右入《政和钱法敕》。

由此可归纳《钱纲验样法》的核心：制定规章法度，由相关机构定期抽查相关铸钱监（院）的铸币质量。为了避免纠纷、方便溯源，出现"版式"对应固定时期、固定监（院）的成品，对应相关责任官员，彻底落实"生产责任制"。

三、奇特的数字"三"

在收集和整理"崇宁通宝当十铜钱"版式时，将钱文书写风格、铸造工艺相似的版式分组归纳为不同的类别；有些类别的版式繁复，还可进一步根据特征规律细分为小类别，由此组成一个树状结构。

由此可以发现，七成以上的类别，都是由三个版式组成；少数类别的版式，数量在三个的基础上上下浮动一个；一些特殊的大类，往下细分的小类也基本遵循三个版式（上下浮动一个）的规律。

这蕴含了什么信息？

前文总结"版式"对应的是时间和空间的信息，也就是铸期和钱监。通过以背文信息研究南宋江北铁钱的面文版式规律，可以进一步发现"类别"大致对应钱监，同一类别的不同"版式"大致对应铸期。然后，北宋陕西大铁钱、北宋四川铁钱、北宋小平和折二铜钱（不含活字铸钱法的类别）也基本符合这个规律，"类别"数约同于"钱监"数，而"版式"数约同于铸造年数。

因此，奇特的数字"三"与铸期有关。

根据上一节中关于稽核铸币质量的相关记载，有以月为周期抽查的，也有以季度为周期抽查的，崇宁通宝当十铜钱的铸造时间为九个月，正好为三个季度。

可以大致归纳，铸造崇宁通宝当十铜钱时：

极少数铸钱监（院）稽核周期以年为单位，下属版式以一个为基准；

大部分铸钱监（院）稽核周期以季为单位，下属版式以三个为基准；

特殊地区的钱监稽核周期以月为单位，下属版式以九个为基准，可能会按季归为小类；

某些大钱监下属钱炉较多，可能存在按钱炉分组为小类，稽核周期以季为单位，故各小类下属版式仍以三个为基准。

某个特殊项目下多个钱监参与，利用"活字法"制作祖模，按钱监分组为小类，稽核周期以季为单位，故各小类下属版式仍以三个为基准。

某些铸钱监（院）后增或者提前关闭，铸期可能不足，下属版式的基数也会相应减少。

四、铸造量的估算

崇宁通宝当十铜钱的铸造量，在史料中没有明确的记录，本章尝试从相关数据来分析推算。

在宋代大部分时间内，各铸钱监都有固定的产量额度，在文献中一般称为"祖额"。元丰三年前后成书的毕仲衍《中书备对》，以及《宋会要》、《建炎以来朝野杂记》、《群书考索》等诸多资料中都有"祖额"的详细记载。

那么"祖额"是否一直固定不变？

可以查看以下几组数据：

《宋会要辑稿·食货》卷11载元丰年间*：

江州广宁监，额三十四万贯，旧额二十万贯；

池州永丰监，额四十四万五千贯，旧额四十万贯；

建州丰国监，额二十万贯，旧额三十万贯；

……

兴州济众监，额四万贯文，旧额三万九千二百六十三贯二百五十文，每贯重一十二斤十二两（大中祥符七年制定的标准，实际已逐年减重）；

嘉州丰永（远）监，额八万六千六百一十七贯，旧额四万贯；

邛州惠民监，额一十万九千八百五十一贯，旧额十二万贯六百二十二贯；

……

又据《群书考索》后集卷60《财用·铜钱》、《建炎以来朝野杂记》甲集载崇宁大观间：

江州广宁监，二十四万贯（疑为二十八万贯）；

池州永丰监，三十四万五千贯；

建州丰国监，二十四万四百贯；

归纳对比其他散落的史料，可以发现宋代钱监的"祖额"是变动的，主要原因是基于原料供应的增减，但是变动的频率不高，在某一段时间内可以视作稳定。

那么"祖额"完成的程度如何？

---

* 注：饶州永平监数据未载。

宋代钱监铸钱，产量稽核是第一位，质量稽核是第二位。原料不足时，有钱监官员擅自降低铸币质量而受罚的记载；也有管理机构主动降低标准，以求产量达标的记载。原料供应正常时，官员因为产量不达标而受罚的记载极少。

宋代钱监官员，在原料充足时，有提高产量而得以嘉奖升迁的记载，随之而来的常常是"祖额"的上调，这等于给后续官员挖了坑，士大夫之间对此颇有微词。此外，原料的供应也有波动性，谁也不能保证自己的任期内不会出现意外。所以从北宋中期开始，大多数情况下钱监官员在原料有余时，不会大幅增加本年度内的产量，而是预备来年的原料或预铸成来年的钱币。

由此总结，宋代铸钱的"祖额"，在大部分的时间段内是稳定的，各钱监基本按量达标，大幅超额的情况不多见，正常状态下可以视同于实际产量。

宋徽宗"当十铜钱"是一款新创推行的虚值大钱，没有明确的"祖额"记载，只能从文献中找寻一些侧面的信息。

据《长编纪事本末》卷136《当十钱》载：

崇宁二年二月庚午，初令陕西铸折十铜钱并夹锡钱。左仆射蔡京奏："据陕西转运使许天启申送到新铸铜铁钱样，已降指挥：铜钱于岁终，须管铸钱三十万贯；铁钱铸二百万贯。……"从之。

陕西地区是推行宋徽宗"当十铜钱"的基地，在崇宁二年（1103）内的计划额度是30万贯。该年度的铸期不足一整年，铸钱监（院）的筹备又需要时间，所以推测后续年份陕西路"当十铜钱"的年产量会有所增加；不过，崇宁四年（1105）铸"崇宁通宝"时，提升铸币质量影响了产量，铸期只有九个月，因此总产量会有所降低。一增一减，可以粗略认为：陕西地区的铜钱监院铸造了约30万贯"崇宁通宝当十铜钱"。

又据《群书考索》后集卷60《财用·铜钱》载：

崇宁五年，中书省勘会——诸路岁收铜数又铸钱合用铜数下项：

一、每年约收诸色铜六百六十余万斤……

二、诸路十监每年共铸钱二百八十万贯，合要铜一千一十一万五千斤，内建州钱监本路自有铜外，逐年合要铜九百六十三万五千斤。

三、钱监合用铜除上供钱已得备足外，其余钱监阙少铜三百三万五千斤。

四、钱监去处所铸钱数共二百八十九万四百贯……

据此可知，江南十大铜钱监，按"祖额"每年生产"小平铜钱"289万贯，需要用铜1 011.5万斤，崇宁五年（1106）共缺303.5万斤，原料不足部分占比30%。笔者认为前后一年的原铜供应情况不会出现大幅波动，再参考"崇宁通宝当十铜钱"铸期为九个月：

以单枚用三枚小平铜钱的原料推算：

(289万贯/3) × (1−30%) × (3/4) = 50.6万贯

以贯用铜九斤七两二钱推算：

[(1 011.5 − 303.5) × (3/4)]/9.5 = 55.9万贯

可以粗略地认为：江南十大铜钱监铸造了50万～60万贯"崇宁通宝当十铜钱"。

崇宁三年（1104）起，各地钱监利用库存的折二铜钱作为原料来铸造"当十铜钱"，因此江南十大铜钱监可能还有一部分崇宁通宝当十铜钱的产量未能统计在内。其他参与"崇宁通宝当十铜钱"铸造的监（院），除了京师崇宁监、卫州黎阳监、徐州宝丰监属于正规钱监外，大部分监（院）的生产规模较小，原料供应不稳定，产量和规模不会太大，这些产量也未能统计在内。

综合以上情况，以史料中的相关数据粗略推算："崇宁通宝当十铜钱"的铸造量在80万～100万贯，以770枚为一贯换算为6亿～8亿枚，以币值换算折合小平铜钱800万～1 000万贯。

第十章
"赤仄"与"乌背"

《续资治通鉴长编纪事本末》卷136《当十钱》载：

（崇宁）四年四月癸酉，尚书省言："崇宁监铸御书当十钱，每贯重一十四斤十两，用铜九斤七两二钱，铅四斤一十一两六钱，锡一斤九两二钱，除去火耗一斤五两，每钱重三钱，十钱重三两。"诏颁样于诸路，仍令赤仄乌背、字画分明。

此记载亦见于《文献通考》卷9《钱币考二》、《群书考索》后集卷60《财用·铜钱》，版本有所不同，整理如下表：

	每贯重	用铜	用铅	用锡	火耗	每钱重
《续资治通鉴长编纪事本末》	一十四斤十两	九斤七两二钱	四斤一十一两六钱	一斤九两二钱	一斤五两	每钱重三钱，十钱重三两
《文献通考》	一十四斤七两	九斤七两二钱	四斤一十二两六钱	一斤九两二钱	一斤五两	每钱重三钱
《群书考索》	一十四斤七两	九斤十两二钱	四斤一十一两六钱	一斤九两二钱	一斤五两	每钱重三钱，十钱重三两
校正	一十四斤七两	九斤七两二钱	四斤一十一两六钱	一斤九两二钱	一斤五两	每钱重三钱，十钱重三两

同一则史料在三处文献中出现了不同的数据，孰是孰非？

可以通过计算来验证。

第一步，依照后文"每钱重三钱，十钱重三两"进行换算。

一贯770枚（省陌），重770×3=2 310钱，合231两，十六两为一斤，合14斤7两。

由此可知：

《文献通考》与《群书考索》所记正确："每贯重一十四斤七两"。

第二步，依照文中所列数据，每贯重量加火耗重量减去铜和锡的重量计算铅的重量。

先假设用铜"九斤十两二钱"：

231（两）+（16+5）（两）−（9×16+10.2）（两）−（16+9.2）（两）=（4×16+8.6）（两）。

计算所得结果与三处文献记载均不符合。

再假设用铜"九斤七两二钱"：

231（两）+（16+5）（两）−（9×16+7.2）（两）−（16+9.2）（两）=（4×16+11.6）（两）。

计算所得结果与两处文献记载符合。

由此可知：

《续资治通鉴长编纪事本末》与《文献通考》所记："用铜九斤七两二钱"正确。

《续资治通鉴长编纪事本末》与《群书考索》所记："铅四斤一十一两六钱"正确。

这一则史料对于研究"崇宁通宝当十铜钱"非常重要，一方面是记载了原料配比和成品重量标准，另一方面则是文中提及的"赤仄乌背"。

一、赤仄

何谓"赤仄"？

史料中"赤仄"最早出现于西汉。班固《汉书·食货志》载：

(元鼎二年) 郡国铸钱，民多奸铸，钱多轻，而公卿请令京师铸官赤仄，一当五，赋官用非赤仄不得行。白金稍贱，民弗宝用，县官以令禁之，无益，岁余终废不行。

司马迁《史记·平准书》载：

郡国多奸铸钱，钱多轻，而公卿请令京师铸钟官赤侧，一当五，赋官用非赤侧不得行。白金稍贱，民不宝用，县官以令禁之，无益。岁余，白金终废不行。

对比可知"仄"通"侧"，指五铢钱的侧面边道。

那么"赤"又该如何理解？

前人多理解为"赤"的本意"红"。但是，汉武帝时期铸币，铜质接近于纯铜，钱体颜色略偏红；宋徽宗时期铸币，铜质配比为青铜，与红色相差较远。中国古代铸币，在重量和材质合格的基础上，如何提高效率，降低成本，便于流通是重点考虑的问题，至于嵌套外边或人工染色，这些无谓增加成本又不便于流通的工序，大多是以字面意思牵强附会，不符合逻辑，难以自圆其说。

其实，"赤"作为形容词，除了"红"本意以外，还有"光"、

"空"、"尽"、"一无所有"等引申意。例如：晋国大旱，赤地三年。（《韩非子·十过》）；当年老使君赤手降於菟。苏轼（《送范纯粹守庆州》）；以及"赤膊上阵"、"赤身裸体"等。

因此，将"赤"理解为"光"或者"空"，"赤侧"即"打磨光滑的侧边"（这种边道细分有"直边"和"弧边"两种形态），这才是符合逻辑的答案。

再对比实物，西汉官铸五铢钱，最大的特征即是边道打磨呈直边状态；宋徽宗"崇宁通宝"当十铜钱，相比于之前铸造的大部分"崇宁重宝"当十铜钱以及其他北宋铜钱，边道打磨工艺明显改进。如今泉友开当十筒子时，也有根据侧边是否打磨光滑来挑选"崇宁通宝"的经验。

西汉官铸五铢钱呈"直边"的边道与西汉半两的对比

崇宁通宝当十铜钱相比其他北宋铜钱，边道打磨工艺明显改进

二、"乌背"

何谓"乌背"？

前人大多以"乌"的本意"黑"来理解，认为是将钱背染成"黑色"，与宋代钱币上残留的黑色脱模痕迹混淆。宋钱实物中确实有一部分保存状态比较好的钱币（特别是宋代母钱），其字口与地章之间往往残存一层黑色的油状包浆，笔者怀疑是宋代翻砂铸钱时为了方便脱模而在砂范上使用的辅料。这一现象并非"崇宁通宝"当十铜钱所独有，也并非只出现于钱背，相反出现于钱文正面的概率更高，所以"黑色"与"乌背"无关。

为了寻找答案，只能在史料中继续查找与"乌背"有关的信息。

《宋会要·刑法》卷4：

（大观元年）七月十五日，池州言："勘会永丰监……翻铸御笔'大观通宝'小平钱，字精细。系乌背赤仄，合增添乌磨钱工共二十五万三千工。"

《群书考索》后集卷60《财用·铜钱》引《长编》载：

　　大观二年，开封尹兼提举京畿钱监宋乔年言："检准近降朝旨，诸路钱监见铸大观小平钱，并依旧料例，仍令崇宁监别铸样。臣今勒崇宁监工匠铸到锡母五文足、乌背铜样钱五文足、漉铜样钱五文足……"诏乌背赤仄工力稍大，致亏户部上供之数，可以漉铜钱下诸路令依样铸。

《咸淳临安志》卷5《行在所录》载：

　　户部有高宗皇帝颁降铸钱式御札，曰："大小钱样，付卿。乌背者制作颇精，与开元、崇宁所铸相似，然恐费工难办，素背者似可作式样，爷更看详。"权侍郎林觉记曰："臣猥以驽下待罪版曹，绍兴丁丑七月七日，以职事赐对，……，伏蒙宸翰宣示'绍兴通宝'两等，……绍兴二十七年七月。"

　　将"开元通宝"小平铜钱（近似乌背式）、"崇宁通宝"当十铜钱（乌背式）、"大观通宝"小平铜钱（乌背式/漉铜式）、"绍兴通宝"小平与折二铜钱（素背式）排列对比分析，"乌"字应是形容钱背的形态特征。文献中使用"乌磨"一词也证明"乌"为打磨加工而成，并非涂染而成。

| 开元、大观、绍兴钱背及边轮对比

　　那么"乌"字如何释读才能与形态有关？

　　笔者在查阅南宋相关史料时，发现在不同的文献及其不同的版本中，金国元帅完颜宗弼的女真名有"乌珠"与"兀术"两种音译，可知两宋交际之时，"乌"与"兀"同音相通。"兀"字有突兀高耸之意，元丰通宝小平铜钱有一个类的钱文字口深峻高耸，日谱取钱文"突兀"之意名为"兀字"，可为一个例证。

　　因此，"乌背"通"兀背"，即"深背"，形容钱背轮郭高耸突兀、深峻挺拔。

总结:"赤仄乌背"即"光边深背"。

"赤"和"乌"不是指颜色,而是形容边道与钱背的加工状态。"赤仄乌背"式钱币的形制有以下特征:细缘、光边(直边型和弧边型)、钱背轮郭深峻。"光边"和"深背"对铸钱加工要求较高,增加了打磨的工时,虽然提高了铸币质量(精整利落),但是降低了铸钱效率(费工亏损),因此在宋代并未持续采用。

诞生于一千年前的崇宁通宝当十铜钱,采用"赤仄乌背"工艺,搭配宋徽宗御书"瘦金体"钱文,给泉友们留下了精美绝伦的艺术品。

图谱篇

第一单元

一、美制类（1-A）

顾名思义，"美制"以钱文纤细秀美、笔画清晰挺拔、钱型铸工精致而得名。

"美制类"根据边道加工特征分为两组，一组为弧边，一组为直边。

1. 弧型边道

1-A-a1·美制正字（七级）

简称"美制"，可视作"崇宁通宝当十铜钱"的瘦金体标准版，文字布局规范稳重，衍生出各种铸造级批次、修模、仿铸变化。笔者分析"美制"为"京师崇宁监"的标准量产版，有一部分子钱被选作"钱样"颁发给各地铸钱监（院）。

有的地方钱监以"美制"子钱为祖模翻铸母钱量产，形成各铸造级批次及其修模变化，类似于近代机制铜元中"部颁龙"及其修模版的概念；有的地方钱监以"美制"子钱为模版仿制祖模，形成钱文风格近似的一系列仿铸版式，类似于近代机制铜元中"仿部颁龙"的概念。

这些基于"美制"的衍生品种存世总量较大，在已知"崇宁通宝当十铜钱"的总量中占比超过一半，影响极其深远。因此，带有中央标准版式意义的"美制"从存世量分析应为八级，兼顾其历史价值加权定为七级。

绝大部分"美制"子钱边道均为弧边，也有极少数子钱为直边的特殊情况，因此弧边并非锁定"美制"的绝对因素。辨识"美制"的关键是先对应钱文版式，再看铸造级精度：字口纤细挺拔、几乎无流铜、钱型铸工精致。

"美制"子钱的标准直径在 35.0 ± 0.3 mm。

有一个批次为"美制－小样"（1-A-a1-x），标准直径在 34.2 ± 0.2 mm，数量较少，定为六级，其边道也是弧边为主，偶有直边。

1-A-a2·美制大字（一级）

与"美制"书体风格相似，弧边，四字均大而阔。

1-A-a3·美制大足宝（一级）

与"美制"书体风格相似，弧边，宁字寄郭，通字仰，宝字俯、贝部狭，与第三单元的"大足宝"类有近似之意，推测为"京师崇宁监"特铸"样钱"颁予铸造"大足宝"的钱监。

1-A-a4·美制中穿（一级）

与"美制"书体风格相似，弧边，中穿型，崇字山部阔、示部俯，宝字狭且俯。

1-A-a5·美制广穿（一级）

与"美制"书体风格相似，弧边，广穿型，形制变化明显，与"京师崇宁监"后续所铸"大观通宝新式御书当十"形制类似，应为过渡时期的试铸样钱。此版目前见到数枚为母钱铸造级，另见两品为子钱铸造级。

以上四版存世罕见，应为"京师崇宁监"的试铸样钱。

2. 直型边道

1-A-b1·美制深背（七级）

与"美制"书体风格相似，直边，崇字俯、山部中竖斜向右上，字体笔画较粗，穿口面大背小呈喇叭状，钱背轮郭深峻，故名"美制深背"。此版存世数量少于"美制"，符合七级标准。

此版见有一种低铸造级的衍生变化"美制深背－浅背"（1-A-b1-a），标注为"美制深背手浅背"，字体更粗，字口较浅，钱背轮郭并不深峻，背郭宽广类似于"崇宁重宝"的美制版。此衍生品种存世不多，研究参考价值有限，减权定为五级，暂未收录拓片，可参考《崇宁泉谱》003 号拓片。

1-A-b2·美制纤字（五级）

与"美制"书体风格相似，直边，字体挺拔精美，宝字左足起笔靠目部右下角，崇字山部中竖直立，宁字宝盖的回勾与心部相连。此版《崇宁泉谱》定级为六上，根据宋钱研究中心的评级数据分析，修定为五级。市面上曾出现一批以"美制深背"改刻添笔仿制的"美制纤字"，鱼目混珠，需引起特别注意。

此版见有一种低铸造级衍生变化"美制纤字–阔缘"（1-A-b2-a），字体粗糊，铸工粗糙，边缘加宽，存世较少，仍定为五级。

1-A-b3・美制横点通（四级）

与"美制"书体风格相似，直边，崇字示部左斜，左撇短小，通点相对较平。此版《崇宁泉谱》定名为"降宁中穿"，本书调整至美制类，定为四级。

此版见有一种低铸造级衍生变化"美制横点通–中缘"（1-A-b3-a），字体略粗，铸工略糙，边缘略宽，仍定为四级，本书未收录拓片。

1-A-b4・美制高点通（一级）

与"美制"书体风格相似，直边，四字较大，书体饱满，崇字示部高耸，通点高于甬部。此版《崇宁泉谱》原名"狭通高点通"，本书调整至美制类，为未量产的试铸版式，定为一级。

以上一组，三版为量产，一版为试铸。

笔者分析这组版式，一种可能为"京师崇宁监"后续的产品；另一种可能为与"京师崇宁监"关系密切的另一个钱监所铸造。

1-A-a1　　　001	1-A-a1-x　　002		
美制正字 （美制） 　　　　　七级	**美制正字-小样** （美制-小样） 张华　　　　六级		
○	○		
2580号　正字离郭　八级 1号　　美制　　　八上	无 无		

1-A-a2　　　003	1-A-a3　　　004	1-A-a4　　　005	1-A-a5　　　006
美制大字 袁帅　　　　一级	**美制大足宝** 袁帅　　　　一级	**美制中穿** 靳义　　　　一级	**美制广穿** 李晓冬　　　一级
○	○	○	○
无 无	无 240号　降宁大字　四上	无 244号　降宁退崇小宝　四下	无 314号　美制广穿　一上

1-A-b1　　　　　007	1-A-b2　　　　　008	1-A-b3　　　　　009	1-A-b4　　　　　010
美制深背	美制纤字	美制横点通	美制高点通
夏彩良　　　　七级	五级	四级	单威林　　　　一级
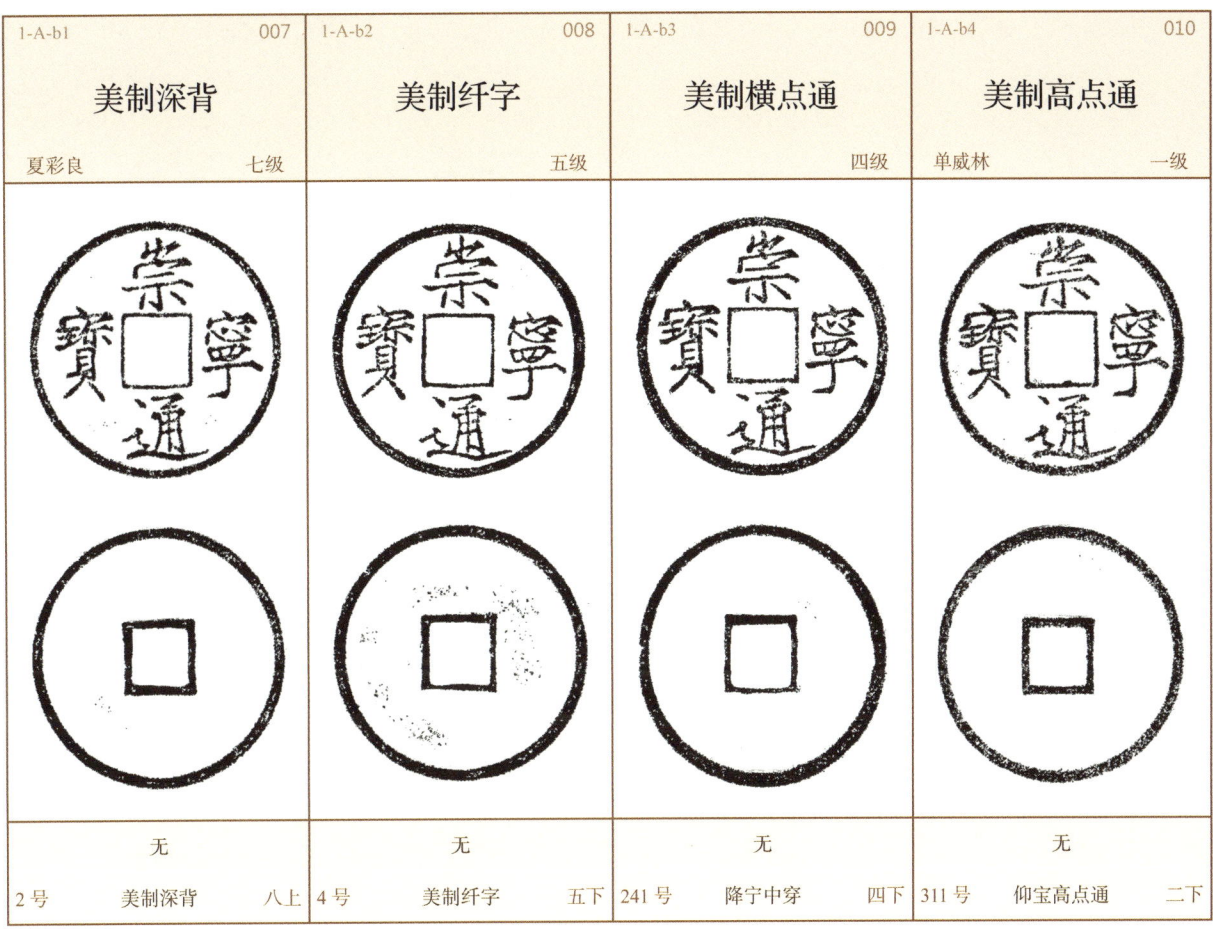			
无	无	无	无
2号　美制深背　八上	4号　美制纤字　五下	241号　降宁中穿　四下	311号　仰宝高点通　二下

	1-A-b2-a　　　　011		
	美制纤字-阔缘		
	夏彩良　　　　五级		
	无		
	5号　美制纤字阔缘　六下		

二、"美制正字"的衍生（1-A-a1）

部分"美制"子钱被选作"钱样"颁发至各地钱监，有的地方钱监直接以这些"美制"子钱作为祖模翻铸母钱量产。在这个过程中，出现了基于"美制"（美制正字）的各种铸造级批次衍生和修模衍生。这些衍生品种字口精度下降，不再适合以"美制"命名，故以其面文有"美制正字"之遗传而命名为"正字"系列。

1-A-a1-a 系列

面文版式同"美制"，由于铸造级批次下降，钱文笔画变粗，字根变浅，铸造工艺下降，钱型大小参差不齐。

标准"正字"批次直径在 34.8 ± 0.3 mm，另出现各种修模变化，本书选录几品作为代表：

"正字"（1-A-a1-a），版式同"美制"，铸造级比"美制"低一级，直边，八级。

"正字–背肥郭"（1-A-a1-a1），钱背内郭嵌套修模加宽，八级（拓图省）。

"正字–短尾通"（1-A-a1-a2），通尾被外轮侵压变短，宁字宝盖回勾修模变小，六级。

"正字–翘尾通"（1-A-a1-a3），通尾加刀修模，斜向右上弯折翘起，五级。

"正字–异通"（1-A-a1-a4），四字均有加刀，通头修模无点，四级。

大样"正字"批次直径在 35.8 ± 0.3 mm，另出现有修模变化，本书选录一品作为代表：

"正字–大样"（1-A-a1-ad），钱型同比例大于"正字"，钱文字口较细、较浅，七级。

"正字–大样短尾通"（1-A-a1-ad1），通尾加刀修模变短，六级。

小样"正字"批次直径在 34.0 ± 0.2 mm，另出现修模变化，本书选录一品作为代表：

"正字–小样"（1-A-a1-ax），钱型同比例小于"正字"，与铸造批次有关，八级。

"正字–小样宽崇"（1-A-a1-ax1），崇字示部左撇加刀修模，斜直向左下，七级。

（注：此品种直径在 34.0 ± 0.2 mm，目前见过最大一品为 34.4 mm）

1-A-a1-b 系列

面文版式同"美制"，由于铸造级批次下降，字体变小，笔画变粗，为避免钱型缩小，嵌套外轮修模，出现阔缘变化；再修整外缘调整成品重量，出现中缘以及内削轮（中缘小字）变化。这些变化再往下细分，还有各批次的大小样，本书选录部分代表性的变化：

"正字–阔缘"（1-A-a1-b1），推测为过渡批次的产品，正背外缘均阔，七级。

"正字–中缘"（1-A-a1-b2），外缘经过修模调整，宽度介于"正字"与"正字阔缘"之间，故名"中缘"。其标准批次直径在 34.8 ± 0.3 mm。此品种目前存世数量巨大，崇通当十"四大金刚"之一，十级；

"正字–中缘大样"（1-A-a1-b2d），同上，大样批次直径在 36.0 ± 0.3 mm，六级，此批次"宁"字四部底部修模后齐平，不带回勾；

"正字–中缘小样"（1-A-a1-b2x），同上，小样批次直径在 34.0 ± 0.2 mm，八级（拓图省）。

"正字–中缘小字"（1-A-a1-b3），外缘内侧削刮修模调整，四字变小离轮，其标准批次直径在 34.8 ± 0.3 mm，九级。

"正字–中缘小字大样"（1-A-a1-b3d），同上，大样批次直径在 36.0 ± 0.3 mm，六级。

"正字–中缘小字小样"（1-A-a1-b3x），同上，小样批次直径在 34.0 ± 0.2 mm，八级。

"正字–中缘小字阔缘"（1-A-a1-b3k），同上，字体再次变小，边缘加宽变阔，六级。

1-A-a1-c 系列

面文版式同"美制"，为避免铸造级批次下降导致钱型缩小，重新嵌套外轮修模，出现四字同比例聚于内郭、远离外轮的"隔轮"变化。这一系列相对铸工较精，略逊于"美制"、整体略好于其他"正字"系列，直边。此后，"隔轮"也有再"隔轮"的修模变化，字体更小、更聚于内郭，笔画较粗，同时还有笔画修模变化。

本书选录部分代表性的变化：

"正字–隔轮"（1-A-a1-c），面文同正字，四字离外轮，径 35.0 ± 0.3 mm，八级；

"正字–隔轮大样"（1-A-a1-cd），面文同上，径 35.8 ± 0.3 mm，七级；

"正字–隔轮小样"（1-A-a1-cx），面文同上，径 34.0 mm 以下，七级（拓图省）；

"正字–隔轮背肥郭"（1-A-a1-c1），面文同上，背郭嵌套加宽，径 35.0 ± 0.3 mm，七级；

"正字–隔轮背肥郭大样"（1-A-a1-c1d），面文背郭同上，径

35.8 ± 0.3 mm，六级；

"正字-隔轮翘尾通"（1-A-a1-c2），通尾修模翘起，径 35.0 ± 0.3 mm，七级；

"正字-隔轮翘尾通大样"（1-A-a1-c2d），面文同上，径 35.8 ± 0.3 mm，六级；

"正字-隔轮小字"（1-A-a1-c3），面文同"正字"，四字更小更粗、更聚于内郭，六级。

1-A-a1-a 012	1-A-a1-a2 013	1-A-a1-a3 014	1-A-a1-a4 015
正字	**正字-短尾通**	**正字-翘尾通**	**正字-异通**
八级	六级	魏枭 五级	徐洪吉 四级
2578号　正字　九级	无	无	无
6号/7号　正字正样　十上	46号　正字短尾通　六下	25号　正字折尾通　六下	39号　正字异通　七上

1-A-a1-ad 016	1-A-a1-ad1 017	1-A-a1-ax 018	1-A-a1-ax1 019
正字-大样	**正字-大样短尾通**	**正字-小样**	**正字-小样宽崇**
侯培友 七级	高飞 六级	夏彩良 八级	武健 七级
无	无	无	2579号　正字小样　八级
无	无	8号　正字小样　九下	31号　正字宽崇　六下

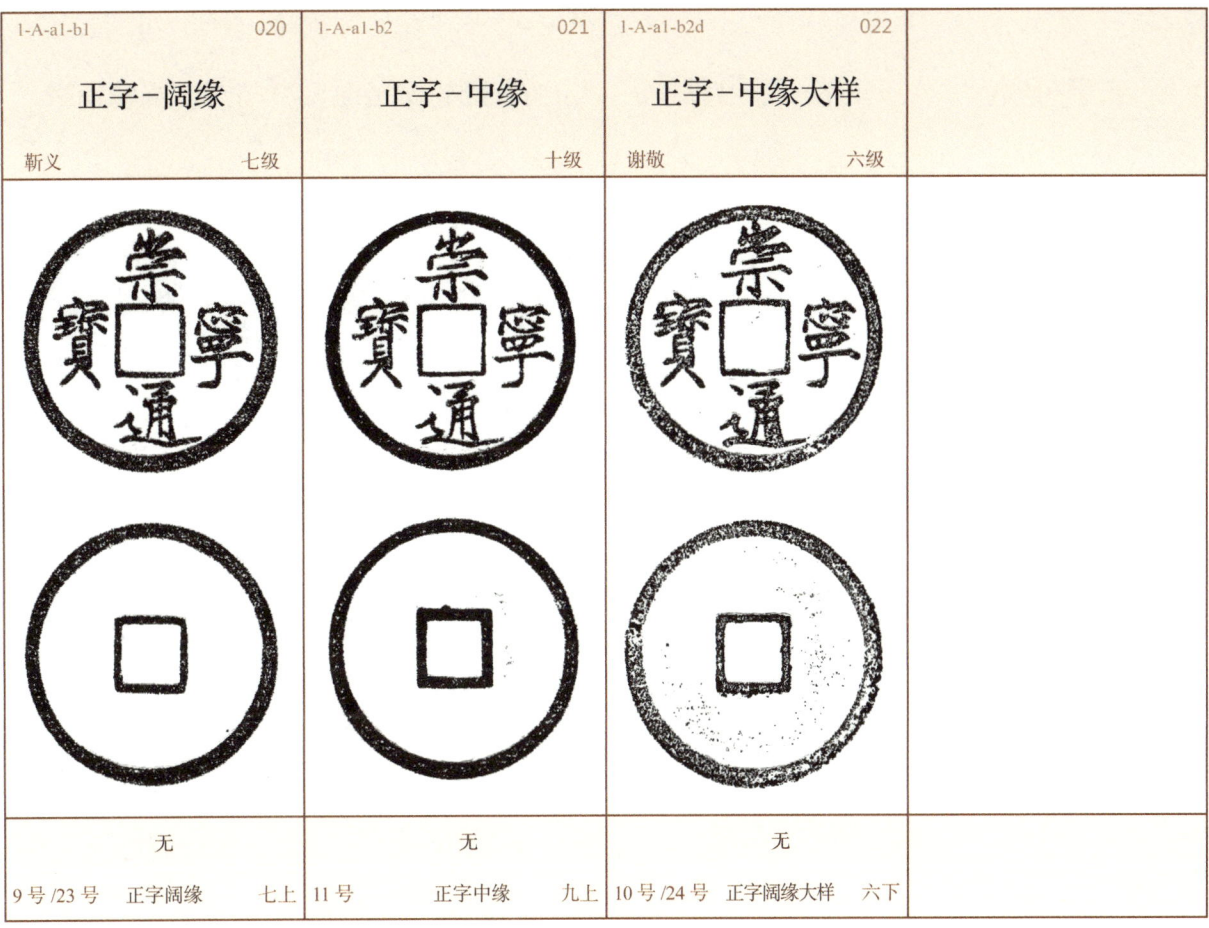

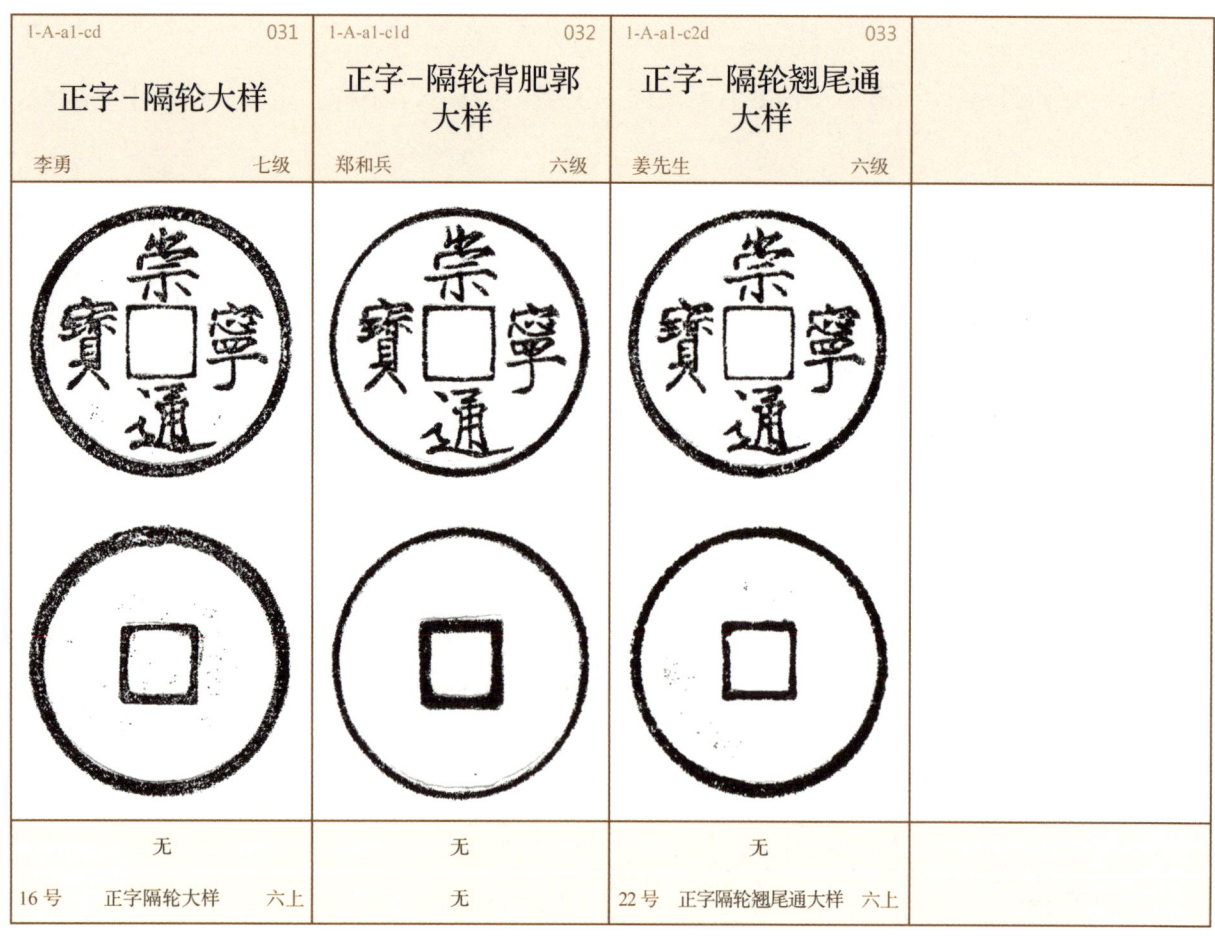

1-A-a1-c　　　　027	1-A-a1-c1　　　　028	1-A-a1-c2　　　　029	1-A-a1-c3　　　　030
正字-隔轮	**正字-隔轮背肥郭**	**正字-隔轮翘尾通**	**正字-隔轮小字**
八级	唐锦鑫　　　　七级	七级	六级
2581号　正字隔轮　七级	无	2582号　正字隔轮翘尾通　七级	2593号　小字隔轮　六级
14/15号　正字隔轮　九下	无	21号　正字隔轮翘尾通　八下	18号　正字隔轮小字　七下

1-A-a1-cd　　　　031	1-A-a1-c1d　　　　032	1-A-a1-c2d　　　　033	
正字-隔轮大样	**正字-隔轮背肥郭大样**	**正字-隔轮翘尾通大样**	
李勇　　　　七级	郑和兵　　　　六级	姜先生　　　　六级	
无	无	无	
16号　正字隔轮大样　六上	无	22号　正字隔轮翘尾通大样　六上	

三、"美制正字"的仿铸之"正字类"（1-B）

部分"美制"版子钱被选作"钱样"颁发至各地钱监，有的钱监以"美制"版子钱作为模版仿制独立的祖模，出现了一系列书法味道、钱文布局、钱型制式与"美制"相近似的独立版式，定名为"正字类"。需要注意的是，该系列版式的祖模大体上都为"整体法"独立制作，最后收录数版的祖模为"活字组合法"制作。

1-B-01·正字中穿（八级）

书体与文字布局仿于"美制"，笔画精度下降，崇字退，宁字狭、降、近内郭，内穿略大，故名"正字中穿"。

1-B-02·正字狭宁（十级）

书体与文字布局仿于"美制"，字体较粗，崇字离轮，通字走之左下起笔无弯曲，直向左下，此为一眼法。本版目前存世数量巨大，系崇宁通宝当十铜钱的"四大金刚"之一，十级，数据大体在 34.5 ± 0.3 mm。

由于此版铸量极大，铸造级批次与修模变化亦多，例如：

正字狭宁-大样（1-B-04-d）七级，直径在 35.5 mm 及以上；

正字狭宁-小样（1-B-04-x）八级，直径在 33.8 mm 及以下；

正字狭宁-阔缘（1-B-04-k）八级，四字同比例缩小，外缘加宽变阔；

正字狭宁-隔轮（1-B-04-g）六级，四字同比例缩小，外缘内削轮呈隔轮状。

本书暂未收录这些衍生品种的拓片。

1-B-03·正字俯通（八级）

书体与文字布局仿于"美制"，铸工较为精致统一。"通"字甬部较宽、俯，被"小字俯宁俯通"版活字借用（见下一节）。《北宋铜钱》名为"小字"，本书沿用《崇宁泉谱》之名。

1-B-04·正字离宝（七级）

书体与文字布局仿于"美制"，宝字离内郭，通字进、俯。本版直径偏小，大体在 34.3 ± 0.3 mm 左右，有 33.8 mm 以下属于小样批次（1-B-03-x），七级，本书未收录拓片。

1-B-05·正字长孔（七级）

"长孔"意指内穿形状不呈正方形，略呈长方形，但是本版此项特征并不明显，本书只是因循沿用《北宋铜钱》与《崇宁泉谱》旧名。本版字体深峻、略粗，崇字俯，宁字宝盖斜向右上略为翘起，书体风格与第三单元之"斜宁类"有相似之意，直径偏小，大体在 34.2 ± 0.3 mm 左右。

1-B-06·正字垂舟通（六级）

通字的走之部形似龙舟，故崇宁通宝版式常常将通字走之部的特征命名为"X 舟通"。

本版书体与文字布局仿于"美制"，崇字俯、示部两点阔，通字走之底左下折笔下垂，故名"正字垂舟通"。此版有大小样批次，本书未继续细分。

1-B-07·正字狭通（五级）

书体与文字布局仿于"美制"，宁字宝盖狭小、宝字王部与尔部相离、通字甬部左俯与通点相聚。此版数量较少，目前见到的子钱有两个铸造级批次，另一批次铸工略差，中缘，笔画较粗，本书未继续细分。

1-B-08·正字开口通（八级）

书体与文字布局仿于"美制"，四字离郭，宝字昂，故《北宋铜钱》命名"离郭昂宝"；通字甬部头两横长，开口明显，因此本书采用《崇宁泉谱》的命名"正字开口通"。此版有阔缘型修模变化：正字开口通-阔缘（1-B-08-a），五级，本书暂未收录拓片。

1-B-09·正字狭宝（八级）

书体与文字布局仿于"美制"，四字宽阔饱满，铸工较粗，崇字示部两横不平行，此为一眼法。本版狭宝的特征并不明显，本书因循沿用《北宋铜钱》与《崇宁泉谱》旧名。

1-B-10·正字寄郭阔通（七级）

书体与文字布局仿于"美制"，四字离轮、寄郭，通字略阔。

本版字体纤细，铸工精美，形制相对统一，类别归属与级别略有争议。《北宋铜钱》列在"寄郭"之后，名为"寄郭阔通"，八级；《崇宁泉谱》划入"正字类"，名为"正字隔轮阔通"，八下。根据宋钱研究中心评级获得的统计数据分析，其级别应上调为七级；又根据其宝足笔画特征判断，与第三单元"寄郭类"关系不大。本书依《崇宁泉谱》列入"正字类"，重新定名为"正字寄郭阔通"。

本版见有一种加刀修模变化，崇字宝盖回勾短、示部第一横短，定名"正字寄郭阔通-狭示"（1-B-10-a），较少，定为六级。此品背郭修整呈决文状，即《北宋铜钱》2583 号"正字背四决"与《崇宁泉谱》19 号"正字隔轮背四决"。

以下四版，书体文字仿于"美制"，有活字铸钱法的风格，按钱文字钉分为：

1-B-a1·正字俯宁（四级）

宝字昂且俯，宁字俯，通字昂。

1-B-a2·正字俯宁俯通（三级）

四字字钉同上，宝字昂且俯，宁字俯，崇字降，通字俯。

1-B-a3·正字降仰宁（一级）

四字字钉同上，宝字昂且俯，崇字降，通字俯，宁字降且仰。本版宁字倾斜程度夸张，应为"活字铸钱法"组合时出现较大偏差，故而未正式量产，研究价值较高。

1-B-b1·正字仰宝（四级）

此系列字钉组合目前暂见这一个版，四字离轮，宝字仰，字体深峻。

1-B-01　　034	1-B-02　　035	1-B-03　　036	1-B-04　　037
正字中穿	正字狭宁	正字俯通	正字离宝
王翀　　八级	夏彩良　　十级	八级	七级
2585号　正字中穿　八级	2587号　正字狭宁　九级	2591号　小字　八级	2590号　正字离宝　七级
27号　正字中穿　七下	33/34号　正字狭宁　十上	42/43号　正字俯通　十上	49/50号　正字离宝　八上

1-B-05　　038	1-B-06　　039	1-B-07　　040	1-B-08　　041
正字长孔	正字垂舟通	正字狭通	正字开口通
七级	宋琛　　六级	姜一　　五级	八级
2584号　正字长孔　七级	无	无	2653号　离郭昂宝　八级
28/29/30号　正字长孔　八上	40/41号　正字垂舟通　六下	44号　正字狭通　六下	48号　正字开口通　九上

1-B-9　　042	1-B-10　　043		
正字狭宝	**正字寄郭阔通**		
左川　　　八级	七级		
2589号　正字狭宝　八级 51号　正字狭宝　九上	2652号　寄郭阔通　八级 20号　正字隔轮阔通　八下		

1-B-a1　　044	1-B-a2　　045	1-B-a3　　046	1-B-b1　　047
正字俯宁	**正字俯宁俯通**	**正字降仰宁**	**正字仰宝**
四级	李勇　　　三级	靳义　　　一级	四级
2588号　正字俯宁　四级 37号　正字俯宁　五上	无 无	无 无	无 183号　退崇隔轮仰宁　四下

四、"美制正字"的仿铸之"小字类"（1-C）

部分"美制"版子钱被选作"钱样"颁发至各地钱监，有的地方钱监以"美制"版子钱作为模版仿制独立的祖模，其中出现了一系列采用"活字法"组合制作祖模的情况。"活字"字钉的书法笔势仿于"美制"，为了避免与轮廓叠压，故将字体缩小，因此将这一个大系列命名为"小字类"，可按照字钉组合或字钉位置的不同规律往下分为若干小类。

笔者分析采用活字法的"小字类"应该和江南十大钱监某个统一管理的铸钱项目有关，若干小类对应具体各钱监，这一推论尚待更多信息来验证。

接下来依次介绍"小字类"的各分支：

1-C-a · 小字俯宁类

这类一致的特征为宁字俯，目前已知四版，其中第一版"小字俯宁俯通"铸工精美，钱型较大，"通"字借用于上一节的"正字俯通"；另外三版铸工较粗，钱型较小。

1-C-a1，小字俯宁俯通，七级。

1-C-a2，小字俯宁仰通，六级。

1-C-a3，小字俯宁俯宝，五级。

1-C-a4，小字俯宁降宝，四级。

1-C-b · 小字弯丁宁类

这类一致的特征为宁字字钉特殊，其丁勾斜向左下弯曲，故名"弯丁宁"。同类目前已知四版，"宁"和"宝"字钉均相同；前三版"崇"字钉相同，第四版不同；特别需要注意的是四个版的"通"字都不相同，因此以"通"字来作区分。

1-C-b1，小字弯丁宁，七级。通尾翘起，通字走之底呈 U 型。

1-C-b2，小字弯丁宁仰通，七级。通尾平直，左侧仰起。

1-C-b3，小字弯丁宁俯通，六级。通尾平直，左侧下垂。

1-C-b4，小字弯丁宁进通，五级。通尾平直，整个字体平直靠左。

1-C-c · 小字降宁类

这类一致的特征为宁字降，低于上穿内郭，故名"降宁"。

1-C-c1，小字降宁，七级。宁字降，崇字仰，宝字略仰，通字进且仰。

1-C-c2，小字降宁进通，三级。宁字降，崇字在正中，宝字离郭，通字进且昂。

1-C-c3，小字降宁降仰宝，四级。宁字降，崇字仰，宝字降且仰。

1-C-c4，小字降宁俯宝，四级。宁字降，崇字进且俯，宝字俯，通字进且仰。

1-C-c5，小字降宁直宝，四级。此版为中穿，宁字降，宝字直，通尾平直。

1-C-c6，小字降宁低点通，三级。此版为中穿，宁字降，通字通点位置低。

1-C-d · 小字仰宁类

这类一致的特征为宁字四部底横与丁部一横呈一个张开的角度，显得宁字整体重心仰起。

1-C-d1，小字仰宁，五级。通字在正中。

1-C-d2，小字仰宁进通，五级。通字进。

1-C-d3，小字仰宁降仰宝，四级。宝字降且仰。

1-C-e · 小字退丁宁类

这类目前所见只有一版，宁字丁部重心靠右，故名"退丁宁"。

1-C-e1，小字退丁宁，六级。

1-C-f · 小字断尾通类

这类一致的特征为通尾短小，系字戳被人为修模削断，故名"断尾通"。

1-C-f1，小字断尾通，三级。通字进。

1-C-f2，小字断尾通俯宁，三级。通字进，宝字降，宁字俯。

1-C-f3，小字断尾通仰通，三级。通字退、降、仰。

1-C-g · 小字长鼻通类

这类一致的特征为通字走之底左侧起笔长，翘起似象鼻，故名"长鼻通"。

1-C-g1，小字长鼻通，五级。通字退，宁字俯。

1-C-g2，小字长鼻通昂宁，四级。通字进，宁字昂。

1-C-h · 小字横点通类

这类一致的特征为通字走之点的位置正中，呈横点状，故名"横点通"，钱型为中穿。

1-C-h1，小字横点通，四级。

1-C-h2，小字横点通降宝，三级。宝字降，此版外缘较阔。

1-C-j · 小字立点通类

这类一致的特征为通字走之点呈立起状近乎竖直，故名"立点通"。

1-C-j1，小字立点通仰宝，七级。《北宋铜钱》名"正字进崇"。

崇字在正中，宝字仰。

1-C-j2，小字立点通昂宝，五级。崇字在正中，宝字昂且俯，离内郭近外轮。

1-C-j3，小字立点通宝寄郭，五级。崇字在正中，宝字离外轮接内郭。

1-C-k·小字狭通类

这类一致的特征为通字走之点位置高，相对于"立点通"略斜，与甬部近，故名"狭通"。

1-C-k1，小字狭通，七级。崇字位置在正中。

1-C-k2，小字狭通昂宁，五级。宁字昂，宝字降俯。

1-C-k3，小字狭通昂俯宁，五级。宁字昂且俯。此版内穿四面靠钱文一侧呈斜坡状，与下一节"小字进崇类"的内穿特征一致，可能为过渡品种。

（注：预留 m 以待小字系列的新类别。）

1-C-n·小字进崇类

这类一致的特征为崇字靠左进，故名"进崇"，其各版内穿靠钱文一侧呈斜坡状，推测是活字组合时使用了独特的内郭组件，形成了这一特征。该类产量较大的几个版式有两个铸造级批次，本书不再细分。此外，该类以通点位置的变化可细分小类，版式数目较多，因此《北宋铜钱》与《崇宁泉谱》均单独列为"进崇"类介绍，但笔者认为其仍属于"小字"大类。

第一组：通点位置适中。

1-C-n11，小字进崇，九级。通字降。

1-C-n12，小字进崇仰通，八级。通字左侧仰起，通字离内郭近。

1-C-n13，小字进崇昂俯宁，八级。宁字俯且昂起与上内郭齐平。

1-C-n14a，小字进崇俯宁俯通，八级。宁字俯，通字俯。

1-C-n14b，小字进崇俯宁进通，八级。宁字俯，通字平直且进。

第二组：通点位置高，离甬部略。

1-C-n21，小字进崇高点通俯宁，八级。宁字俯，离郭接轮。

1-C-n22，小字进崇高点通昂宁，四级。宁字昂，崇字仰，通字进。

第三组：通点位置高，离甬部较远。

1-C-n31，小字进崇远点通，八级。

1-C-n32，小字进崇远点通退通，八级。通字退，宁字略降。

1-C-n33，小字进崇远点通仰宁，七级。宁字仰，通字进俯。

1-C-n34，小字进崇远点通俯宝，七级。宁字俯，通字正中，宝字俯。

1-C-n35a，小字进崇远点通降宝，七级。宝字俯、降，宁字直，通字进。

1-C-n35b，小字进崇远点通降宝降宁，三级。宝字俯、降，宁字降，通字仰。

1-C-n36a，小字进崇远点通俯宁，八级。宁字俯、略昂。

1-C-n36b，小字进崇远点通俯宁退通，十级。宁字俯，通字退。本版为"小字类"系列中产量最大、最为常见的版式。

1-C-a1　　　048	1-C-a2　　　049	1-C-a3　　　050	1-C-a4　　　051
小字俯宁俯通	小字俯宁仰通	小字俯宁俯宝	小字俯宁降宝
靳义　　　　七级	六级	五级	四级
2595号　小字俯宁俯通　七级	2594号　小字俯宁仰通　七级	无	无
57号　　小字俯宁俯通　八上	58号　　小字俯宁仰通　七上	59/60号　小字俯宁俯宝　六上	61号　　小字俯宁降宝　四下

1-C-b1　　　052	1-C-b2　　　053	1-C-b3　　　054	1-C-b4　　　055
小字弯丁宁	小字弯丁宁仰通	小字弯丁宁俯通	小字弯丁宁进通
七级	七级	钟新元　　　六级	五级
2596号　小字降宁　　　七级	2597号　小字降宁仰通　七级	2598号　小字降宁俯通　六级	无
63号　　小字弯丁宁　　八下	65号　　小字弯丁仰通　八下	64号　　小字弯丁俯通　七下	66号　　小字弯丁进通　七上

1-C-c1　056	1-C-c2　057	1-C-c3　058	1-C-c4　059
小字降宁	小字降宁进通	小字降宁降仰宝	小字降宁俯宝
七级	夏彩良　三级	任远　四级	四级

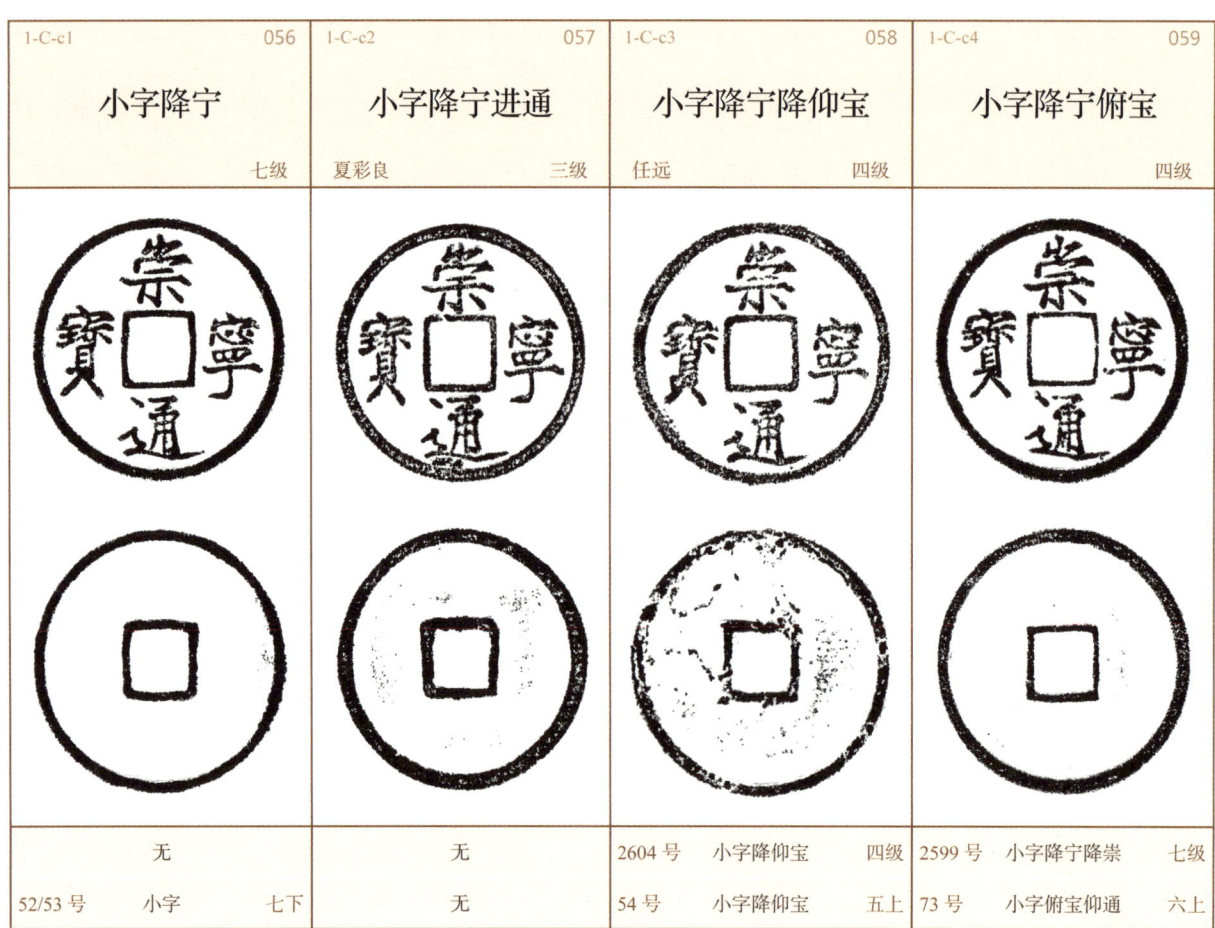

无	无	2604号　小字降仰宝　四级	2599号　小字降宁降崇　七级
52/53号　小字　七下	无	54号　小字降仰宝　五上	73号　小字俯宝仰通　六上

1-C-d1　060	1-C-d2　061	1-C-d3　062	
小字仰宁	小字仰宁进通	小字仰宁降仰宝	
五级	五级	四级	

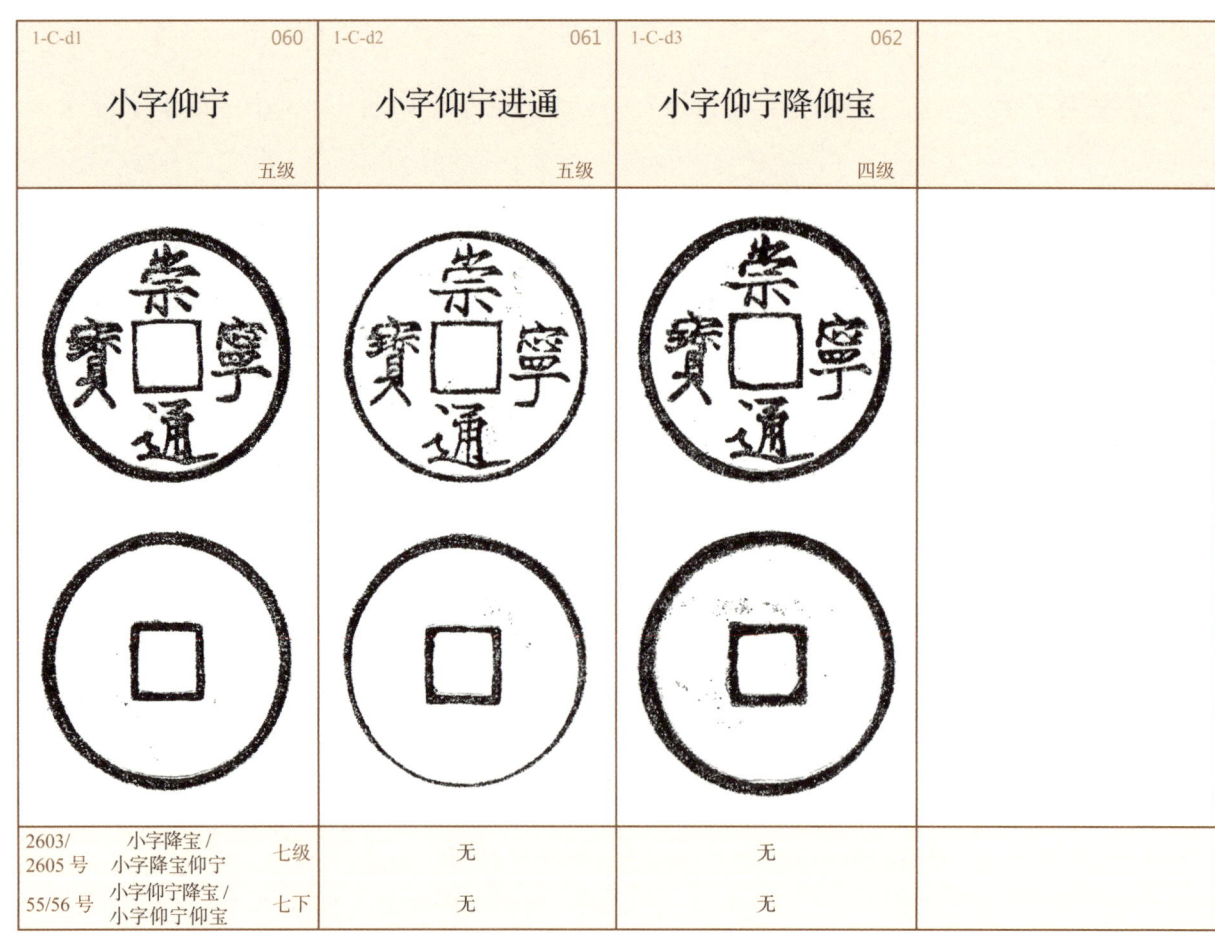

2603/2605号　小字降宝/小字降宝仰宁　七级	无	无	
55/56号　小字仰宁降宝/小字仰宁仰宝　七下	无	无	

1-C-c5　　063	1-C-c6　　064		
小字降宁直宝 四级	**小字降宁低点通** 三级		
无 74号　小字俯宝进通　　六上	无 69号　小字低点通　　四下		

1-C-e1　　065			
小字退丁宁 六级			
2592号　小字退丁宁　　七级 62号　　小字退丁宁　　七下			

1-C-f1　　066	1-C-f2　　067	1-C-f3　　068	
小字断尾通	**小字断尾通俯宁**	**小字断尾通仰通**	
靳义　　　　三级	靳义　　　　三级	李树宝　　　三级	
2760号　离宝短尾通　三级	无	无	
无	无	45号　正字仰通　六下	

1-C-g1　　069	1-C-g2　　070	1-C-h1　　071	1-C-h2　　072
小字长鼻通	**小字长鼻通昂宁**	**小字横点通**	**小字横点通降宝**
唐锦鑫　　　五级	四级	四级	靳义　　　　三级
2602号　小字长鼻通降宁　四级	2601号　小字长鼻通　　四级	2600号　小字横点通　　五级	无
70号　小字长鼻通　六下	71号　小字长鼻通昂宁　四上	67号　小字横点通　四下	68号　小字横点通阔缘　三下

1-C-j1　　　　073	1-C-j2　　　　074	1-C-j3　　　　075
小字立点通仰宝	小字立点通昂宝	小字立点通宝寄郭
七级	靳义　　　　　五级	五级
2586号　正字进崇　　七级	无	无
223号　进崇仰宝　　七下	222号　进崇昂宝　　七上	无

1-C-k1　　　　076	1-C-k2　　　　077	1-C-k3　　　　078
小字狭通	小字狭通昂宁	小字狭通昂俯宁
七级	梁粤祺　　　　五级	郑燮　　　　　五级
无	无	无
213号　进崇仰宁俯宝　　八上	无	无

1-C-n11　　　079	1-C-n12　　　080	1-C-n13　　　081	
小字进崇	小字进崇仰通	小字进崇昂俯宁	
九级	八级	八级	
2659号　进崇　　十级	2661号　进崇仰通　九级	无	
210号　进崇　　十上	221号　进崇仰通　八下	无	

1-C-n14a　　082	1-C-n14b　　083	1-C-n21　　　084	1-C-n22　　　085
小字进崇俯宁俯通	小字进崇俯宁进通	小字进崇高点通俯宁	小字进崇高点通昂宁
八级	八级	郑璧　　　八级	四级
无	无	2663号　进崇俯宁远点通　九级	2660号　进崇昂宁　　七级
220号　进崇俯宁俯通　九下	216号　进崇俯宁近点通　八上	217号　进崇俯宁进通　九上	211号　进崇昂宁　　七下

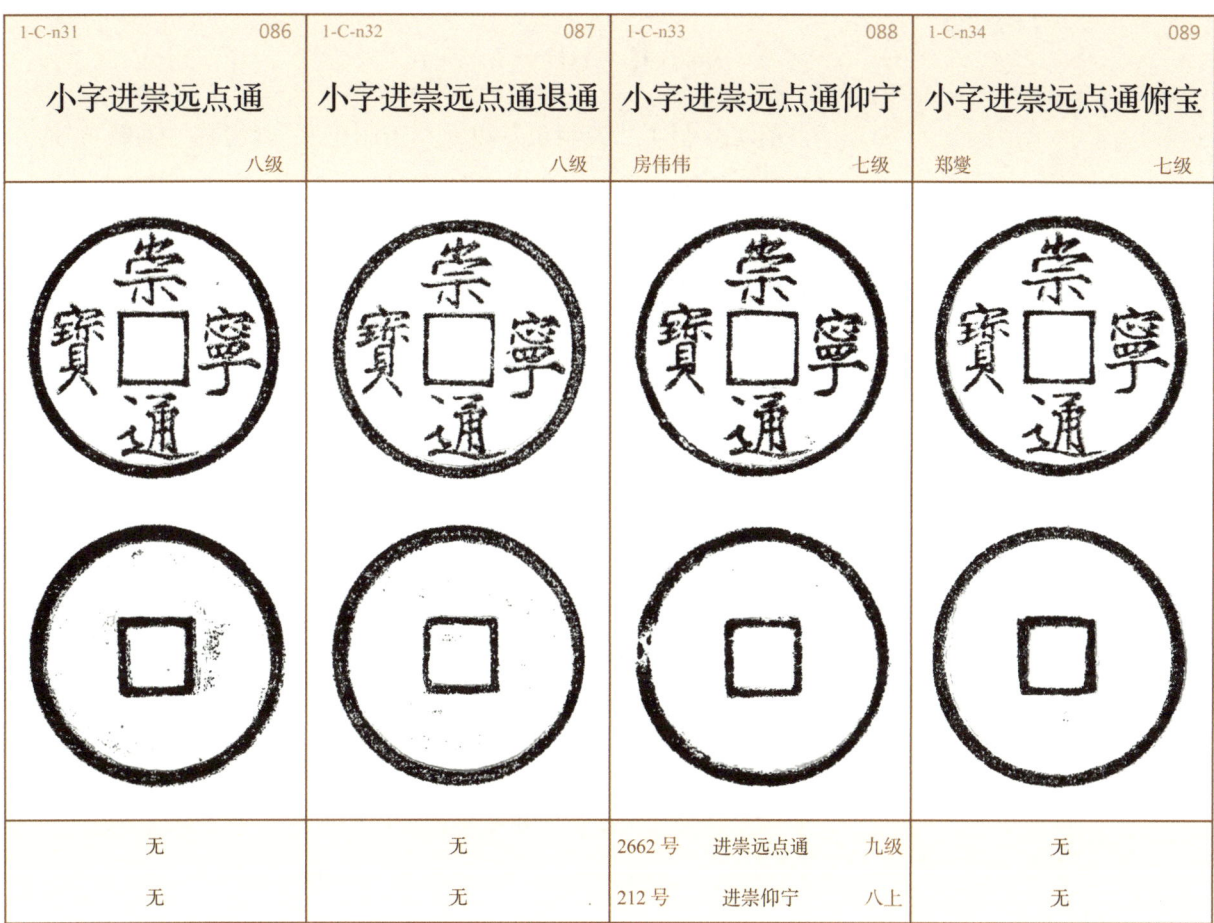

1-C-n31 086	1-C-n32 087	1-C-n33 088	1-C-n34 089
小字进崇远点通	小字进崇远点通退通	小字进崇远点通仰宁	小字进崇远点通俯宝
八级	八级	房伟伟　七级	郑燮　七级
无	无	2662号　进崇远点通　九级	无
无	无	212号　进崇仰宁　八上	无

1-C-n35a 090	1-C-n35b 091	1-C-n36a 092	1-C-n36b 093
小字进崇远点通降宝	小字进崇远点通降宝降宁	小字进崇远点通俯宁	小字进崇远点通俯宁退通
吴保升　七级	吴保升　三级	曹铮　八级	十级
无	无	无	2664号　进崇俯宁远点退通　九级
215号　进崇俯宁远点通　八上	无	214号　进崇俯宁　九下	218/219号　进崇俯宁退通　十上

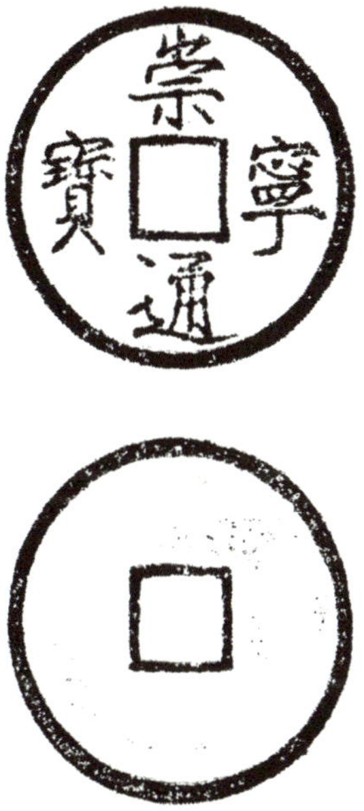

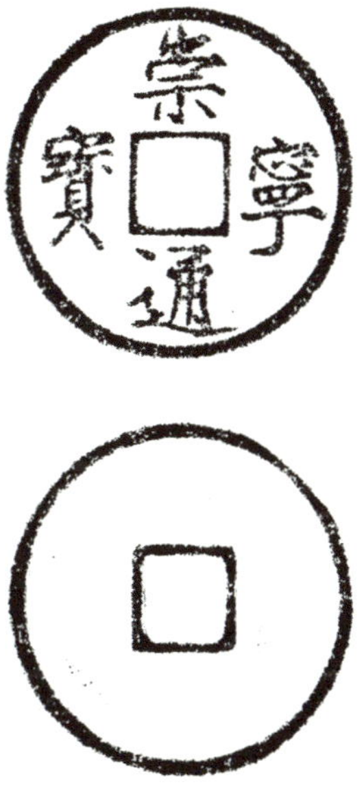

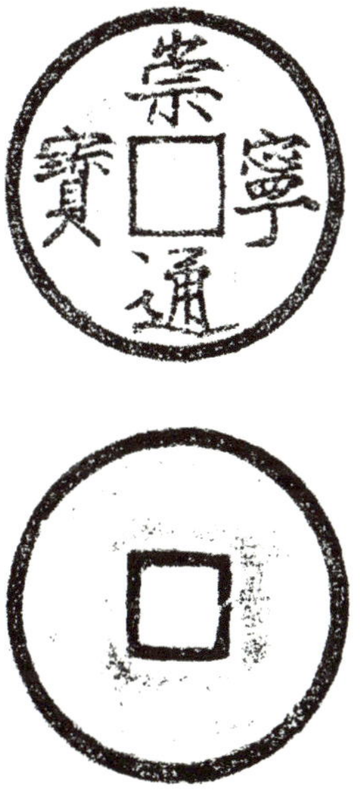

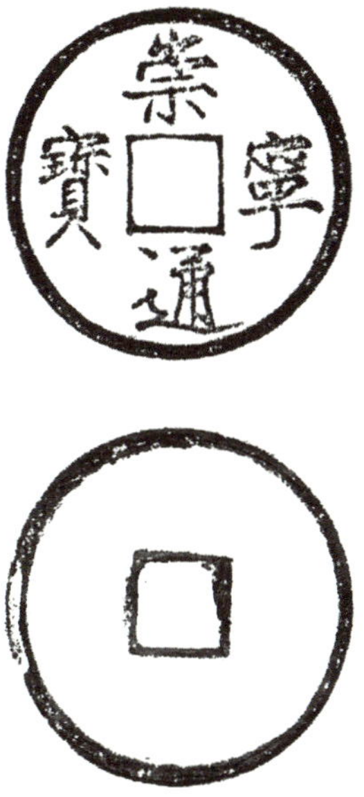

五、抽示类（1-D）

前文介绍了"美制类"以及"美制正字"（简称"美制"）的一系列铸造级批次衍生、修模衍生、仿铸版式，推测"美制类"中至少弧边的一组版式应为"京师崇宁监"所铸，其中"美制正字"具有中央标准版式的意义。在其他崇宁通宝当十铜钱中，还有一类的情况与"美制类"极其相似，正是接下来介绍的"抽示类"。

"抽示类"文字布局规整，字体相比于"美制"崇通两字阔、宁宝两字长，崇字示部第二横长，左端翘起，右端下垂，故《北宋铜钱》命名为"抽示"。《崇宁泉谱》将此类命名为"退崇"，但是大部分崇宁通宝当十铜钱版式都具备崇字靠右（退）的特征，因此本书认为《北宋铜钱》取名为"抽示类"相对合理。

"抽示类"以"抽示梯背"为标准版，有一组字体风格相似、铸造工艺精度相当的版式（类似于"美制类"）；也有一组字体风格相似，铸工略为粗糙的版式（类似于"正字类"）；另外，基于"抽示梯背"，也出现了各种铸造级批次衍生和修模衍生（类似于"美制正字"的衍生）。本书将前面两组与"抽示梯背"合为"抽示类"以作介绍，然后再单独介绍"抽示梯背"的衍生。

"抽示类"与"抽示梯背"的衍生也是一个大家族，铸造总量极大，铸造级批次修模变化极为复杂。笔者分析"抽示类"应该是由陕西地区的铸钱监（院）所铸造，"抽示梯背"相当于陕西地区各铸钱监（院）的标准版。

原因之一，从宋徽宗时期铸钱管理体系来看，中央户部分别对口东南铸钱司管理江南地区钱监、陕西路坑冶铸钱司管理陕西地区铸钱监（院）、其他坑冶铸钱司管理各地铸钱监（院），存在不同版式体系的可能性。

原因之二，陕西是宋徽宗时期最早开始铸造当十铜钱的地区，在崇宁年间又是西征青唐的后勤基地，所铸"崇宁通宝当十铜钱"数量极大，此前参与铸造崇宁重宝，史料中有"依陕西见铸钱样"的记载，具备设计独立版式体系的可能性。

原因之三，"抽示类"的部分版式，在西北地区坑口中出现的比例较高，在其他地区的坑口中出现较少或几乎不见。

笔者推测"抽示类"及"抽示梯背"的衍生，对应陕西地区的铸钱监（院），期待未来获得更多信息以证实这一观点。

"抽示类"各版如下：

第一组：铸工精美，字体纤细饱满。

1-D-a1·抽示梯背（七级）

崇通两字阔、宁宝两字长，崇字示部第二横长，左端翘起，右端顿点下垂，中缘，文字布局规整，字口深峻精美，背内郭挺拔且靠地章一侧四面为斜坡状，四角略呈决文状，故名"抽示梯背"。

此版为"抽示类"的标准版式，类似于"美制正字"（简称"美制"）在"美制类"中的地位。钱体直径在 34.8 ± 0.2 mm。

"梯背"指钱背的内郭靠地章一侧四面修模呈斜坡状，"抽示细缘"等版式局部出现类似这种"梯背"的情况，但内郭不够挺拔。此外需要注意市场上曾经出现一批改刻仿品，是将"抽示细缘"或者"抽示类"其他批次的背郭加工成"梯背"的状态。

1-D-a2·抽示细缘（七级）

钱文书体风格同"抽示梯背"，四字相对较大而书体饱满，字口略浅但铸工精美。

此版在同一个量产铸造级批次有两种修模变化：

一种直径 34.5 mm 左右，背郭较细，四面靠地章一侧略呈坡状"梯背"的形态；

另一种直径 34.2 mm 左右，背郭较细较浅。

本书未再进一步区分这两种修模变化。

1-D-a3·抽示俯通（七级）

钱文书体风格同"抽示梯背"，宁字较阔，通字整体略俯、甬部第二点略长、走之底左下角打结为圈，铸工精美，亦有"抽示美制"这一别名。

此版有铸造级批次的变化如下：

抽示俯通-中缘（1-D-a3-a）七级，面文同上，边缘稍阔，钱文略小；

抽示俯通-小样（1-D-a3-x）七级，面文同上，直径在 34.0 mm 左右。

本书未再进一步区分这几个修模变化。

1-D-a4·抽示昂通（三级）

钱文书体风格同"抽示梯背"，宁宝两字近内郭，通字昂起接近内郭，背郭细小。

1-D-a5·抽示狭宁（七级）

钱文书体风格同"抽示梯背"，字体纤细，宁字上半部分狭窄、宝盖回勾短且细小。

1-D-a6·抽示纤字（六级）

钱文书体风格同"抽示梯背"，字体纤细，崇字示部两横距离远，通字甬部狭窄。

第一组中，钱文隔轮再归为一个小分支。

1-D-b1·抽示隔轮缩通（五级）

钱文书体风格同"抽示梯背"，字体纤细，四字隔轮近内郭，崇字俯且第二笔左端翘起更为明显，通字甬部左低右高。

1-D-b2·抽示隔轮狭宁（三级）

钱文书体风格同"抽示梯背"，字体纤细，四字隔轮近内郭，宁宝两字狭，通点短小，通头亦短小。

1-D-b3·抽示隔轮离宝（三级）

钱文书体风格同"抽示梯背"，字体纤细，四字隔轮近内郭，文字整体变小，宝字宝盖离内郭有一定距离。

第二组：钱文风格仿于"抽示梯背"，铸工较粗，钱文布局均具有隔轮特征。

1-D-c1·抽示隔轮狭宝（六级）

钱文书法风格近似"抽示梯背"，字体粗，铸工不精。四字较小、隔轮寄郭，宝字右足起笔接左撇，方头通，背肥郭。此版见有两种加刀修模变化。其一，背细郭，通尾翘起，命名为"抽示隔轮狭宝-背细郭"（1-D-c1-a），四级。其二，背小郭，崇字示部两横小异，命名为"抽示隔轮狭宝-背小郭"（1-D-c1-b），四级。此两种修模品种目前所见实物铸造级较高，钱体铸工精美，性质待议。

1-D-c2·抽示隔轮降宁（六级）

钱文书法风格近似"抽示梯背"，字体粗，铸工不精。四字较小、隔轮寄郭，崇字示部两横不平行且第二横左侧顿笔明显，背郭较小。此版有直径 33.7 mm 左右的小样批次（1-D-c2-x）。

1-D-c3·抽示隔轮长点通（四级）

钱文书法风格近似"抽示梯背"，字体粗，铸工不精。四字较小、隔轮寄郭，崇字山部向右倾斜，通点长。

1-D-c4·抽示隔轮翘尾通（四级）

钱文书法风格近似"抽示梯背"，字体粗，铸工不精。四字较小、隔轮寄郭，崇字狭，宁字丁部一横短狭，通尾翘起使得通字走之底呈 U 型。

第三组：钱文风格仿于"抽示梯背"，铸工介于前两组之间，字体笔画较粗。

1-D-d1·抽示翘鼻通（六级）

钱文书法风格近似"抽示梯背"，字体略粗，铸工尚可。此版通字走之底起笔向左上翘起似象鼻，宁字离内郭、宝盖左上角翘起，背郭微有决文的特征，因此《北宋铜钱》收录此版命名为"抽示背反郭"，本书以笔画特征重新命名为"抽示翘鼻通"。

本版见有一种铸造级批次变化，四字缩小、隔轮，外缘略宽，定名"抽示翘鼻通-隔轮"（1-D-d1-a），七级。

1-D-d2·抽示狭通（六级）

钱文书法略显粗犷，字体略粗，铸工尚可。崇字示部第二横长，宁字近内郭且丁部一横左挑，通字甬部狭窄。

1-D-d3·抽示进崇（三级）

钱文书法风格近似"抽示狭通"，字体略粗，铸工尚可。宝字俯，崇字仰且位置适中，相对于"抽示类"各版显得进，故名"抽示进崇"。

1-D-d4·抽示长宁大宝（一级）

书体风格与钱型制式应属"抽示类"，背郭较小，宝字大，通点肥大，走之底左侧亦肥大。目前仅见。

第四组：共两版，其金属成分中含有镍（Ni），为镍白铜，一版为试样、一版为量产。具体参考后文《崇宁通宝当十铜钱的白铜》。

1-D-e1·抽示阔崇纤字（三级）

钱文书法风格近似"抽示梯背"，字体纤细，钱型较大，为试铸样钱，根据评级鉴定采集的三品数据所知，其金属成分中含有6%~8%的镍（Ni），无一例外。此版崇字示部第一横靠左接宝盖、第二横长，宁字四部底带有回勾，背郭细小。

1-D-e2·抽示阔崇（六级）

钱文版式与上一品近似，字体略粗，应为正式量产的版式，根据评级鉴定采集的数据所知，此版金属成分中含有3%~6%的镍（Ni），无一例外。此版崇字示部第一横位置适中且不连宝盖、第二横长、左撇直向左下，宁字四部底不带回勾（一说命名为"抽示平四宁"），背郭细小。

1-D-a1　　　094	1-D-a2　　　095	1-D-a3　　　096	1-D-a4　　　097
抽示梯背　　　　　七级	抽示细缘　　　　　七级	抽示俯通　　　　　七级	抽示昂通　靳义　　三级
（钱币图）	（钱币图）	（钱币图）	（钱币图）
无	2673号　抽示细缘　七级	无	无
165号　退崇梯背　八上	157/160号　退崇细缘　九上	174号　退崇隔轮阔字　七下	无

1-D-a5　　　098	1-D-a6　　　099		
抽示狭宁　　　　　七级	抽示纤字　张欣　　六级		
（钱币图）	（钱币图）		
2682/2683/2745号　抽示狭宁　七级	2674号　抽示纤字　六级		
197/199号　退崇狭宁　八下	196号　退崇抽示　六下		

1-D-b1　　　　　100	1-D-b2　　　　　101	1-D-b3　　　　　102	
抽示隔轮缩通 　　　　　　　　五级	抽示隔轮狭宁 靳义　　　　　　三级	抽示隔轮离宝 韩先生　　　　　三级	
2679号　抽示隔轮缩通　五级	无	无	
181号　退崇隔轮缩字　六上	179号　退崇隔轮狭宁　　六上	176号　退崇隔轮小字　　七下	

1-D-c1 103	1-D-c2 104	1-D-c3 105	1-D-c4 106
抽示隔轮狭宝	抽示隔轮降宁	抽示隔轮长点通	抽示隔轮翘尾通
六级	六级	郑汉林 四级	曹睿斌 四级
2677号 抽示隔轮狭宝 六级	2680号 抽示隔轮降宁 六级	无	无
182号 退崇隔轮狭宝 七下	178号 退崇隔轮降宁 七下	184号 退崇隔轮长点通 五上	180号 退崇隔轮翘尾通 六上

1-D-c1-a 107	1-D-c1-b 108		
抽示隔轮狭宝-背细郭	抽示隔轮狭宝-背小郭		
郑和兵 四级	蔡镇仲 四级		
无	无		
无	无		

1-D-d1　　　　109	1-D-d2　　　　110	1-D-d3　　　　111	1-D-d4　　　　112
抽示翘鼻通	抽示狭通	抽示进崇	抽示长宁大宝
六级	六级	靳义　　　三级	一级
2675号　抽示背反郭　六级	2744号　直宝寄郭　五级	无	无
无	192号　退崇寄郭狭通　六下	177号　退崇隔轮中穿　五上	209号　长宁大宝　二上

1-D-d1-a　　113		1-D-e1　　　　114	1-D-e2　　　　115
抽示翘鼻通-隔轮		抽示阔崇纤字	抽示阔崇
七级		姜明　　　三级	六级
无		无	无
无		164号　退崇阔缘背小郭大样　六上	163号　退崇阔缘背小郭　七下

六、"抽示梯背"的衍生（1-D-a1）

基于"抽示梯背"出现各种铸造级批次衍生和修模衍生，是本书中最为复杂的部分，也是收集和整理崇宁通宝当十铜钱最大的难点。

首先，各铸钱监（院）在调节各批次成品重量时，需要对钱型外缘或内郭进行修模，由此出现背小郭（原始衍生）、背正郭、背肥郭、背细郭；然后背肥郭产量巨大，再衍生出面广郭、阔缘等变化；其次，铸造批次增加，会出现同一种背郭的隔轮衍生和大小样变化；最后，对文字笔画加刀修模出现多种削字变化，这些因素相互叠加，形成了复杂的衍生关系。

如何对这些衍生变化分组归纳，笔者尝试了两个思路。

第一个思路是以背郭修模特征分组。分为"背小郭"、"背正郭"、"背肥郭"、"背细郭"等，再细分"背小郭隔轮"、"背小郭小样"等形制变化。但是，笔者发现同一个形制的不同背郭有渐近的变化，出现同模遗传的情况，如果分在不同的组类，无法体现传承关系。

第二个思路是以形制批次分组。分为标准系列、隔轮系列、小样系列、加刀系列，各系列下再分各种面郭、背郭、阔缘等修模变化。同时，需要关注同一种背郭修模的不同形制批次有一定的继承关系。

本书最后采用第二个思路。

第一组：标准系列。

1-D-a1-a1·抽示 – 背小郭（八级）

由"抽示梯背"直接衍生，中缘，背内郭切削修模后，靠地章一侧四面变为直上直下型，铸工略粗，标准批次直径为 34.8 ± 0.3 mm。

1-D-a1-a2·抽示 – 背正郭（九级）简称"抽示"

由"抽示梯背"衍生后修模，中缘，字体较粗，背郭形状逐渐变大，也有少数过渡品种的背郭保留部分原始"梯背"的状态，钱体直径在 34.8 ± 0.3 mm。

1-D-a1-a3·抽示 – 背肥郭（十级）

由"抽示梯背"衍生后修模，中缘，背内郭加宽，其标准批次直径为 34.8 ± 0.3 mm，铸量极大，系崇宁通宝当十铜钱"四大金刚"之一。

1-D-a1-a31·抽示 – 面广郭（八级）

由"抽示-背肥郭"再衍生，字体变粗，铸工较粗，面内郭较粗，背肥郭、微四决，钱型较大，直径在 35.0+ mm。另有直径 33.8 mm

左右的小样批次，较少，七级。

1-D-a1-a32·抽示 – 阔缘（七级）

由"抽示–背肥郭"再衍生，字体变粗，铸工较粗，外缘阔，背肥郭，钱型较大，直径在 35.0+ mm。根据宋研评级采集的数据，此变化批次的金属成分中含有 3%~6% 的镍（Ni），无一例外，为镍白铜。具体参考后文《崇宁通宝当十铜钱的白铜》。

1-D-a1-a33·抽示 – 阔缘背小郭（七级）

由"抽示–背肥郭"再衍生，字体变粗，铸工较粗，外缘阔，背郭相对"抽示–阔缘"变小，钱型较大，直径在 35.3~35.8 mm。注意，此变化批次的金属成分中不含镍（Ni）。

以上一组"抽示背肥郭"及其再衍生，字体变粗，"通"字出现削损的情况。这个"基因突变"（T 型）同时出现于不同的修模变化上，可能在未来能验证某些信息，因此本书收录拓片以作对比参考。

1-D-a1-a4·抽示 – 背细郭（八级）

由"抽示梯背"衍生"抽示–背肥郭"后修模，中缘，将背肥郭之穿口内侧削修，显得穿口较大，背郭较细，标准批次直径为 34.8 ± 0.3 mm。

第二组：隔轮系列。

1-D-a1-b1·抽示 – 隔轮背小郭（七级）

由"抽示–背小郭"衍生，四字聚于内郭、离隔外轮，标准批次直径为 34.5 ± 0.3 mm。

另有阔缘再衍生批次：

1-D-a1-b1k，抽示–隔轮背小郭阔缘，六级，直径较大，字体较粗，在 34.8 ± 0.3 mm。

另有崇字修模变化：

1-D-a1-b1y，抽示–隔轮背小郭小异，七级，崇字山部中竖较长。

1-D-a1-b2·抽示 – 隔轮背正郭（抽示 – 隔轮）（八级）

由"抽示–背正郭"衍生，四字聚于内郭、离隔外轮，崇字山部中竖修模变短，通尾距外轮远，标准批次的直径在 34.8 ± 0.3 mm。此批次简称"抽示–隔轮"。

有小样批次：1-D-a1-b2x，直径在 34.0 ± 0.2 mm。

1-D-a1-b3·抽示 – 隔轮背肥郭（抽示 – 隔轮）（八级）

有的批次由"抽示–背肥郭"衍生，四字聚于内郭、离隔外轮。

有的批次由"抽示–隔轮背正郭"衍生，背郭渐进修模变宽。

本书不再细分以上批次。此外，从"抽示–隔轮背正郭"到"抽示–隔轮背肥郭"，背郭的宽细呈现渐近的变化，本书列举拓片作为参考，建议合并入"抽示–隔轮"不作区分。

1-D-a1-b4·抽示 – 隔轮背细郭（七级）

有的批次由"抽示–背细郭"衍生，四字聚于内郭、离隔外轮。

有的批次由"抽示–隔轮背肥郭"衍生，背郭内侧修模变细。

本书不再细分以上两个批次。

注意：以上三种修模变化进一步细分，有"宝字王部第一横修模弯曲"的基因突变（B 型），证明这三种变化之间存在渐近修模的关系。本书收录拓片作为参考。

1-D-a1-b2t·抽示 – 隔轮三寄郭（七级）

由"抽示–隔轮"系列再衍生，铸造级比"抽示–隔轮"低一级，字体变粗，铸工较粗，崇字山部中竖长、近外轮，宁宝两字寄郭、通字昂起寄郭，离外轮远，故名"三寄郭"。

1-D-a1-b2k·抽示 – 隔轮阔缘（七级）

由"抽示–隔轮"系列再衍生，铸造级比"抽示–隔轮"低一级，字体变粗，铸工较粗，隔轮阔缘，钱型较大，在 35.3 mm 以上。

1-D-a1-b2z·抽示 – 隔轮缩字（五级）

由"抽示–隔轮"系列再衍生，铸造级比"抽示–隔轮"低一级，字体变粗，铸工较粗，四字更小，聚于内郭，外缘宽，通字继承了受损"基因"（T 型），崇字山部修模变小，即《北宋铜钱》之 2678 号"抽示隔轮背肥郭"。

1-D-a1-b2s·抽示 – 隔轮小字（七级）

由"抽示–隔轮"系列再衍生，铸造级比"抽示–隔轮"低一级，字体变粗，铸工较粗，四字更小，聚于内郭，隔轮的状态更明显，字体粗，铸工较差，钱体直径 34.8~35.0 mm。

第三组：小样系列。

1-D-a1-c1·抽示 – 小样背小郭（七级）

为"抽示–背小郭"的小样批次，边缘较细，背郭小，直径 33.8 ± 0.3 mm。

1-D-a1-c2·抽示 – 小样背正郭（抽示 – 小样）（八级）

为"抽示–背正郭"的小样批次，直径 34.0 mm 左右。此批次简称"抽示–小样"。

1-D-a1-c3・抽示 – 小样背肥郭（抽示 – 小样）（八级）

为"抽示–背肥郭"的小样批次、或为"抽示–小样背正郭"的背郭渐进修模变宽，因此本书建议并入"抽示–小样"不作区分。

1-D-a1-c31・抽示 – 小样背广郭（七级）

为"抽示–小样背肥郭"的进一步修模变化，背郭更宽更阔。

1-D-a1-c32・抽示 – 小样背反郭（六级）

为"抽示–小样背肥郭"的进一步修模变化，背郭修整后呈四决状态。

1-D-a1-c4・抽示 – 小样背细郭（六级）

为"抽示–背细郭"的小样批次，外缘较细，直径在 33.4~33.8 mm。

本批次的钱型小、外缘细、背内郭修模变细，因此钱背形制相似于大观通宝新式御书当十铜钱，亦称"大观背"。但是本批次的直径与背郭呈现一个渐进修模变化的状态，具体各品的相似程度略有不同。本书挑选两品拓片以作对比，建议合并不用细分。

第四组：加刀系列。

1-D-a1-d1・抽示 – 分冠宝（四级）

面文骨架同"抽示"，背肥郭，四字加刀削改，崇字山部加刀断笔、通字甬部加刀明显、宝字宝盖右侧回勾加刀断笔，取宝字加刀特征命名为"分冠宝"。

此品是基于"抽示–背肥郭"的修模变化，早年名气极大，刘征先生所著《崇宁通宝分类谱》曾将其列为封面。但是衍生变化的研究意义和价值不能和独立版式并列，因此旧谱中的定级偏高，本书减权定为四级。

1-D-a1-a1　　116	1-D-a1-a2　　117	1-D-a1-a3　　118	1-D-a1-a31　　119
抽示-背小郭	抽示-背正郭（抽示）	抽示-背肥郭	抽示-面广郭
八级	九级	十级	武健　　八级
无	2685号　抽示离郭　六级	2671/2684号　抽示　九级	无
154号　退崇背小郭　八下	152号　退崇　九上	155号　退崇背肥郭　九上	无

		1-D-a1-a3T　　120	1-D-a1-a31T　　121
		抽示-背肥郭 T	抽示-面广郭 T
		十级	夏彩良　　八级
		无	无
		无	167号　退崇广郭　八上

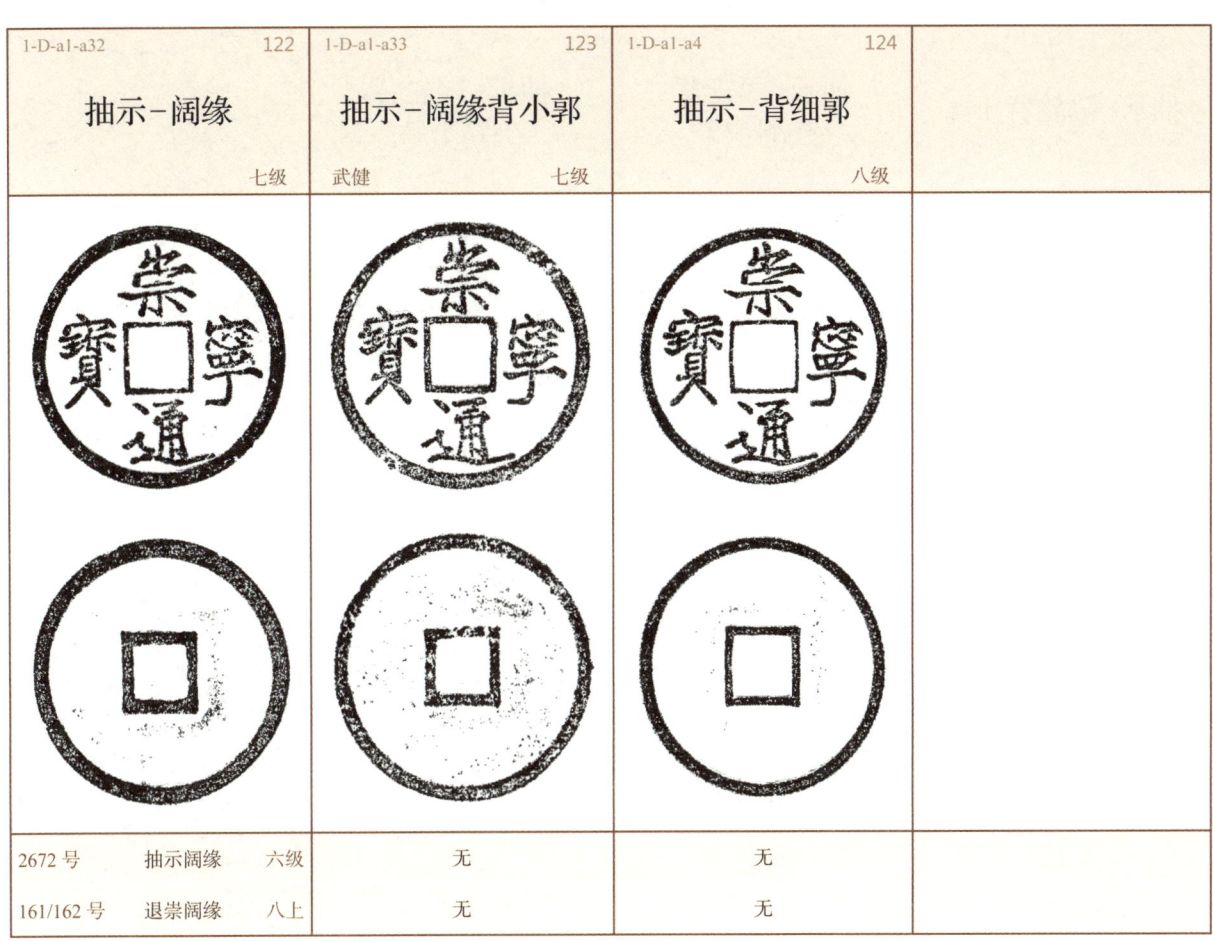

1-D-a1-a32　　122	1-D-a1-a33　　123	1-D-a1-a4　　124	
抽示-阔缘	抽示-阔缘背小郭	抽示-背细郭	
七级	武健　　　　七级	八级	
2672号　抽示阔缘　六级	无	无	
161/162号　退崇阔缘　八上	无	无	
1-D-a1-a32T　　125	1-D-a1-a33T　　126		
抽示-阔缘T	抽示-阔缘背小郭T		
张华　　　　七级	武健　　　　七级		
2625号　狭字离郭　七级	无		
无	无		

1-D-a1-b1　　127	1-D-a1-b1k　　128	1-D-a1-b1y　　129	
抽示-隔轮背小郭	抽示-隔轮背小郭阔缘	抽示-隔轮背小郭小异	
七级	高飞　　　　六级	七级	
（钱币拓图）	（钱币拓图）	（钱币拓图）	
无	无	无	
170号 退崇隔轮细缘背小郭 八下	无	无	

1-D-a1-b2t　　130	1-D-a1-b2k　　131	1-D-a1-b2z　　132	1-D-a1-b2s　　133
抽示-隔轮三寄郭	抽示-隔轮阔缘	抽示-隔轮缩字	抽示-隔轮小字
高飞　　　　七级	武健　　　　七级	高飞　　　　五级	夏彩良　　　七级
（钱币拓图）	（钱币拓图）	（钱币拓图）	（钱币拓图）
无	无	2678号 抽示隔轮背肥郭 六级	无
无	172号 退崇隔轮阔缘 七下	无	无

1-D-a1-b2　　　134	1-D-a1-b3　　　135	1-D-a1-b4　　　136	
抽示-隔轮背正郭A（抽示-隔轮A）	抽示-隔轮背肥郭A	抽示-隔轮背细郭A	
刘哲　　　　　八级	八级	丁海　　　　　七级	

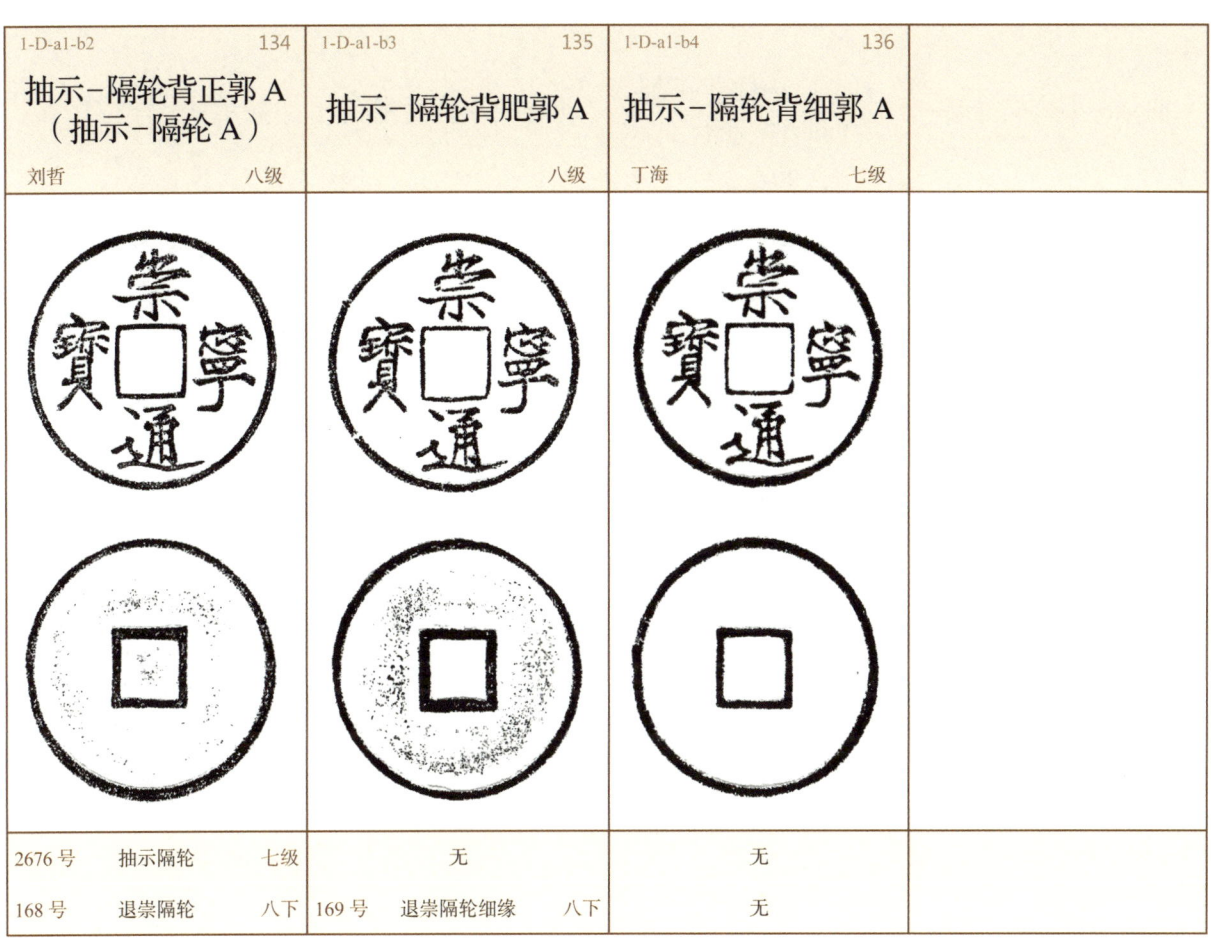

2676号　抽示隔轮　七级	无	无	
168号　退崇隔轮　八下	169号　退崇隔轮细缘　八下	无	

1-D-a1-b2　　　137	1-D-a1-b3　　　138	1-D-a1-b4　　　139	
抽示-隔轮背正郭B（抽示-隔轮B）	抽示-隔轮背肥郭B	抽示-隔轮背细郭B	
八级	八级	杨智聪　　　　七级	

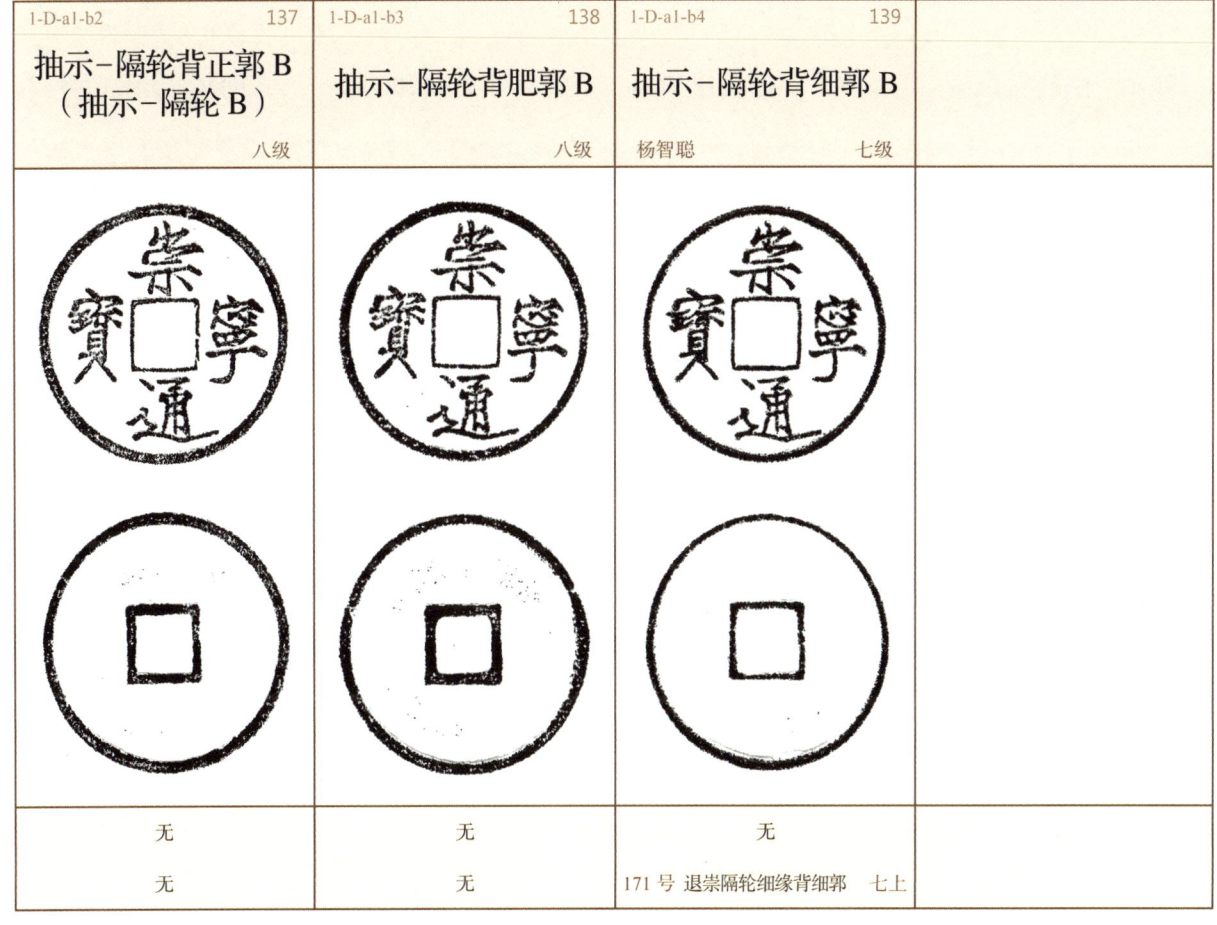

无	无	无	
无	无	171号 退崇隔轮细缘背细郭　七上	

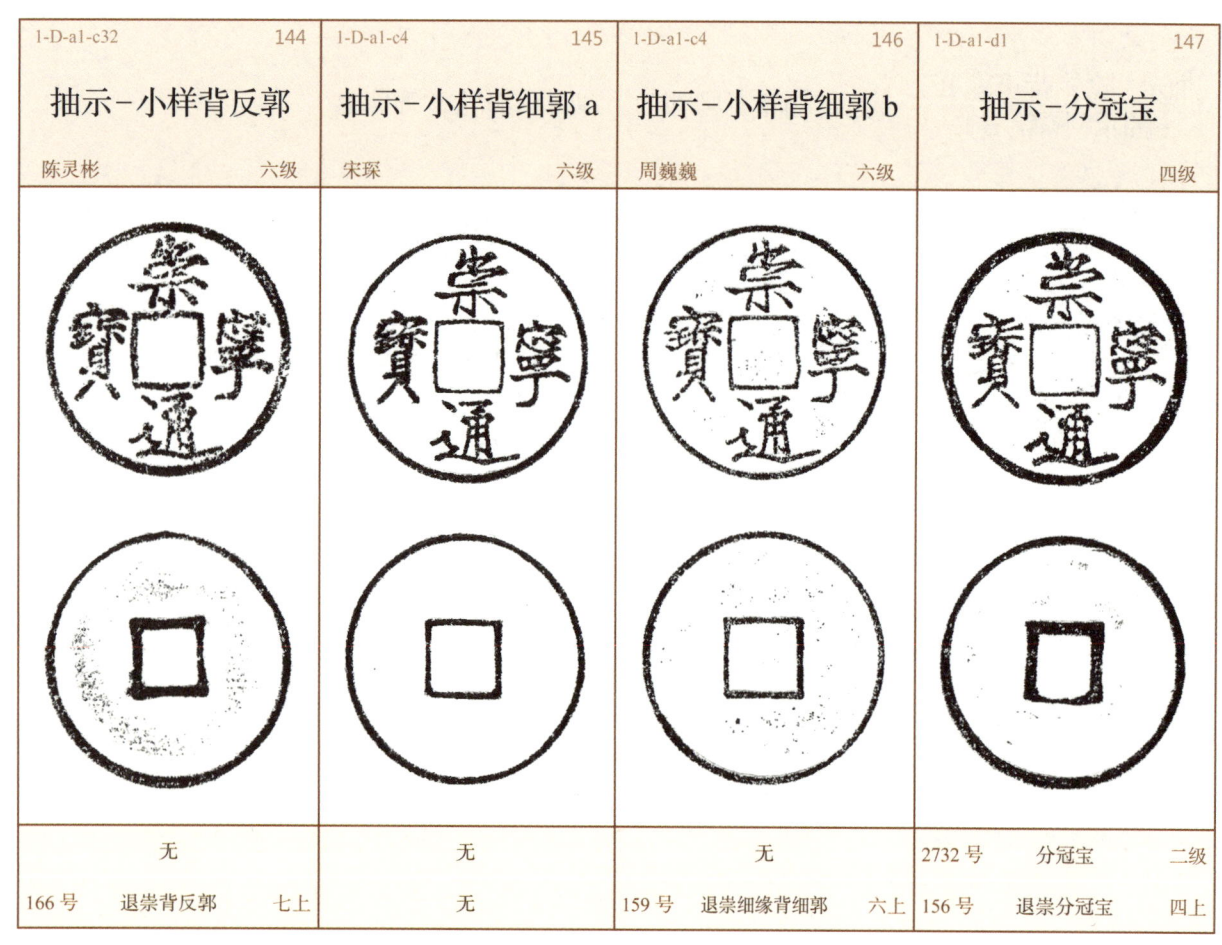

1-D-a1-c1 140	1-D-a1-c2 141	1-D-a1-c3 142	1-D-a1-c31 143
抽示-小样背小郭	抽示-小样背正郭（抽示-小样）	抽示-小样背肥郭	抽示-小样背广郭
武健　　七级	夏彩良　　八级	房伟伟　　八级	付友水　　七级
2626号 狭字异山崇 七级	无	无	无
无	153号 退崇小样 九上	158号 退崇细缘小样 九上	173号 退崇隔轮阔缘小样 七下

1-D-a1-c32 144	1-D-a1-c4 145	1-D-a1-c4 146	1-D-a1-d1 147
抽示-小样背反郭	抽示-小样背细郭a	抽示-小样背细郭b	抽示-分冠宝
陈灵彬　　六级	宋琛　　六级	周巍巍　　六级	四级
无	无	无	2732号 分冠宝 二级
166号 退崇背反郭 七上	无	159号 退崇细缘背细郭 六上	156号 退崇分冠宝 四上

小结

本单元先是介绍了"美制类"、"美制正字"的衍生、"美制正字"的仿铸（包含"正字类"与"小字类"），然后介绍了"抽示类"与"抽示梯背"的衍生。

本单元所收录的版式与衍生变化，其数据统计分析如下：

第一，以品种统计（包含独立版式和衍生变化），约占全书的43%；

第二，以独立版式统计，约占全书的34%；

第三，以存世总量粗略推算，约占崇宁通宝当十铜钱总量的三分之二。

"崇宁重宝"当十铜钱由于推行过急，相应的管理稽核制度未能跟上，导致各版大面积出现铸造级批次、修模衍生等变化。崇宁四年（1105）四月颁布《钱纲验样法》，同时改铸"崇宁通宝"当十铜钱。当管理稽核制度完善之后，"崇宁通宝"当十铜钱的铸造级批次、修模衍生等变化大幅度减少，只有代表京师崇宁监的"美制正字"与代表陕西铸钱体系的"抽示梯背"这两个标准版，出现了比较复杂的衍生变化。这一点反映在数据统计上，本单元品种数（包含衍生部分）占比较高。

"活字法"组合制模工艺，在宋徽宗后期逐渐停用，"崇宁通宝"当十铜钱的"小字类"是"活字法"铸钱最后的辉煌。正是因为采用"活字法"组合制模，使得"小字类"的版式数量增多、体系复杂、区分困难。这一点反映在数据统计上，扩展了本单元独立版的数目。

"美制正字"与"抽示梯背"具备上级颁发的标准版式性质，影响深远，其各种衍生与仿铸的铸造总量极大。这一点反映在数据统计上，本单元的铸造总量占据全部崇宁通宝当十铜钱的三分之二。

因此，当大家收集整理崇通当十时，第一时间接触到的版式大多数属于这个部分。基于这个原因，即便本单元是难度最高的板块，本书还是列为第一单元率先介绍。

那么，新人应该如何循序渐进地上手对版呢？有没有好的学习方式呢？

笔者的建议是：

首先，本单元应着重关注"美制类"、"正字类"、"抽示类"独立制模的版式；其次进阶活字法制模的"小字类"，先找同类特征点学会分组，然后再确定具体版式；最后进阶"美制正字"的衍生、"抽示梯背"的衍生，根据具体情况和自身条件来掌控深入的程度。

其次，用实物对版学习时，第一单元中独立制模的版式要熟悉掌握，对于"小字类"、"美制正字"的衍生、"抽示梯背"的衍生，只需初步了解分类即可，然后绕开本单元，跳入后续三个单元。后续三个单元的内容，绝大部分都是独立制模的版式，衍生变化极少。经过后续三个单元的历练，回头进阶，由简入难，是一个可行的方式。

第二单元

中国近代机制铜元中，部分地方造币厂的模具制作大概经历三个阶段：中央颁发及其复制（部颁龙及其修模）、中央颁发的仿制（仿部颁龙）以及地方独立设计（地方龙）。

崇宁通宝当十铜钱领域也有这样类似的情况，后面三个单元介绍的正是各地铸钱监（院）独立设计的类别版式，虽然部分版式仍有"美制正字"或"抽示梯背"的影响，但是各类的独特因素更为突出。

第二单元收录的类别，具备以下规律：

第一，同类版式数量较多，可按一定的相似特征再分小组。

第二，同类各版式的铸造工艺相对稳定，成品子钱的精度较高。

第三，同类各版式的存世量符合阶梯式分布规律。

笔者分析第二单元的这几个类别，对应了江南十大钱监中管理规范、生产稳定、产量较高的几个大型钱监。

一、宽字类（2-A）

2-A-a1·宽字

四字宽阔，崇字示部两撇张开，宝字王部与尔部较小且相距较远。

此版最早设计时是"长点通"，其后渐进修模将通点修短出现"中点通"，最后稳定为"短点通"，偶尔还能见到通点残留母钱削改痕迹的过渡标本。

2-A-a1-a，宽字－长点通，八级。有大样、中缘（高锡）、小样等批次，本书暂未细分收录。

2-A-a1-b，宽字－中点通，九级。修模过渡品种，可合并入"宽字"不以区分。

2-A-a1-c，宽字－短点通，九级，简称"宽字"，此品铸量较大，亦有大小样批次未细分。

2-A-b1·宽字退通（八级）

书法风格同"宽字"，通字退，崇字示部第二横短，宝字王部三横较长。

2-A-b2·宽字退通阔宁（七级）

书法风格同"宽字"，通字退，崇字俯，示部丁勾长接内郭，宝字王部三横较短，宁字俯且近内郭。

2-A-b3·宽字退通降宝（一级）

书法风格同"宽字"，通字退，崇字示部阔、右撇长，宁字宝盖和心部两处回勾隐起，宝字降，低于上穿延长线。

2-A-c1·宽字细缘（九级）

书法风格同"宽字"，钱型大，外缘细，崇字示部右撇长，通字昂。

2-A-c2·宽字细缘寄郭（七级）

书法风格与文字布局同上，钱型大，外缘细，崇字山部小，宁字俯且近内郭。

2-A-d1·宽字平尾通（七级）

书法风格同"宽字"，宝字正，宁字仰，通尾平直。

2-A-d2·宽字平尾通小字（三级）

书法风格与文字布局同上，通字整体小，崇字山部右倾、示部高耸。

2-A-e1·宽字狭示（六级）

书法风格同"宽字"，崇字示部两横短，左撇略回勾。

2-A-e2·宽字狭示大字（一级）

书法风格与文字布局同上，四字整体较阔，宝字右足连左撇，崇字示部两点聚于丁部。

2-A-f1·宽字小头通（七级）

书法风格同"宽字"，宁字长且仰，通字甬部左倾、上窄下宽。

2-A-f2·宽字小头通大字（四级）

书法风格与文字布局同上，四字整体均大，其中宝字王部变大最为明显。

2-A-g1·宽字仰头通（六级）

书法风格同"宽字"，崇字仰，宁字仰，通头仰起。

2-A-g2·宽字仰头通大字（一级）

书法风格与文字布局同上，四字整体均大，宝字仰，宁字近内郭、丁部一横左短右长。

2-A-h1·宽字宽宁（六级）

书法风格同"宽字"，宁字俯且丁部一横阔长。

2-A-h2·宽字长宁（六级）

书法风格同"宽字"，宝字宝盖斜俯，宁字丁部竖勾长。

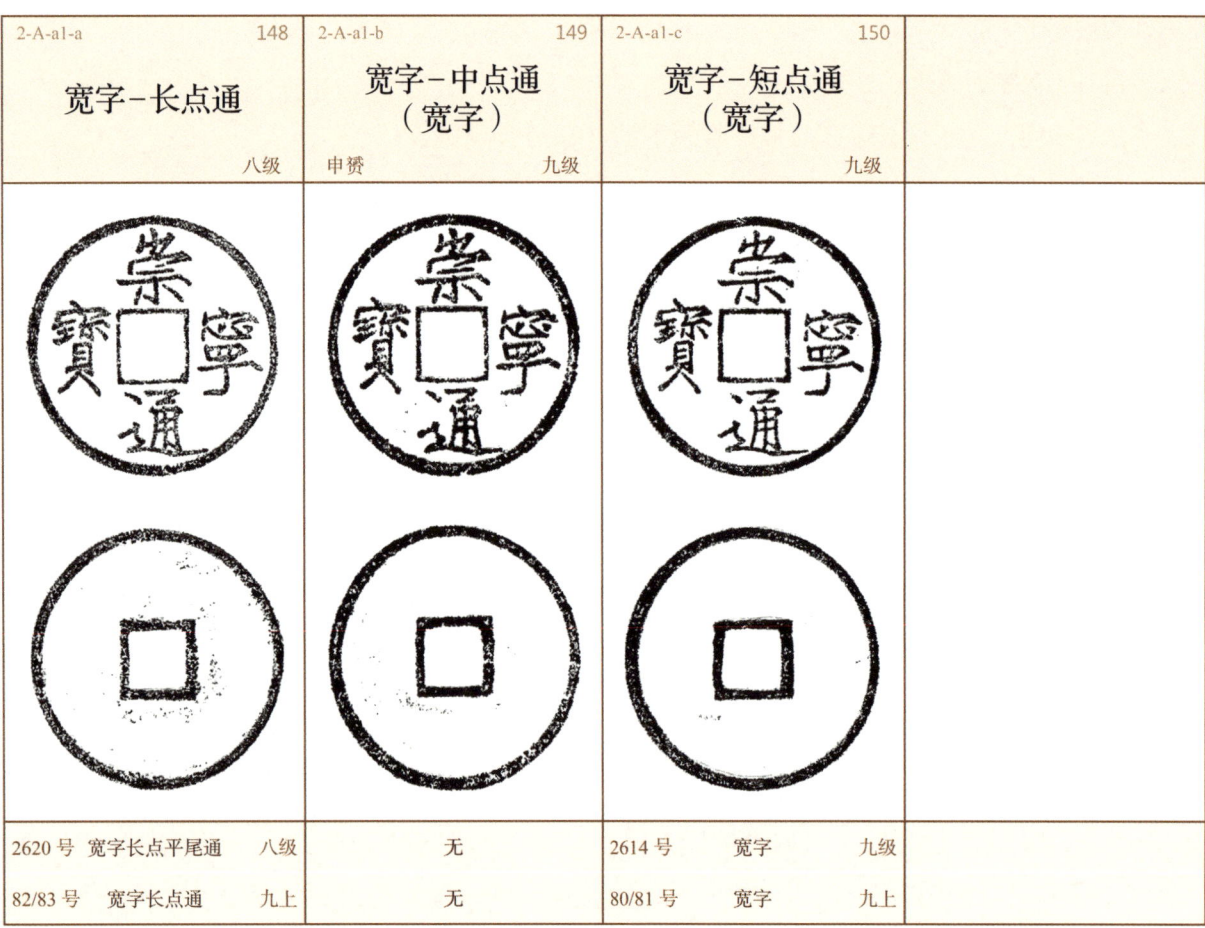

2-A-a1-a 148 宽字-长点通 八级	2-A-a1-b 149 宽字-中点通（宽字）申赞 九级	2-A-a1-c 150 宽字-短点通（宽字） 九级	
2620号 宽字长点平尾通 八级 82/83号 宽字长点通 九上	无 无	2614号 宽字 九级 80/81号 宽字 九上	
2-A-b1 151 宽字退通 八级	2-A-b2 152 宽字退通阔宁 七级	2-A-b3 153 宽字退通降宝 靳义 一级	
2616号 宽字退通 八级 84号 宽字退通 八上	2617号 宽字退通阔宁 八级 85号 宽字退通阔宁 七下	无 无	

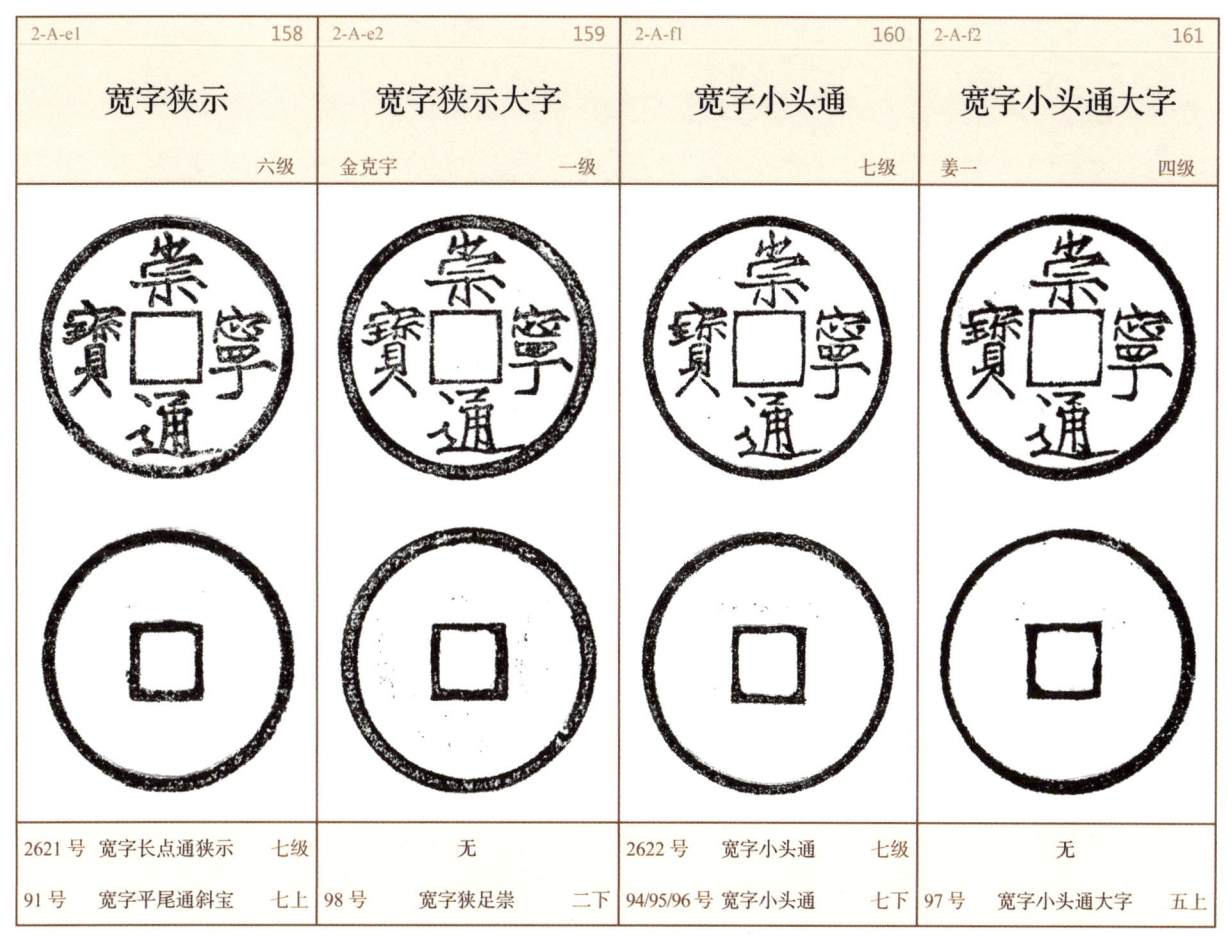

2-A-c1　　　　154	2-A-c2　　　　155	2-A-d1　　　　156	2-A-d2　　　　157
宽字细缘	宽字细缘寄郭	宽字平尾通	宽字平尾通小字
九级	七级	七级	三级
2615号　宽字细缘　九级	无	2618号　宽字长点通　七级	无
86号　宽字细缘　九下	87号　宽字细缘寄郭　九下	88/89/90号　宽字平尾通　八上	93号　宽字仰通　三下

2-A-e1　　　　158	2-A-e2　　　　159	2-A-f1　　　　160	2-A-f2　　　　161
宽字狭示	宽字狭示大字	宽字小头通	宽字小头通大字
六级	金克字　　一级	七级	姜一　　四级
2621号　宽字长点通狭示　七级	无	2622号　宽字小头通　七级	无
91号　宽字平尾通斜宝　七上	98号　宽字狭足崇　二下	94/95/96号　宽字小头通　七下	97号　宽字小头通大字　五上

2-A-g1　　　162	2-A-g2　　　163	2-A-h1　　　164	2-A-h2　　　165
宽字仰头通	宽字仰头通大字	宽字长宁	宽字宽宁
六级	郑燮　　　　一级	六级	六级
2619号 宽字长点仰头通　七级	无	2623号 宽字长宁　六级	2702号 异宁大字　六级
92号　宽字仰头通　七上	99号　宽字大字　二上	101号　宽字长宁　六上	100号　宽字宽宁　六上

二、长字类（2-B）

2-B-a1·长字（八级）

崇通两字阔，通尾长，宁宝两字狭长，故名"长字"，弧型边道。此版标准批次的直径在 34.8 ± 0.3 mm，另有数个铸造级批次和修模变化如下：

2-B-a1-a，长字－中缘，五级。面文同"长字"，四字缩小，中缘。

2-B-a1-b，长字－隔轮，五级。面文同"长字"，四字缩小，离轮、聚于内郭。

2-B-a1-x，长字－小样，八级。面文同"长字"，四字缩小变粗，直径在 34.0 ± 0.3 mm。

2-B-b1·长字降宁（五级）

书体风格同"长字"，宁字降、近内郭、远离外轮，通字甬部向左侧进昂。

2-B-b2·长字降宁狭宝（七级）

书体风格与文字布局同上，崇字示部第二横高耸短平、两撇略长，宝字右足短，通头狭。

2-B-b3·长字降宁阔宝（七级）

书体风格与文字布局同上，崇字示部左撇极短，宝字两足张开、王部阔大。

2-B-c1·长字仰宁（三级）

书体风格同"长字"，字体较肥，崇字示部左撇竖直内收，宁字仰。

2-B-c2·长字阔崇（三级）

书体风格同"长字"，字体较肥，崇字山部中竖右倾，示部第二横平长。

2-B-c3·长字阔通（三级）

书体风格同"长字"，字体较肥，四字整体较大，通字甬部阔大。

2-B-d1·长字阔宝（四级）

书体风格同"长字"，宁字离内郭，崇字俯，宝字阔。

2-B-d2·长字阔宝小字（四级）

书体风格与文字布局同上，宝字宝盖左竖对向王部中间。目前所见数品实物，宝字贝部第二横及正面下穿均有缺损，推测是祖模缺损导致的同模特征，可以作为一个区分点。

2-B-e1·长字仰头通（六级）

书体风格同"长字"，通点高且接近左下穿角，甬部开口朝左上翘起。

2-B-e2·长字昂舟通（六级）

书体风格同"长字"，宁字离内郭，通字走之底左高右低，似龙舟昂起。

2-B-e3·长字俯头通（六级）

书体风格同"长字"，宁字离内郭，通字甬部起笔斜向左下，通点长。

2-B-f1·长字小头通（四级）

书体风格似"长字"，字体较肥，通字甬头狭小。

2-B-f2·长字翘鼻通（四级）

书体风格似"长字"，字体较肥，通字走之底起笔似象鼻翘起。

2-B-a1　　166	2-B-a1-a　　167	2-B-a1-b　　168	2-B-a1-x　　169
长字	长字-中缘	长字-隔轮	长字-小样
八级	王兴　　五级	张超　　五级	八级
2629号　长字　　八级	无	无	无
102号　长字　　九上	103号　长字中缘　七下	104号　长字隔轮　六下	无

2-B-b1　　170	2-B-b2　　171	2-B-b3　　172	
长字降宁	长字降宁狭宝	长字降宁阔宝	
姜一　　五级	七级	七级	
2630号　长字降宁　七级	无	2631号　长字降宁阔宝　七级	
106号　长字降宁　六下	107号　长字降宁狭宝　八下	108号　长字降宁阔宝　八上	

2-B-c1　　　　173	2-B-c2　　　　174	2-B-c3　　　　175	
长字仰宁	长字阔崇	长字阔通	
三级	三级	段光喜　　　三级	
（钱币拓片）	（钱币拓片）	（钱币拓片）	
无	无	无	
110号　长字仰宁　六上	105号　长字阔崇　五下	109号　长字降宁阔通　六上	

2-B-d1　　　　176	2-B-d2　　　　177		
长字阔宝	长字阔宝小字		
四级	四级		
（钱币拓片）	（钱币拓片）		
2635号　长字阔宝　七级	无		
116号　长字阔宝　六上	117号　长字阔宝小字　六上		

2-B-e1　　　　　178	2-B-e2　　　　　179	2-B-e3　　　　　180	
长字仰头通	长字昂舟通	长字俯头通	
六级	六级	六级	
2633号　　长字俯通　　六级	2634号　　长字异通　　六级	无	
112号　长字仰头通　七下	113号　长字昂舟通　七上	111号　长字俯头通　七上	

2-B-f1　　　　　181	2-B-f2　　　　　182		
长字小头通	长字翘鼻通		
四级	四级		
2632号 长字降宁阔宝小异 五级	无		
115号　长字小头通　五上	114号　长字翘鼻通　五上		

三、纤字类（2-C）

"纤字类"以钱文笔画纤细得名，按钱型穿口特征可分为两组，一组为正常型制，一组为广穿型制。

第一组：

2-C-a1·纤字（九级）

四字纤细，铸工较精，宁字丁部阔，通尾长，通字昂起且退。此版标准批次直径在 34.8±0.3 mm，有铸造级批次和修模变化如下：

2-C-a1-a，纤字–阔缘，七级。面文同"纤字"，字体粗，阔缘，直径在 35.0~35.3 mm。

2-C-a1-x，纤字–小样，八级。面文同"纤字"，钱型小，铸工差，直径在 34.0 mm 以下。

2-C-a2·纤字退崇（一级）

书法风格同"纤字"，崇字退，通字昂起略仰，通字较阔。

2-C-a3·纤字大丁宁（五级）

书法风格同"纤字"，崇字示部第二横长、两点短，宁字丁部一横右侧顿笔肥大。

第二组：

2-C-b1·纤字广穿俯宁（八级）

《崇宁泉谱》原名"纤字俯宁广穿"，本书为了理顺逻辑而调整命名。

其书体似"纤字"，钱型为广穿，宁字昂、俯。

此版有同面文的小样减重批次：2-C-b1-x，纤字广穿俯宁–小样，七级。

2-C-b2·纤字广穿昂宝（五级）

书体风格同"纤字广穿俯宁"，钱型为广穿，宝字昂起、超过上穿延长线。

此版有同面文的小样减重批次：2-C-b2-x，纤字广穿昂宝–小样，五级。

2-C-b3·纤字广穿降宁，推测存在，尚未发现

此版目前发现有小样减重批次：2-C-b3-x，纤字广穿降宁–小样，四级。

从小样批次的面文倒推，标准批次的书体同"纤字广穿俯宁"，宁宝两字降，期待未来发现以补空缺。

2-C-a1　　　183	2-C-a2　　　184	2-C-a3　　　185	
纤字	纤字退崇	纤字大丁宁	
九级	姜一　　　一级	五级	
2696号　俯宁　九级	无	2686号　宽宁长尾　五级	
129号　纤字　九上	无	234/235号　大丁宁　六下	

2-C-a1-a　　　186	2-C-a1-x　　　187		
纤字-阔缘	纤字-小样		
七级	八级		
无	无		
130号　纤字阔缘　八上	无		

2-C-b1　　　　　　188	2-C-b2　　　　　　189	2-C-b3　　　　　　190	
纤字广穿俯宁	纤字广穿昂宝	纤字广穿降宁	
八级	高飞　　　　　五级	推测存在	
2699号　俯宁广穿　　八级 131/132号 纤字俯宁广穿　八上	2700号　俯宁广穿昂宝　五级 141号　纤字昂宝广穿　六上	无 无	

2-C-b1-x　　　　　191	2-C-b2-x　　　　　192	2-C-b3-x　　　　　193	
纤字广穿俯宁-小样	纤字广穿昂宝-小样	纤字广穿降宁-小样	
苏子晨　　　　七级	曹建龙　　　　五级	靳义　　　　　四级	
无 133号 纤字俯宁广穿小样　八下	无 无	无 无	

四、宽通类（2-D）

"宽通类"，铸工较精，与"纤字类"相似；书法刚劲，与"遒劲类"相似，泉界亦称为"小遒劲"。

2-D-01·宽通（七级）

字体精美，书法刚劲，崇字进，宁宝两字寄郭，通字昂起且甬头较阔。

此版有大样、阔缘、小样等批次及修模变化，本书暂未细分收录。

2-D-02·宽通斜宁（八级）

书体风格同上，崇字俯、示部低，宁字昂起、斜向右上、靠近外轮。

2-D-03·宽通昂宁宝（五级）

书体风格同上，宁宝两字昂起，超过上穿延长线。

五、大宝类（2-E）

"大宝类"铸工精美似"纤字"，书体刚劲似"遒劲"，四字饱满，其中"宝"字对比其他类别明显阔大。

2-E-01·大宝（六级）

字体纤细精美，书体刚劲，四字饱满阔大。

2-E-02·大宝广穿（四级）

书体风格同上，穿口略广，宝字两足长，左足接近外轮，崇字昂，宁字俯。

2-E-03·大宝纤字（一级）

书体风格同上，四字更为饱满，崇字进，宝字降且俯。

2-D-01　　　　194	2-D-02　　　　195	2-D-03　　　　196	
宽通	宽通斜宁	宽通昂宁宝	
七级	八级	五级	
2698号　俯宁宽通　七级	2697号　俯宁斜崇　八级	2701号　昂宁昂宝　五级	
134/135/136/137号　纤字宽通　八上	138/139/140号　纤字俯崇　八上	142号　纤字昂宁宝　六上	

2-E-01　　　　197	2-E-02　　　　198	2-E-03　　　　199	
大宝	大宝广穿	大宝纤字	
韩先生　　　　六级	四级	姜一　　　　　一级	
2733号　大宝　　六级	2734号　大宝广穿　四级	2735号　大宝纤字　一级	
76/77号　大宝　　六下	78号　大宝广穿　四上	79号　大宝纤字　二上	

六、遒劲类（2-F）

"遒劲类"以其书法刚劲有力而得名，笔画转折多有顿笔。

2-F-01·遒劲（八级）

字体书法刚劲有力，通字阔，崇字狭，宁字狭。

此版有小样批次，本书未收录细分。

2-F-02·遒劲昂宁（八级）

书体风格同上，宁字昂，通尾长，又名"遒劲长尾通"。

此版有大样和小样批次，本书未收录细分。

2-F-03·遒劲降宁（六级）

书体风格同上，宁字阔且降，崇字进，通字整体略大，与"宽通"近似。

2-F-04·遒劲仰头通（一级）

书体风格同上，崇字仰，通头向左上翘起，铸工精美，应为未量产的试铸。

2-F-05·遒劲小通

书体风格同上，通字整体小。

此版根据崇字示部第二横的长短区分为两种：

2-F-05-a·遒劲小通 – 阔示（二级）

为此版的最初设计状态，崇字第二横阔长，目前见一品母钱铸造级的试样（《崇宁泉谱》149号）；一品子钱铸造级的试样（《崇宁泉谱》150号/本书亦收录此品原拓）。

2-F-05-b·遒劲小通 – 狭示（二级）简称"遒劲小通"

崇字修模后第二横变短，宝字王与尔部修模变小。

此变化亦属稀见，铸工较精，推测为未正式量产的试铸。

"纤字类"、"宽通类"、"大宝类"、"遒劲类"，这四类关系紧密，应该属于同一个大型钱监所铸造的产品。

2-F-01　　　　200	2-F-02　　　　201	2-F-03　　　　202
遒劲	**遒劲昂宁**	**遒劲降宁**
八级	八级	六级

2707号　阔通　　　八级	2708号　阔通昂宁　　八级	2709号　阔通降宁　　六级
143号　遒劲　　　　八上	144/145号　遒劲昂宁　八上	146号　遒劲降宁　　六上

2-F-04　　　　203	2-F-05-a　　　　204	2-F-05-b　　　　205
遒劲仰头通	**遒劲小通-阔示**	**遒劲小通-狭示** （遒劲小通）
姜一　　　　一级	段光喜　　　二级	二级

无	无	2710号　阔通狭宝　　二级
147/148号　遒劲仰头通　三上	149/150号　遒劲小通阔示　三上	151号　遒劲小通　　三下

七、矮示类（2-G）

"矮示类"，崇字示部仰、重心低，由此得名，所属版式可按规律分为三组。

第一组：

2-G-a1·矮示（九级）

崇字示部仰、重心低、两点短小、第二横又平又长，宁字仰，通字仰。

2-G-a2·矮示昂宁（八级）

书法笔势同上，宁字昂，宝字更昂。

2-G-a3·矮示降宁（七级）

书法笔势同上，宁字降，崇字示部左点带回勾、右点较远，宝字略俯。

2-G-a4·矮示降崇（二级）

书法笔势同上，崇字降接内郭，宝盖斜。《崇宁泉谱》旧名："矮示中穿"。

2-G-a5·矮示勾宁（九级）

书法笔势同上，宁字丁勾弯曲似鱼钩，崇字示部两横相距较远、第二横平短，通字甬部开口略大。

此版《北宋铜钱》命名为"直丁寄郭"，宋研曾将此版与"正字开口通"归为一类，命名为"开口通小字"。后经再三讨论，定稿时沿用《崇宁泉谱》的分类与定名："矮示勾宁"。

第二组：宝字离内郭、近外轮。

2-G-b1·矮示离宝（五级）

书法笔势似"矮示"，宁宝两字较大，宝字离内郭、近外轮。

2-G-b2·矮示离宝退崇

新见一品图片，书法笔势同"矮示离宝"，崇字退，可定名为"矮示离宝退崇"。未征集到拓片，存世量待验证，级别待定。

2-G-b3·矮示离宝大字（四级）

书法笔势同"矮示离宝"，四字形状阔大，宁宝两字昂起。

2-G-b4·矮示离宝小字（一级）

书法笔势同"矮示离宝"，四字形状短小，宁字丁部阔，崇通两字离郭。

此版目前仅见一品为母钱铸造级的试铸样钱。

第三组：广穿。

2-G-c1·矮示广穿（二级）

书法笔势似"矮示"，穿口大，崇字退，宁字仰且寄郭，通字进昂。

2-G-a1　　206	2-G-a2　　207	2-G-a3　　208	2-G-a4　　209
矮示	矮示昂宁	矮示降宁	矮示降崇
九级	八级	七级	袁帅　　二级
2666号　矮示　　七级	2667号　矮示昂宁　七级	2668号　矮示降宁　六级	无
224号　矮示　　九下	225号　矮示昂宁　九上	226号　矮示降宁　七下	227号　矮示降宁中穿　四下

2-G-b1　　210	2-G-b2　　211	2-G-b3　　212	2-G-b4　　213
矮示离宝	矮示离宝退崇	矮示离宝大字	矮示离宝小字
五级	缺图　　待定	四级	靳义　　一级
2669号　矮示离宝　　五级	无	2670号　矮示离宝大字　四级	无
229号　矮示离宝　　七上	无	231号　矮示离宝大字　五上	无

2-G-a5	214			
矮示勾宁				
左川　　　九级				
2694号　直丁寄郭　八级				
228号　矮示勾宁　九下				

2-G-c1	215			
矮示广穿				
单威林　　　二级				
无				
无				

八、离宝类（2-H）

"离宝类"各版整体铸造相对精美。考虑到本类版式的总数不多，本书按"宁"字的位置不同分为两组，而特殊的"离宝木祟"将单独介绍。

第一组：

2-H-a1·离宝（七级）

中穿，字体较细，宝字离内郭、近外轮，宁字与内郭齐平。

2-H-a2·离宝横点通（七级）

钱型书体同上，通点横平，祟字退。

第二组：

2-H-b1·离宝降宁（七级）

钱型书体同"离宝"，宁字降，低于内郭延长线。

2-H-b2·离宝降宁仰祟（六级）

钱型书体同上，祟字仰、示部丁勾斜、两点短小。

2-H-b3·离宝降宁仰宝（四级）

钱型书体同上，宝字仰，宁字俯，祟字降进，示部两点张开。

2-H-b4·离宝降宁降宝（三级）

钱型书体同上，宝字降，祟字退俯。

此版实物精美，字口间有硬锈，因而作拓效果不佳，仅凭拓片容易误判为私铸或修模，实为标准的独立版式。

第三组：

2-H-c1·离宝木祟（十级）

宝字离内郭、近外轮，祟字示部竖勾上部出头明显，因此得名"离宝木祟"。此版辨识度较高，铸造量极大，应为铸造"离宝类"的钱监大规模量产的版式。

2-H-a1 216	2-H-a2 217		2-H-c1 218
离宝 七级	**离宝横点通** 七级		**离宝木崇** 十级
2756号　离宝　　　六级 290/291/292号　离宝　　八上	2759号　离宝进通　七级 293/294/295号　离宝横点通　八上		2655号　木崇　　　十级 304/305号　离宝木崇　九上

2-H-b1 219	2-H-b2 220	2-H-b3 221	2-H-b4 222
离宝降宁 七级	**离宝降宁仰崇** 六级	**离宝降宁仰宝** 四级	**离宝降宁降宝** 崔建军 三级
2757号　离宝降宁　　六级 296/297号　离宝降宁　　八上	2758号　离宝降宁仰崇　六级 298/299/300/301号　离宝降宁仰崇　七上	2761号　离宝降宝　　四级 302号　离宝降宁仰宝　五上	无 303号　离宝降宁降宝　四上

九、垂足宝类（2-J）

"垂足宝类"的"宝"字书体独特，与崇宁通宝小平铜钱的"正字"、"抽示"两版风格一致，宝字重心向左倾、尔部较阔、宝足下垂，由此得名。

第一组：钱型为中穿。

2-J-a1·垂足宝（八级）

中穿，四字整体较小，崇字示部狭，宁宝两字狭长，通字仰、通点横。

此版为本类中产量较大的版式，可视为"垂足宝类"的本体。

2-J-a2·垂足宝短尾通（五级）

中穿，书体风格同上，四字整体阔大，崇字示部两点隐起，通头大、通尾短。

2-J-a3·垂足宝仰示（三级）

中穿，书法风格同上，崇字示部仰，宁字昂。

第二组：钱型为广穿。

2-J-b1·垂足宝广穿（五级）

广穿，书体风格同上，崇字示部两横长，通头扁阔。

2-J-b2·垂足宝广穿小字（五级）

广穿，书体风格同上，四字较小，通字降、通头仰。

注意："垂足宝"本身为中穿，其穿口比很多崇通版式大一些，因此常被误认为是"垂足宝广穿"。实际上"垂足宝广穿"和"垂足宝广穿小字"两版的穿口比"垂足宝"更大。

第三组：

2-J-c1·垂足宝抽示（一级）

正常穿口，崇字示部第二横左侧微翘，右端顿笔下垂，有"抽示"之意，由此得名。

2-J-c2·垂足宝抽示昂宝（一级）

正常穿口，书法风格同上，四字略大，宝字昂起高于上内郭延长线。

大约二十年前，泉友们在收集整理崇宁通宝当十铜钱时，发现《上海博物馆藏钱币·宋辽金西夏卷》收录了这两个版式，但是大家苦苦寻找却一直见不到实物，戏称这两个版式为"上博版"。直到近十年以来，这两版才陆续分别面世数枚，仍属大名誉版式。

第四组：

2-J-d1·垂足宝缩示仰宁（一级）

正常穿口，书体似"垂足宝"，故本书列入"垂足宝类"。四字均狭，崇字示部两横极短，宁字四部仰，通头仰起。

目前此版单独为一个小组。

第五组：

2-J-e1·垂足宝宽丁（七级）

正常穿口，书体似"垂足宝"，故本书列入"垂足宝类"。宁字丁部勾短横长，通字昂起且退，崇字示部左点垂直，右点外撇。

2-J-e2·垂足宝宽丁仰崇（三级）

正常穿口，书体似"垂足宝"，故本书列入"垂足宝类"。宁字丁部勾短横长，宁字俯，通字降且仰，崇字示部左点离丁勾较远。

2-J-a1 223	2-J-a2 224	2-J-a3 225	
垂足宝	垂足宝短尾通	垂足宝仰示	
八级	五级	三级	
2749号 垂足宝 八级	2751号 垂足宝广穿短尾通 五级	2753号 垂足宝仰示 二级	
283号 垂足宝 八上	285号 垂足宝广穿短尾通 五下	287号 垂足宝仰示 三上	

2-J-b1 226	2-J-b2 227	2-J-c1 228	2-J-c2 229
垂足宝广穿	垂足宝广穿小字	垂足宝抽示	垂足宝抽示昂宝
苏子晨 五级	五级	刘剑生 一级	李金红 一级
2750号 垂足宝广穿 五级	2752号 垂足宝广穿小字 五级	2754号 垂足宝抽示 一级	2755号 垂足宝抽示昂宝 一级
284号 垂足宝广穿 五下	286号 垂足宝广穿小字 五下	288号 垂足宝抽示 二上	289号 垂足宝抽示昂宝 一下

2-J-d1　　　　230			
垂足宝缩示狭宁			
党源　　　　　一级			
2690号　缩示狭宁　　一级 128号　　狭字长宁　　二上			

2-J-e1　　　　231	2-J-e2　　　　232		
垂足宝宽丁	**垂足宝宽丁仰崇**		
七级	刘国昂　　　　三级		
2692号　　宽丁　　　六级 236/237号　宽丁　　　八上	2693号　宽丁仰崇　　二级 238号　　宽丁仰崇　　三下		

小结

本单元依次介绍了"宽字类"、"长字类"、"纤字类"、"宽通类"、"大宝类"、"遒劲类"、"矮示类"、"离宝类"、"垂足宝类"这九个类别,大概率对应了东南十大钱监中规模较大、产量稳定、管理规范的几个大型钱监,其中"纤字类"、"宽通类"、"大宝类"、"遒劲类"关系较为密切,有可能进一步归为同一个钱监所铸。

本单元收录的各类各版,铸造工艺相对稳定,书体特征区别明显,铸造级批次及修模的情况出现较少、铸量不多、影响不大,干扰因素不强,非常适合藏家入手进阶。

第三单元

本单元收录的各类具有以下规律：

第一，每类的版式数目以三个为基准上下浮动；

第二，同类各版式的铸造工艺相对统一稳定，子钱成品精度相对较高；

第三，与第二单元类似，本单元各版的铸造级批次及修模变化（次出变化）出现较少、铸量不多、影响不大，对初学者来说干扰因素不强。

本书在本单元选择性收录了部分有代表性和规律性的次出变化。

笔者分析，本单元的类别对应了各地规模较小的铸钱监（院）。崇宁通宝当十铜钱的铸期为九个月（三个季度），当这些小规模的铸币厂以"季"为时间单位稽核铸币质量时，不同的版式正对应了不同的季度。

一、寄郭类（3-A）

21世纪初，安徽枞阳段长江水域发现大约20万枚未流通的"崇宁通宝"当十铜钱，即著名的"长江水坑"。其中有一个版式占比90%以上，此版字体较小，四字聚于内郭、远离外轮，定名为"寄郭"。另有两个版式与其书法风格特征类似，可归为一类。"寄郭类"的书体风格，受到"美制正字"的一定影响，应为江南某钱监（中央体系）所铸。

3-A-01·寄郭（十级）

四字字体方正、较小、聚于内郭、远离外轮，标准批次直径 34.8±0.3 mm。由于"长江水坑"发现的数量较大，此版成为崇宁通宝当十铜钱"四大金刚"之首。

此版出现有不同铸造级批次：

3-A-01-d，寄郭－大样，七级。直径 35.5 mm 以上。

3-A-01-x，寄郭－小样，八级。直径 34.0 mm 以下。

本书未收录这两个批次的拓片。

3-A-02·寄郭大字（二级）

书体风格同上，四字大而饱满，崇字山部右斜，宁字直，通尾接近外轮。

3-A-03·寄郭狭宁（二级）

书体风格同上，四字狭、略隐起，崇字俯、山部略阔，宁字宝盖狭，通字甬部狭。

注意：本类三版的宝字右足起笔均接左足，且连接点略微靠下。

二、隔轮类（3-B）

本类钱文四字隔轮，由此得名；书法既有"抽示类"的风格，又有"遒劲类"的笔意，独有韵味；铸工较差，字口间多有流铜。从书法有"抽示类"的影响、铸造工艺不成熟、西北地区发现比例高等因素分析，本类应为西北地区（陕西体系）某钱监（院）所铸，大概率为阶州（今甘肃省陇南市武都区）。

3-B-01·隔轮长宝（七级）

崇字退、俯、示部第二横长且左端翘起，宝字长，宁字寄郭且仰，通字俯。

3-B-02·隔轮短宝（七级）

书法风格及铸工同上，四字较小，宝字短，宁字丁部一横阔，通字狭。

3-B-03·隔轮阔宝（一级）

书法风格同上，崇字示部狭，通字走之左端折笔较大、甬部狭，宝字王部阔。

三、大足宝与长短足宝（3-C）

在收集和整理崇宁通宝当十铜钱的"史前时代"，小圈子内部曾将"大足宝"、"长短足宝"、"美制大足宝"（旧名"大足宝美制"）归为一类，称为"大足宝三剑客"。

《北宋铜钱》出版时，未征集到"美制大足宝"的拓片；此外将"长短足宝"更名为"仰通"。

《崇宁泉谱·通宝卷》出版时，将"美制大足宝"归于"降宁类"，定名"降宁大字"；此外恢复了"长短足宝"旧名。

本书重新梳理，将"美制大足宝"划入"美制类"，补充说明其与"大足宝"的关系；另将"大足宝"与"长短足宝"两个版式归为一类介绍如下：

3-C-01·大足宝（九级）

字体笔画纤细精美，直边型，字体饱满，四字均仰，宝字两足长，宁字寄郭。

此版出现不同铸造级批次：

3-C-01-a，大足宝-中缘，九级。四字缩小，边缘略加宽，中缘。

3-C-01-b，大足宝-阔缘，八级。四字变小变粗，正背外缘均加宽。

3-C-01-x，大足宝-小样，八级。直径变小（34.0 mm 及以下），铸工变差。

3-C-02·长短足宝（六级）

字体笔画纤细精美，书体风格同上，直边型，崇字狭，宝字两足较短。

此版出现两个铸造级批次：

3-C-02-a，长短足宝-阔缘，三级。

为"长短足宝"的衍生，通字走之尾修模变短，外缘嵌套加宽，钱型变大，铸造精美，为试铸样钱，其金属成分含 5% 的镍（Ni）。

3-C-02-x，长短足宝-小样，六级。

为上一品试样之量产版式，外缘修模削细后钱体直径变小，通字继承了修模变化。根据评级获取的数据可知，其金属成分含 3%~6% 的镍（Ni），检测 30 余枚无一例外。

具体参见后文《崇宁通宝当十铜钱中的白铜》。

四、小足宝类（3-D）

本类目前暂见两个独立版。

3-D-01·小足宝（八级）

崇字俯、示部左撇长且直，宝足张开且短，通字昂。

"小足宝"有多个铸造批次与修模变化如下：

3-D-01-a1，小足宝-阔缘，面文同上，外缘变阔，背郭变肥，暂未征集到实物作拓，待定。

3-D-01-a2，小足宝-中缘，八级，面文同上，外缘介于正样与阔缘之间，拓图省。

3-D-01-b1，小足宝-肥字背肥郭，七级，文字有加刀变化：崇字山部左竖指向右侧，示部左撇短。细缘，背肥郭。

3-D-01-b2，小足宝－肥字背细郭，七级，文字修模同上，背郭修模变细。

3-D-01-c，小足宝－异书，四级，面文仿于"小足宝"，字体夸张，或为钱监内部私铸。

3-D-02·小足宝缩字（三级）

书体风格同"小足宝"本体，四字离轮寄郭、遒劲有力，崇字山部小，宝字王部第三横左挑。

五、斜宁类（3-E）

本类目前收录三版：

3-E-01·斜宁（六级）

崇字示部第二横左侧长出，宁字狭、丁勾左斜，宝字尔部顿笔似蟹爪，又名"蟹爪宝"。

3-E-02·斜宁肥通（三级）

书体风格同上，通字甬部宽，宝字王部第三横左挑。

3-E-03·斜宁长通（一级）

书体风格同上，通字甬部长，崇字示部左撇长于丁勾。此版罕见，即《北宋铜钱》之2728号"长鼻通"。本书暂未征集到实物作拓，空缺待补。

六、降宁类（3-F）

本类目前收录三版：

3-F-01·降宁（七级）

宁字寄郭，崇字示部左撇短，宝足正。

3-F-02·降宁退崇（四级）

书体风格同上，崇字退，山部左高右低。

3-F-03·降宁退崇异通（三级）

书体风格同上，通点短小、走之底左侧翘起，宝盖右侧翘起。

七、勾宁类（3-G）

本类目前收录两版：

3-G-01·勾宁广穿（二级）

广穿，崇字进仰，宝字仰，通字阔进，宁字丁勾弯起且短。

3-G-02·勾宁平尾通（五级）

狭穿，细字，四字较小，离郭离轮，宁字丁勾短，通字走之尾平直。

本类两版虽然形制不同，但书体风格相似，合为一类。

八、长宁类（3-H）

本类目前收录四版，前三版背郭形制一致，第四版背郭略小：

3-H-01·长宁（五级）

书体刚劲有力，宁字心部阔大，崇字示部狭。

3-H-02·长宁阔字（四级）

书体风格同上，崇字示部重心低，左撇离丁勾较远。

3-H-03·长宁阔崇（一级）

书体风格同上，崇字示部重心高，左撇离丁勾较远。罕见名誉版。

九、长宝类（3-J）

本类目前收录两版：

3-J-01·长宝（四级）

书体刚劲有力，四字阔大，宝字长、俯、寄郭。

3-J-01-a，长宝-次出，四级。

"长宝"的衍生品种，面文同上，铸造级低，直径小，背郭修模变肥。

3-J-02·长宝进通（四级）

书体风格同"长宝"，通字进，宝字仰。

十、折尾通类（3-K）

本类目前收录两版：

3-K-01·折尾通阔示（三级）

书体刚劲有力，宝足张开，通尾短，示部左撇离丁勾较远。

3-K-02·折尾通狭示（二级）

书体风格同上，示部左撇离丁勾近。

3-K-02-a，折尾通狭示-次出，四级。

"折尾通狭示"的衍生品种，面文同上，铸造级低，直径小，背郭修模变肥。

"长宁类"、"长宝类"、"折尾通类"整体书法风格与铸造工艺极为相近，可视作同一系列，以待未来进一步深究。

十一、仰宝类（3-L）

本类目前收录三版：

3-L-01·仰宝（十级）

本版铸工较精，字体深峻，仰崇仰宝，宁字昂，通字仰、走之底起笔朝左下。

3-L-02·仰宝退通（三级）

书体风格同上，四字较小，通字走之底起笔向左侧平直伸出，通字居中略退。

3-L-03·仰宝折尾通（七级）

书体风格同上，四字较大，通字走之底折笔通尾翘起且长。

十二、狭通类（3-M）

本类目前收录四版：

3-M-01·狭通（七级）

崇字示部左撇向内弯曲，开足宝，通字走之底起笔弯曲翘起。

3-M-02·狭通宽丁（二级）

书体风格同"狭通"，宁字寄郭、丁部一横右侧长且有大顿笔。

3-M-03·狭通阔字（一级）

书体风格同"狭通"，四字阔大，宁字短，崇字示部左撇短，宝字近内郭。

3-M-04·狭通大字（一级）

书体风格同"狭通"，四字阔大，宁字长，崇字示部左撇长，宝字离内郭。此版目前仅见，原为张扬先生所藏，现下落不明，本书暂未征集到拓片，空缺待补。

"仰宝类"与"狭通类"整体书法风格与铸造工艺极为相近，可归为同一系列，以待未来进一步深究。

十三、长尾通类（3-N）

本类目前收录两版：

3-N-01·长尾通（三级）

通尾长、通点长，宝字俯。

3-N-02·长尾通狭宝（八级）

书体风格同"长尾通"，宝字狭、俯。

十四、短点通类（3-P）

本类目前收录两版：

3-P-01·短点通（七级）

通点短小且低，近甬部，宁字仰，宝字右足长。

3-P-02·短点通昂宁（八级）

书体风格同"短点通"，宁字昂、丁部阔，通字昂起。

十五、小头通类（3-Q）

本类目前收录两版：

3-Q-01·小头通（六级）

狭穿，钱文略有隐起，通头扁、仰起，宁字阔。

3-Q-02·小头通广穿（一级）

广穿，书体风格同"小头通"，宁字狭，铸工精美。

十六、方头通类（3-R）

本类目前收录两版：

3-R-01·方头通（五级）

铸工较弱，钱文有隐起，四字较小，通头为方头状，崇字示部两横不平行。

3-R-02·方头通离郭（二级）

铸工较弱，钱文有隐起，宁字离郭接轮，通点高、通尾翘起。

十七、阔宝类（3-S）

本类目前收录三版：

3-S-01·阔宝立点通（七级）

宝字正、阔、开足，通点直立，甬部略俯。

3-S-02·阔宝俯头通（四级）

书体风格同上，通字甬部头俯。

3-S-03·阔宝降宁（四级）

整体似"阔宝俯头通"，宁字狭、降。此版旧谱列入"狭字类"，名为"狭字降宁"，本书调整至"阔宝类"中。

十八、狭字类（3-T）

本类目前收录四版：

3-T-01·狭字（五级）

四字狭长，通字走之底起笔直朝左下且长，又名"大舟通"。

3-T-02·狭字大山崇（一级）

书体风格同"狭字"，四字阔大，崇字山部中竖长。

3-T-11·狭字退通（四级）

书体风格同"狭字"，铸工略弱，通字退，通点短小隐起，宝字右离足。

3-T-12·狭字长尾通（三级）

书体风格同"狭字"，铸工略弱，通尾长。

十九、翘足宝类（3-U）

本类目前收录两版：

3-U-01·翘足宝仰头通（四级）

宝字整体仰，左足起笔靠右，向左上翘起。通点长，通头仰起。

3-U-02·翘足宝翘尾通（三级）

宝字书法风格同上，特征明显。通字仰、通尾短、向右上翘起。

二十、大字高走通（3-V-01）

3-V-01·大字高走通（三级）

书法刚劲，四字阔大，通字走之底左下角翘起高耸，名誉版式。此版含锡量略高，因此铜质大多呈现为青白色。

二十一、三角通（3-W-01）

3-W-01·三角通（五级）

书法刚劲，通字略退、甬部头呈三角状，宁字寄郭、昂。

二十二、仰崇长尾通（3-X-01）

3-X-01·仰崇长尾通（六级）

崇字仰，宁宝两字昂，通字为方头通，通尾长。此版金属成分含4%~8%的镍（Ni），具体参见后文《崇宁通宝当十铜钱中的"白铜"》。

二十三、拙书狭字（3-Y-01）

3-Y-01·拙书狭字（三级）

字体拙朴，四字狭小，离郭隔轮。一说为"抽示-背肥郭"加刀修模所成，但本品铸工精整，官铸风格较为明显，本书暂时仍列为独立版收录，以待未来验证。

"大字高走通"、"三角通"、"仰崇长尾通"、"拙书狭字"四版为独立版式，暂未发现同类相似版。

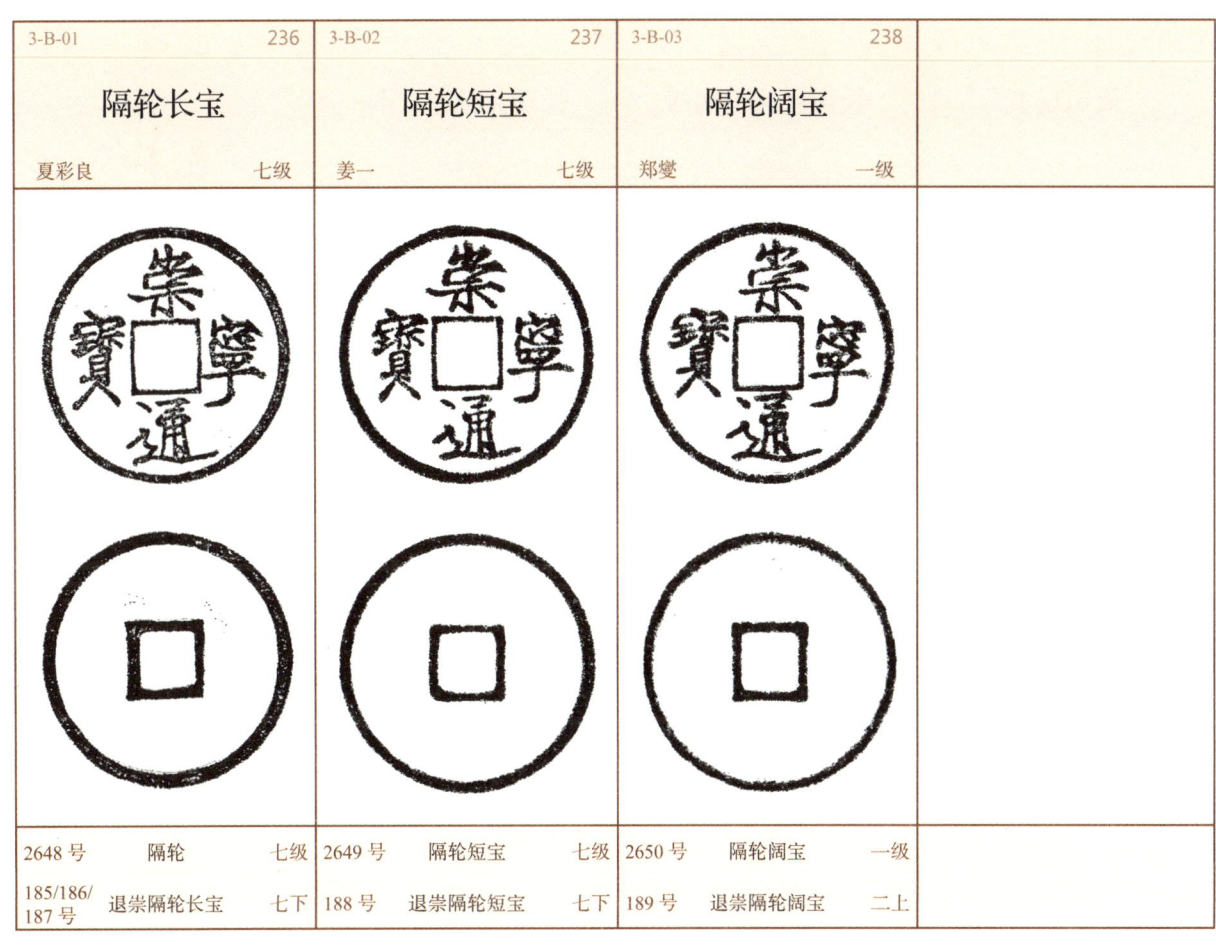

3-A-01　　　　233	3-A-02　　　　234	3-A-03　　　　235
寄郭	**寄郭大字**	**寄郭狭宁**
左川　　　　　十级	陈乃营　　　　二级	郑燮　　　　　二级
2651号　寄郭　　十级	无	无
120/121号　狭字寄郭　十下	122号　狭字寄郭大字　四下	无

3-B-01　　　　236	3-B-02　　　　237	3-B-03　　　　238
隔轮长宝	**隔轮短宝**	**隔轮阔宝**
夏彩良　　　　七级	姜一　　　　　七级	郑燮　　　　　一级
2648号　隔轮　　七级	2649号　隔轮短宝　七级	2650号　隔轮阔宝　一级
185/186/187号　退崇隔轮长宝　七下	188号　退崇隔轮短宝　七下	189号　退崇隔轮阔宝　二上

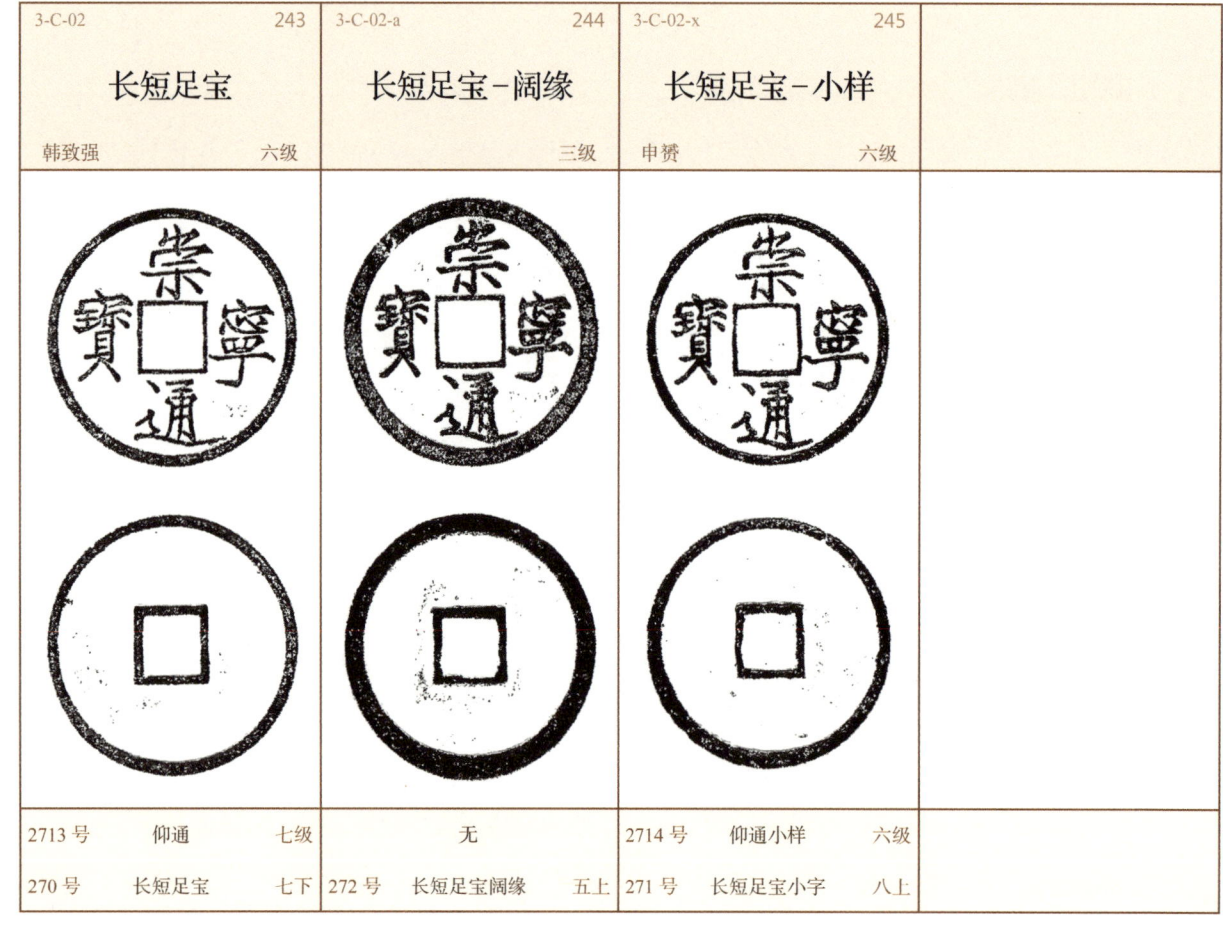

3-C-01　　　　239	3-C-01-a　　　240	3-C-01-b　　　241	3-C-01-x　　　242
大足宝	大足宝-中缘	大足宝-阔缘	大足宝-小样
九级	九级	八级	八级
2738号　大足宝　九级	无	2739号　大足宝阔缘　八级	无
266号　大足宝　九上	268号　大足宝背阔缘　八上	269号　大足宝阔缘　八上	267号　大足宝小样　八下

3-C-02　　　　243	3-C-02-a　　　244	3-C-02-x　　　245	
长短足宝	长短足宝-阔缘	长短足宝-小样	
韩致强　　六级	三级	申赟　　六级	
2713号　仰通　七级	无	2714号　仰通小样　六级	
270号　长短足宝　七下	272号　长短足宝阔缘　五上	271号　长短足宝小字　八上	

3-D-01	246	3-D-02	247				
小足宝		小足宝缩字					
刘森	八级		三级				
2740号 小足宝 九级		2741号 小足宝缩字 二级					
275号 小足宝 八上		278号 小足宝缩字 四上					

3-D-01-a	248	3-D-01-b1	249	3-D-01-b2	250	3-D-01-c	251
小足宝-阔缘		小足宝-肥字背肥郭		小足宝-肥字背细郭		小足宝-异书	
缺图	待定	莫鸿川	七级	姜一	七级	崔健军	四级
无		无		无		无	
276/277号 小足宝阔缘 七上		279号 小足宝肥字 七下		280号 小足宝肥字背细郭 七下		282号 小足宝异书 三上	

3-E-01　　　　252	3-E-02　　　　253	3-E-03　　　　254	
斜宁（蟹爪宝）	斜宁肥通	斜宁长通	
何鹏　　　　六级	三级	缺图　　　　一级	
2703号　斜宁　　六级	无	2728号　长鼻通　　一级	
200/201/202号　斜宁　六下	203/204号　斜宁肥通　五上	205号　斜宁长通　四上	

3-F-01　　　　255	3-F-02　　　　256	3-F-03　　　　257	
降宁	降宁退崇	降宁退崇异通	
七级	四级	三级	
2704号　降宁　　七级	2705号　降宁退崇　　五级	2706号　降宁退崇通异　三级	
239号　降宁　　九上	242号　降宁退崇　　五上	243号　降宁退崇通异　四上	

3-G-01 258	3-G-02 259		
勾宁广穿 二级	勾宁平尾通 五级		
2691号 勾宁广穿 二级 232/233号 勾宁广穿 二下	2718号 平尾通 四级 261号 平尾通 五下		

3-H-01 260	3-H-02 261	3-H-03 262	
长宁 五级	长宁阔字 四级	长宁阔崇 陈乃营 一级	
2687号 长宁背肥郭 五级 206号 长宁 五下	2665号 退崇大字 四级 207号 长宁阔字 五上	2654号 阔崇 一级 208号 长宁阔崇 一下	

3-J-01　　　　263	3-J-02　　　　264	3-K-01　　　　265	3-K-02　　　　266
长宝	长宝进通	折尾通阔示	折尾通狭示
四级	四级	姜一　　　　三级	靳义　　　　二级
2736号　长宝　　六级	2737号　长宝进通　四级	2681号　抽示降宁宽崇　三级	无
273号　长宝　　五下	274号　长宝进通　四下	193/194号　退崇阔示　三下	无

3-J-01-a　　　267			3-K-02-a　　　268
长宝-次出			折尾通狭示-次出
夏彩良　　　四级			四级
无			无
无			195号　退崇狭示　四上

3-L-01　　　269	3-L-02　　　270	3-L-03　　　271	
仰宝	仰宝退通	仰宝折尾通	
十级	姜一　　　　三级	七级	
2730号　退通进崇　十级	2712号　狭通退通　七级	2657号　俯崇长尾　八级	
306号　仰宝　　　九下	307号　仰宝退通　四下	312/313号 仰宝折尾通 八上	

3-M-01　　　272	3-M-02　　　273	3-M-03　　　274	3-M-04　　　275
狭通	狭通宽丁	狭通阔字	狭通大字
七级	郝婷　　　　二级	韩先生　　　一级	缺图　　　　一级
2711号　狭通　　　五级	无	无	无
309号　仰宝狭通　七上	308号　仰宝宽丁　三上	251号　小头通中穿　三上	310号　仰宝狭通大字　三上

3-N-01 276	3-N-02 277	3-P-01 278	3-P-02 279
长尾通	长尾通狭宝	短点通	短点通昂宁
夏彩良　　　　三级	八级	七级	八级
2723号　长尾通　三级	2748号　狭宝长尾　八级	2726号　短点通　七级	2727号　短点通昂宁　九级
253号　长尾通　三上	254号　长尾通狭宝　八下	249号　短点通　八上	245/246/247/248号　短点通昂宁　八上

3-Q-01 280	3-Q-02 281	3-R-01 282	3-R-02 283
小头通	小头通广穿	方头通	方头通离郭
六级	王学东　　　　一级	五级	姜一　　　　　二级
2724号　小头通　五级	2725号　小头通广穿　一级	2722号　小字方头通　四级	无
250号　小头通　七下	252号　小头通广穿　一上	264号　方头通　六上	123号　狭字离郭　四上

3-S-01	284	3-S-02	285	3-S-03	286		
阔宝立点通		阔宝俯头通		阔宝降宁			
	七级	高飞	四级		四级		

2747号	阔宝退通	七级	2721号	俯头通	五级	2627号	狭字降宁	五级
255号	立点通	七下	256号	俯头通	四下	124/125号	狭字降宁	六下

3-T-01	287	3-T-02	288	3-T-11	289	3-T-12	290
狭字（大舟通）		狭字大山崇		狭字退通		狭字长尾通	
	五级	金龙	一级	靳义	四级	单威林	三级

2624号	狭字	六级	无			2628号	狭字退通	六级	无		
118号	狭字	六上	119号	狭字大字	二下	126号	狭字退通	五上	127号	狭字长尾通	三上

3-U-01　　　　291	3-U-02　　　　292		
翘足宝仰头通 （仰头通）	**翘足宝翘尾通** （翘尾通）		
高飞　　　　　四级	三级		
2743号　仰宝异通　四级	2719号　翘尾通　　二级		
257号　　仰头通　　四下	258号　　翘尾通　　四上		

3-V-01　　　　293	3-W-01　　　　294	3-X-01　　　　295	3-Y-01　　　　296
大字高走通	**三角通**	**仰崇长尾通**	**拙书狭字**
三级	五级	六级	姚松青　　　　三级
2606号　大字　　　三级	2636号　遒劲　　　五级	2656号　仰崇长尾　六级	无
263号　　高走通　　二下	262号　　三角通　　五下	265号　　长尾进通　六上	无

小结

本单元介绍了约二十个小类，这些小类大体由三个左右的版式所组成，分析应为规模较小、产量不高的铸钱监（院）所生产。其中"长宁类"、"长宝类"、"折尾通类"书体和铸工类似，可能未来合并为同一钱监；"仰宝类"和"狭通类"、"阔宝类"和"狭字类"也属于这种情况，可留待未来进一步探讨。

本单元收录的各类各版，铸造工艺相对稳定，书体特征区别明显，铸造级批次及修模的情况出现较少、铸量不多、影响不大，干扰因素不强，同样适合藏家入手进阶。

第四单元

"边炉"意指边远地区的钱炉（钱监）。有一系列崇宁通宝当十铜钱版式，书法笔意拙朴粗肥，不是宋徽宗御书的"瘦金体"。前辈们认为，这些版式不属于受中央控制的中原钱监所铸，于是区分出数种字体拙意明显者，以"边炉"为名，即"边炉小字"、"边炉中字"、"边炉大字"。

根据目前积累的收藏经验可知，这些版式虽然在西北地区出现的概率较高，"边炉"之说有一定道理，不过时代迁移，"边炉"一词用于版式命名显得概泛，逐渐不再采用。《崇宁泉谱·通宝卷》创造性地将"崇宁通宝当十铜钱"中非"瘦金体"书法的各类版式归纳为一个单元，命名为"异体"，这是其一大重要贡献，本书"第四单元"基本沿用《崇宁泉谱》这一部分的体系，仅作局部微调。

一、阔字类（4-A）

"阔字类"为本单元最大的一个家族，下分数个小类，具体如下。

1. 本体系列

4-A-a1·阔字（本体）

阔字（本体），《北宋铜钱》和《崇宁泉谱》收录的拓片版式不同，导致收集实物时常常混淆。本书重新梳理，以《崇宁泉谱》之"阔字"作为本体，并收录其通点的三种修模变化。

4-A-a1-a·阔字–近点通（五级）

四字肥阔，崇字示部第二横呈波浪状、左撇短，宝字离内郭，宁字丁部离内郭，通字俯。即《崇宁泉谱》之"阔字"，《北宋铜钱》之"阔字狭通"。

4-A-a1-b·阔字–低点通（五级）

面文版式同上，通点修模后位置较低。即《崇宁泉谱》之"阔字低点通"，《北宋铜钱》未收录，宋研曾经标注为"阔字俯通"。

4-A-a1-c·阔字–远点通（五级）

面文版式同上，通点修模后远离甬部。本品《崇宁泉谱》与《北宋铜钱》均未收录。

4-A-a2·阔字俯宁（四级）

书体同"阔字"本体系列，通字进，宁字丁部接内郭，宁字俯。本品《崇宁泉谱》未收录，系《北宋铜钱》之"阔字"（本体）。

4-A-a3·阔字降宁（四级）

书体同"阔字"本体系列，通字进，宁字丁部接内郭，宁字降、略仰。本品《崇宁泉谱》与《北宋铜钱》均未收录。

4-A-a4·阔字宝寄郭（三级）

书体同"阔字"本体系列，宝字接内郭。本品《崇宁泉谱》与《北宋铜钱》均未收录，宋研曾经标注为"阔字昂宁"。由于此名对本版的一眼法特征点选取不够凸显，因此最终定名为"阔字宝寄郭"。

2. 大字系列

此系列三个版式，字体比阔字本体系列更为阔大。

4-A-b1·阔字立点通（五级） 通点直立，通尾长。

4-A-b2·阔字宽通（四级） 通字阔大。

4-A-b3·阔字宽宁（五级） 宁字阔大，通字狭。

3. 肥宁系列

此系列即为《北宋铜钱》之"俯通大字类"。

4-A-c1·阔字肥宁（七级）宁字降、离郭，通字俯。

4-A-c2·阔字肥宁长尾通（六级）通字直立、通尾长。

4-A-c3·阔字肥宁仰通（三级）通字仰、通尾短。

4. 大头通系列

此系列《北宋铜钱》未收录，通字甬部头肥大。

4-A-d1·阔字大头通（三级）宝字昂，通字退。

4-A-d2·阔字大头通进通（二级）宝字与内郭齐平，通字进。

4-A-d3·阔字大头通降仰宝（二级）宝字降、仰，左足接外轮。

5. 翘鼻通系列

此系列通字走之第二笔起笔翘起似象鼻，故名"翘鼻通"。

4-A-e1·阔字翘鼻通大字（三级）四字大，崇字上半部分向右偏斜。

4-A-e2·阔字翘鼻通小字（二级）四字小，通字甬头弯曲。

6. 小字系列

4-A-f1·阔字狭宝（三级）书体风格属于阔字类，四字狭小，沿用"狭宝"旧名。

二、短丁类（4-B）

"短丁"，顾名思义，宁字丁勾短小，为"崇宁通宝"当十铜钱的名誉版。后续发现钱文铸工风格近似的两版，归为一类。

4-B-01·短丁（三级）

宁字丁勾短小、心部末笔为长撇且无回勾，崇字左点与示勾连笔，宝字短阔，通字进仰。

4-B-02·短丁长宝（二级）

宁字丁勾略长、心部末笔为一顿点无回勾，崇字左点与示勾连笔，宝字狭长，通字进仰。

4-B-03·短丁大通，可省称"大通"（四级）

宁字丁勾略长、心部末笔略向下勾，崇字左点与示勾接近，通字进、甬头阔大、用部长。由于在四字钱文中通字的比例略大，故名"大通"。

三、容弱类（4-C）

"容弱"形容书法风格温婉柔美，本类目前收录三版：

4-C-01·容弱（三级）

四字笔意婉弱，崇字示部缩、短勾，通字走之左侧宽。

4-C-02·容弱小通（三级）

四字笔意婉弱，崇字缩、示部左撇长，通字走之起笔短小。

4-C-03·容弱仰头通（三级）

四字笔意婉弱，通字甬部头开口仰起。

四、隐起文类（4-D）

"隐起文"亦称"阴起文"，指钱文笔画的最高点不在一个平面上，呈现高低不平、起起伏伏的状态，拓印后时隐时现。

本类目前收录四版：

4-D-01·隐起文（六级）

即《北宋铜钱》之"离山崇"，钱文隐起，崇字山部离宗部略远。

4-D-02·隐起文小字（二级）

即《崇宁泉谱》之"正字翘尾通"，本书归类于此，四字小，钱文隐起，通字略仰。

4-D-03·隐起文缩字（二级）

即《北宋铜钱》之"俯宝"，钱文隐起，宝字俯，通点高。

4-D-04·隐起文大字（二级）

钱文隐起，字体大而饱满，宝字亦俯，崇字阔。

五、异通类（4-E）

本类"通"字笔意拙异，书体特征区别明显，故名"异通"。

本类目前收录四版：

4-E-01·异通（八级）

即旧谱的"边炉小字"、《北宋铜钱》之"正郭"、《崇宁泉谱》之"异书小字"。

书体笔意拙朴，宁字离内郭、降，四部斜退。

本版有阔缘和小样等批次衍生，本书未再区分。

4-E-02·异通圆冠，可省称"圆冠"（四级）

书体同上，宝字降仰，通字退，宁字昂。

本版有阔缘批次，直径略大，本书未再区分。

4-E-03・异通退崇（六级）

即《北宋铜钱》之"正郭退崇"、《崇宁泉谱》之"楷通"。

书体同上，四字较大，崇字退。

4-E-04・异通退崇大字（五级）

即《北宋铜钱》之"昂宝大字"、《崇宁泉谱》之"楷通大字"。

书体同上，四字更大，宝字昂，崇字俯，宁字寄郭且仰。

六、异书类（4-F）

本类书体夸张瑰异。

本类目前收录三版五品如下：

4-F-01・异书

即旧谱的"边炉中字"，根据通尾修模变化分为两种：

4-F-01-a・异书－长尾通（八级）

通尾长，应为"异书"的原始状态，即《崇宁泉谱》342号"异书长尾通"。

注意：《北宋铜钱》2640号"异书"与2641号"异书长尾通"拓片收录重复，均为此品。

4-F-01-b・异书－短尾通（八级）

同上，通尾修模变短，即《崇宁泉谱》341号"异书短尾通"。

4-F-02・异书大字

即旧谱的"边炉大字"，根据崇字修模变化分为两种：

4-F-02-a・异书大字（七级）

四字阔大，笔意拙异，文字有隐起之意。

4-F-02-b・异书大字－宽崇（七级）

同上，崇字修模后，宗部宝盖变细变宽、示部第一横变长、右撇短小。

注意：《北宋铜钱》2644号"异书大字－宽山崇"，原品为北京张扬先生所藏，现实物不知所踪，拓片系铅笔临时急就所作。笔者曾见过原品彩照，崇字山部修模变宽，不过亦有一说其为加刀改刻者。由于暂无同品验证，本书列为存疑待考。

4-F-03・异书小头通寄郭（七级）

即《北宋铜钱》之"仰宁寄郭大字"、《崇宁泉谱》之"退崇寄郭大字"。

本书将其归为"异书类"，以其四字寄郭、通字甬部头短小，命名为"异书小头通寄郭"。

4-A-a1-a 297	4-A-a1-b 298	4-A-a1-c 299	
阔字-近点通	阔字-低点通	阔字-远点通	
五级	五级	五级	
2610/2611号 阔字狭通 六级	无	无	
315号 阔字 五下	316号 阔字低点通 五下	无	

4-A-a2 300	4-A-a3 301	4-A-a4 302	
阔字俯宁	阔字降宁	阔字宝寄郭	
郑燮 四级	四级	姜一 三级	
2607号 阔字 五级	无	无	
无	无	无	

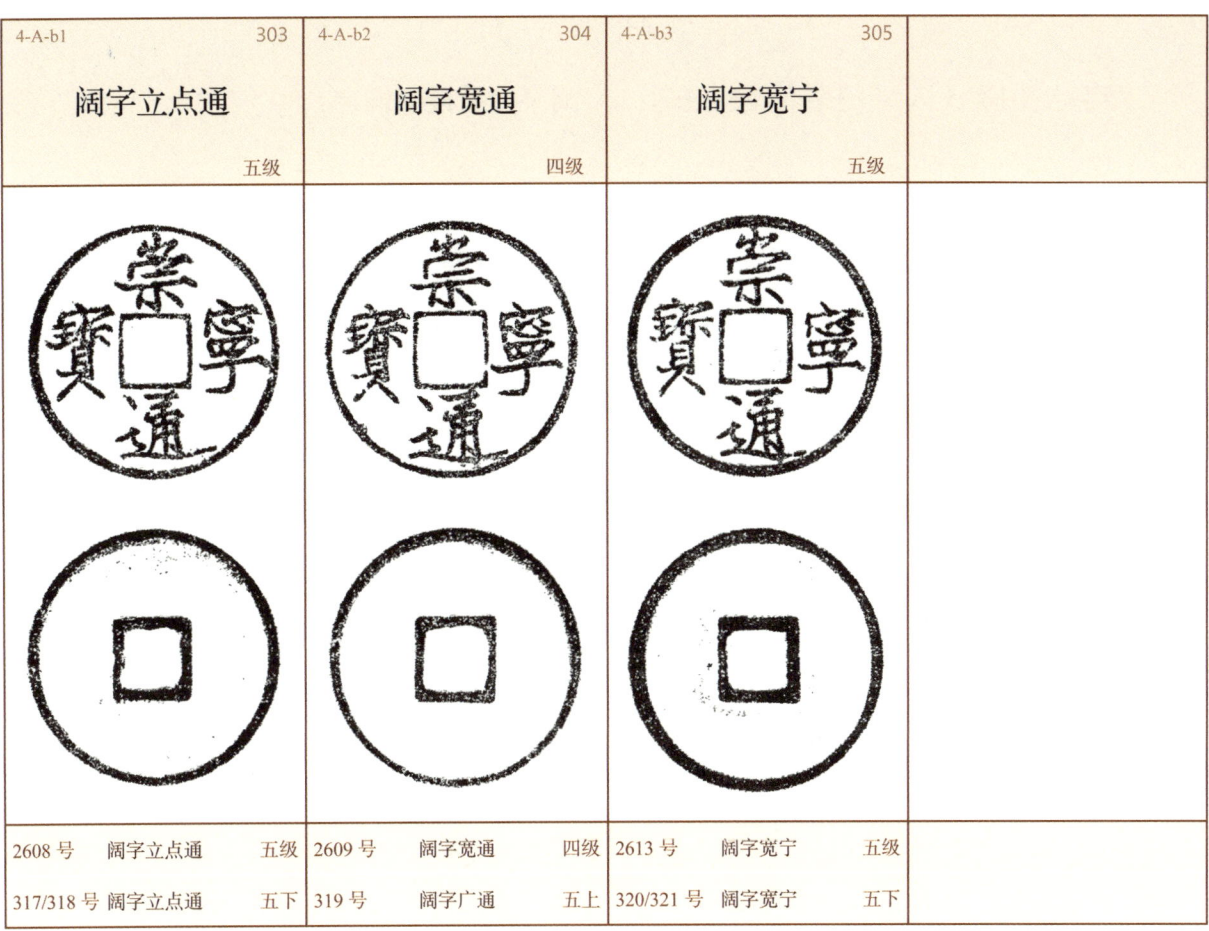

4-A-b1	303	4-A-b2	304	4-A-b3	305
阔字立点通		阔字宽通		阔字宽宁	
	五级		四级		五级

2608号	阔字立点通	五级	2609号	阔字宽通	四级	2613号	阔字宽宁	五级
317/318号	阔字立点通	五下	319号	阔字广通	五上	320/321号	阔字宽宁	五下

4-A-c1	306	4-A-c2	307	4-A-c3	308
阔字肥宁		阔字肥宁长尾通		阔字肥宁仰通	
	七级		六级		三级

2715号	俯通大字	六级	2716号	俯通大字阔崇	五级	无		
322号	阔字肥宁	七下	323/324号	阔字肥宁长尾通	六下	325号	阔字肥宁仰通	四下

4-A-d1 309	4-A-d2 310	4-A-d3 311	
阔字大头通	阔字大头通进通	阔字大头通降仰宝	
三级	陈乃营 二级	靳义 二级	
无	无	无	
326号 阔字大头通 四上	327号 阔字大头通仰通 四上	无	

4-A-e1 312	4-A-e2 313		4-A-f1 314
阔字翘鼻通大字	阔字翘鼻通小字		阔字狭宝
三级	二级		周扬 三级
2729号 异通大字 三级	无		2612号 阔字狭宝 六级
330号 阔字翘鼻通大字 三上	329号 阔字翘鼻通 二上		328号 阔字缩字 三下

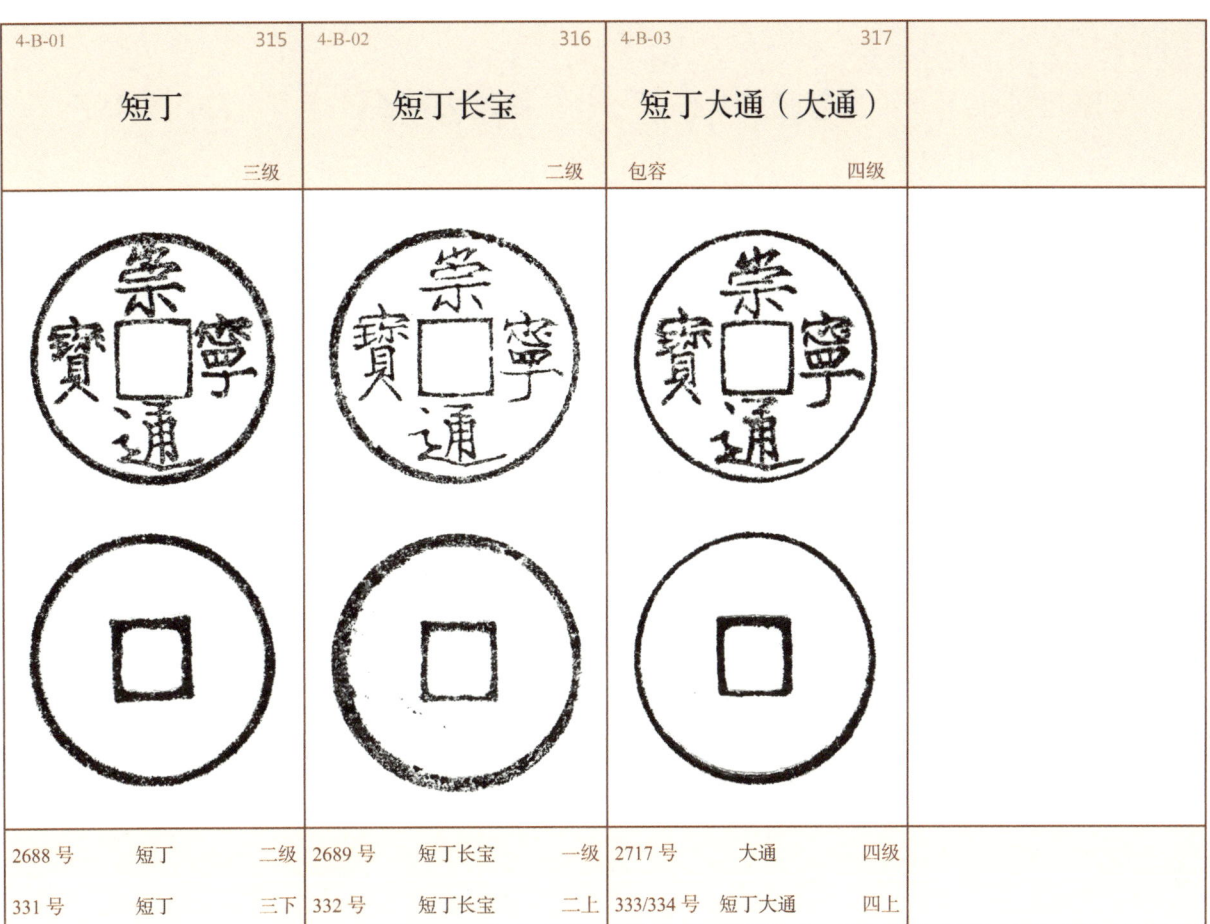

4-B-01	315	4-B-02	316	4-B-03	317
短丁		短丁长宝		短丁大通（大通）	
	三级		二级	包容	四级

| 2688号 | 短丁 | 二级 | 2689号 | 短丁长宝 | 一级 | 2717号 | 大通 | 四级 |
| 331号 | 短丁 | 三下 | 332号 | 短丁长宝 | 二上 | 333/334号 | 短丁大通 | 四上 |

4-C-01	318	4-C-02	319	4-C-03	320
容弱		容弱小通		容弱仰头通	
姜一	三级		三级		三级

| 2637号 | 容弱 | 四级 | 2638号 | 容弱小通 | 三级 | 2639号 | 容弱仰头通 | 三级 |
| 335号 | 容弱 | 四下 | 336号 | 容弱小通 | 四上 | 337号 | 容弱仰头通 | 四上 |

4-D-01　　321	4-D-02　　322	4-D-03　　323	4-D-04　　324
隐起文	隐起文小字	隐起文缩字	隐起文大字
六级	靳乂　　二级	二级	靳乂　　二级
2658号　离山崇　六级	无	2746号　俯宝　二级	无
338号　隐起文　七上	47号　正字翘尾通　六下	339号　隐起文缩字　五下	340号　隐起文大字　三上

4-E-01　　325	4-E-02　　326	4-E-03　　327	4-E-04　　328
异通	异通圆冠（圆冠）	异通退崇	异通退崇大字
八级	四级	六级	五级
2646号　正郭　八级	2645号　圆冠　三级	2647号　正郭退崇　五级	2742号　昂宝大字　四级
345/346/347号　异书小字　八上	348/349号　异书圆冠　四上	259号　楷通　六下	260号　楷通大字　六上

4-F-01-a 329	4-F-02-a 330	4-F-03 331	
异书-长尾通 八级	**异书大字** 七级	**异书小头通寄郭** 七级	
2640/2641号 异书/异书长尾通 七级	2642号 异书大字 七级	2695号 仰宁寄郭大字 七级	
342号 异书长尾通 八上	343号 异书大字 七下	191号 退崇寄郭大字 八上	

4-F-01-b 332	4-F-02-b 333		
异书-短尾通 八级	**异书大字-宽崇** 七级		
无	2643号 异书大字阔崇 七级		
341号 异书 八上	344号 异书大字宽崇 七下		

小结

　　本单元归纳收录一系列书法笔意肥朴的版式，有行书之味，非宋徽宗御书的"瘦金体"，即《崇宁泉谱》中的"异体"部分。这些类别版式的特征明显、脉络清晰、铸造级批次和修模的衍生出现较少，适合初学者进阶。根据实物发现的地域占比分析，这些类别版式大概率属于西北地区（陕西体系）的铸钱监（院）所铸，可能与崇宁年间"收复青唐"有关。

附一
私铸部分

北宋官方推行《钱纲验样法》的效果很明显，大部分的崇宁通宝当十铜钱成品直径在 34~35 mm，重量在 12 克上下，字口笔画清晰，铸造质量相对统一。虽然有少数版式出现了官炉的减重情况，直径小于 34 mm，重量在 10 克上下，但铸造数量不多，且铸造工艺基本符合要求，本书中作为同版小样已选择性收录了一部分拓片。

此外，民间仍然出现了一些私铸的情况。

这些私铸品种与官炉正样和官炉减重相比，缺少相应的管理制度约束，具有铸工粗糙、钱体轻薄的特征。

本书按照这些私铸品种的面文来源有以下分类。

一、铜钱版面文私铸

这一类私铸以流通中的官炉子钱来印范改制成模，翻砂量产而成，其面文直接来源于已有的崇宁通宝当十铜钱，钱体轻薄，本书代表性选取数品收录。

S-1-A-a1-a 正字–私铸；

S-1-A-a1-c 正字–隔轮私铸；

S-1-D-a1-a2 抽示–私铸；

S-1-D-a1-a4 抽示–背细郭私铸；

S-2-A-a3 宽字–(短点通) 私铸；

S-2-F-01 遒劲–私铸；

S-2-F-01a 遒劲–短尾通私铸；

S-2-J-a1 垂足宝–私铸。

二、铜钱版仿制私铸

这一类私铸的面文为独立制作祖模，具有某些已有的崇宁通宝当十铜钱版式的风格特征，属于某个官版的仿制版。

S-1-A-a1-as 正字–稚书私铸；本书暂未征集到拓片，空缺待补。

S-2-A-a3S 宽字–稚书私铸；

S-2-F-01S 遒劲–离郭私铸。

三、独创面文版私铸

这一类私铸的面文为完全独立制作的祖模，风格与已有的崇宁通宝当十铜钱版式迥然不同，例如下品的书体为行楷体，非瘦金体。

S-0-1 行楷体私铸。

如果把以上三类私铸类比于伪造假钞，第一类为复印；第二类为临摹；第三类为自由发挥、随意涂鸦。

四、铁钱版面文私铸

这一类私铸的面文直接来源于（或仿制于）已有的崇宁通宝当二夹锡铁钱，是以流通中的官炉子钱来印范改制成模，翻沙量产而成，其细分版式与铁钱有关，因此本书暂统称为"铁钱版私铸"，待后续《北宋夹锡铁钱》一书再深入介绍。

S-1-A-a1-a 334	S-1-A-a1-c 335	S-1-D-a1-a2 336	S-1-D-a1-a4 337
正字-私铸	正字-隔轮私铸	抽示-私铸	抽示-背细郭私铸
七级	七级	七级	房伟伟　七级

S-2-A-a3 338	S-2-F-01 339	S-2-F-01a 340	s-2-J-a1 341
宽字-（短点通）私铸	遒劲-私铸	遒劲-短尾通私铸	垂足宝-私铸
七级	七级	六级	六级

S-1-A-a1-as 342	S-2-A-a3S 343	S-2-F-01S 344	
正字-稚书私铸	宽字-稚书私铸	遒劲-离郭私铸	
缺图　　　　　五级	觀古識泉　　　　五级	五级	

S-0-1 345			
行楷体私铸			
张超　　　　　四级			

附二
崇宁通宝当十铜钱的"白铜"

中国古代铸币从先秦到两宋都以青铜合金为主,历代文献中提及的"白铜"大部分指"高锡青铜",其成分是铜、铅、锡合金,因含锡量偏高而呈现"白色"状态。旧谱中的"白铜开元"和"白铜宣和"正是属于这种情况。

开元通宝

宣和通宝

中国古代炼丹术中得到的"药银",有时也记载为"白铜"。这种用砒霜和红铜提炼而得的砷白铜,属于现代科学意义上"白铜"中的一种。由于提炼工艺复杂、危险且成本过高,在中国古代没有将砷白铜用于铸造流通行用钱的实例。不过,有一则史料提及北宋厌胜钱可能使用过"药银",本书暂且不表。

现代科学意义上的"白铜"还有一种是指含镍的铜合金(镍白铜)。由于镍单独提炼和应用技术成熟较晚,理论上分析中国古代铸钱不应该存在主动配比加镍的"白铜钱"。但是在崇宁通宝当十铜钱中，出现了意外的情况。

崇宁通宝"仰崇长尾通"

目前累计检测了此版40枚以上的样品，发现其金属成分中含4%~8%的镍（Ni），无一例外。

崇宁通宝"长短足宝-阔缘"和"长短足宝-小样"

"长短足宝"为本体，目前累计检测30枚左右，结果都是正常的青铜；

"长短足宝-阔缘"为其衍生，字体上"通"字走之部笔画有加刀修模，同时嵌套修模加宽外缘。从钱型及铸造精度分析其为试铸样钱，目前累计检测两枚，含5%~6%的镍（Ni）；

"长短足宝-小样"为上一品再衍生的量产品，字体上"通"字继承了上一品笔画的修模变化，钱型上外缘销轮修模后变窄，直径相应变小，目前累计检测30枚左右，其金属成分中含3%~6%的镍（Ni），无一例外。

崇宁通宝"仰崇长尾通"

崇宁通宝"长短足宝-阔缘"和"长短足宝-小样"

崇宁通宝"抽示阔崇纤字"和"抽示阔崇"

"抽示阔崇纤字"，字体纤细，背小郭，崇字示部宽大，从钱型及铸造精度分析为试铸样钱，目前累计检测三枚，其金属成分中含6%~8%的镍（Ni）；

"抽示阔崇"，字体较粗，背小郭，宁字四部底不带回勾，为量产版式，目前累计检测40枚左右，其金属成分均含3%-6%的镍（Ni），无一例外。

崇宁通宝"抽示阔崇纤字"和"抽示阔崇"

崇宁通宝"抽示 – 阔缘"

"抽示 - 阔缘"为"抽示梯背"衍生"抽示 - 背肥郭"之再衍生变化。累计鉴定50枚以上，初始部分并未检测成分，中途偶然发现其金属成分含镍，此后检测20余枚所得数据都含3%~8%的镍（Ni）。

崇宁通宝"抽示 – 阔缘"

总结，以上六种"崇宁通宝"属于"镍白铜"。

为什么会有这样的情况？难道这个发现可以改写中国金属冶炼史？

推测此情况大概率是基于伴生矿源所致，北宋崇宁年间某钱监（院）所用的原料，铜、锡、铅中某一种矿源伴生有镍，在提炼时未提纯分离，因此铸造的成品出现了含镍的现象。

我国的镍矿主要分布在吉林、新疆、云南、四川、江西、湖北、甘肃金昌和陇南等地区。

首先排除在北宋疆域外的吉林、新疆、云南三地；其次四川地区在北宋时期行用铁钱与纸币，未参与铸造崇宁通宝当十铜钱，亦可排除。

东南地区的矿源一直是北宋铸钱的原料基地，但此次矿源含镍的情况出现很突兀，往前不见源头，往后不见延续，因此发生在东南地区的概率不大。

甘肃金昌有中国最大的镍矿，不过这一地区在北宋崇宁年间属于西夏势力范围，而且这一地区的矿产资源开发也较晚，矿源来自此处的可能性也不大。

甘肃陕西交界的秦岭西麓，是我国古代一个重要的金属矿区，其中就有铜镍矿分布。这里的矿产开发比较早，史料中记载的北宋早期"开宝监"金银矿就在这一区域。

再查两则史料：

《山左冢墓遗文》收集了一篇北宋时期王允中撰写的墓志铭《宋故降授西上阁门使新就差知镇戎军……郭公（景修）墓志铭》，其载：

"崇宁二年，王师再破青唐……数月之间，徼家族部大首领军都斜四等以潘州降，梦精以邦州降，叠州亦内附，于是尽有三州之地，幅员数千里，金、银、铜、铁、朱砂、水银坑冶一百八十余所……崇宁三年冬十月……公上言……又请于叠州置银场钱监等务，以通商贾……诏许先筑叠州城……叠州有五角山，世传产铜甚广，命工凿山，踰月而功不就，公亲作文以祭之，是夕，山摧而铜矿出……"

郭景修，五代后唐名将郭崇韬后人，投笔从戎，作为一名武官终其一生。宋徽宗崇宁至大观年间，郭景修先后在渭州（今甘肃省平凉市）、叠州（今甘肃省迭部县）及阶州（今甘肃省陇南市武都区）担任地方官，所以这一篇墓志铭保留下来了很多重要的信息。

此事又见《九朝编年纲目备要》卷27：

（崇宁三年）九月……阶州羌纳土。秦凤招纳司言阶州生番纳土，得邦、潘、叠三州，计二千五百里，大小首领一百二十人。诏本路经略胡宗回加枢密直学士，渭州郭景修为西上阁门使。所奏皆诞妄也。

（注意：最后一句应为南宋修史者添加的注文，涉及党争，可参考而不可直信。）

综上所述分析推测：

崇宁四年铸行"崇宁通宝"当十铜钱，西北地区某个（或者某几个）新增的铸钱监（院），叠州钱监（院）可能是其中之一，所用铸钱原料来源于陕甘交界的新开矿场，矿源伴生有镍（Ni）。

一是以陕西体系标准版"抽示梯背"衍生的"抽示-背肥郭"做祖模，再衍生量产"抽示-阔缘"。

二是仿"抽示梯背"面文及书体，铸出"抽示阔崇纤字"样钱与"抽示阔崇"样钱（待发现），正式量产时采用了"抽示阔崇"版。

三是借用"长短足宝"面文，铸出"长短足宝-阔缘"样钱，正式量产时为"长短足宝-小样"。

四是量产自创的独立面版"仰崇长尾通"。

以上四种情况*，可能是同一钱监（院）在不同时期所铸；也可能是相邻的不同钱监（院）分别所铸，等待未来获取更多信息和证据再下结论。在实际收集的过程中，笔者发现以上六品"崇宁通宝"在西北坑出现的比例也明显高于其他区域，可作为一个侧面印证，同时也证明修史者所注"所奏皆诞妄也"不尽如实。

发现、梳理、归纳崇宁通宝当十铜钱的"镍白铜"现象，进一步证明宋钱版式区分的意义在于：挖掘版式背后的规律和逻辑，分析钱币铸造发行的背景、地域、年份等诸多信息。我辈应当继续努力，聚沙成塔。

---

* 注：在原有宋钱版式体系中，大体依照钱文或形制的风格来分类，出现特殊金属成分的情况比较罕见，因此本书仍将以上各版列入原有分类，暂未归纳汇集于一类。

后记

实物收集

二十年前,在刘英柏先生的启蒙引领下,我将宋钱作为收藏专题。

初学伊始,我发现所接触的两宋泉谱:19世纪初的《对泉谱》和《符合泉志》、20世纪初的《昭和泉谱》和《古泉大全》、20世纪70年代的《新订符合泉志》,都是由日本藏家和学者整理出版的。

宋钱的根在中国,我立志在宋钱的收集、整理、研究领域作出新的贡献。

2002年起,我从北宋小平铜钱入圈;

2004年起,开始收集北宋折二铜钱;

2005年起,定居上海,涉足南宋铜钱;

2009年起,成为钱币收藏经纪人,仍持续补充宋钱藏品;

2015年起,攻坚北宋"崇宁通宝"和"崇宁重宝"当十铜钱;

2017年起,全面收集整理两宋铁钱,同时对两宋铜钱查漏补缺。

历经二十年,我收集了六千余种两宋铜铁钱,占已知总数的80%左右,打下了一定的实物研究资料的基础。

史料研读

十年前,古泉同好吉翔先生在"古泉园地"论坛发表一篇文章,以元祐年间陕西地区铸行的大铁钱为课题,切入钱监与类别版式相对应的观点。这个思路日本古泉界曾有人提出,但未深入。我在收集两宋钱币时,根据实物整理的经验,也发现"类别和版式"对应"钱监和时间"的规律,但没有思考其理论依据。受吉翔先生启发,我开始重视相关资料的收集整理。

第一步，研读汪圣铎教授撰写的《两宋货币史》。

这本跨时代的巨著，基于浩瀚的宋代史料，对繁复的两宋货币史作了梳理，从政治、经济、军事等方面逐步深入，介绍了宋代货币制度的区域化特征；探索了财政体系、铸钱管理体系及钱监的设置和沿革；细化了铜钱、铁钱、纸币、金银等在两宋货币史中的地位；探讨了两宋时期的物价波动。借助此书可以熟知两宋货币史的脉络。

第二步，查阅汪圣铎教授整理的《两宋货币史料汇编》。

汪教授在撰写《两宋货币史》时，耗费大量时间和精力，收集史料中与宋代经济史及货币史相关的各种材料，汇聚成编此书，方便后继者查阅进阶。

第三步，根据《两宋货币史料汇编》所列书单通读原始史料。

从《宋史》《续资治通鉴长编》《建炎以来朝野杂记》《文献通考》到各种文人笔记、文集、地方志等原始史料，仔细研读，一方面可以深入两宋时代背景，对史料解读更接近历史原貌；另一方面可以通过对比不同史料、不同版本，再结合实物，考证出更符合逻辑的历史真相。

历经十年，通过对原始史料的查阅、对比、研读，辅以对宋钱实物的收集和整理，我发现宋钱不只是品种和版式的简单分类，史料也不再是枯燥的文字，宋钱与史料是一个相互印证的有机整体，于是萌发了将这些成果落实成书的念头。

千头万绪，如何下笔？

一方面，我希望这套丛书可以在政治、军事、经济大背景下复原宋代货币制度的演变，探索各种货币实物出现的背景和成因、铸造（印刷）和发行的管理、币值和流通区域的调整等细节，以求货币史与经济史的有机结合，以史治泉，以泉正史。

另一方面，我想借鉴美国克劳斯出版社的《世界硬币标准目录》（又称《克劳斯目录》），将七千余种宋代铜铁钱分门别类，定位定名，构架出一套完整和科学的谱系，为爱好者和收藏者提供便利。

于是我计划将两宋钱币分为以下板块。

北宋铜钱

《北宋小平铜钱·上》，收录宋太祖至宋英宗五朝的小平铜钱；

《北宋小平铜钱·中》，收录宋神宗和宋哲宗两朝的小平铜钱；

《北宋小平铜钱·下》，收录宋徽宗和宋钦宗两朝的小平铜钱；

《北宋折二铜钱》，收录除"崇宁"年号以外的大铜钱；

《北宋崇宁重宝当十铜钱》；

《北宋崇宁通宝当十铜钱》。

北宋铁钱

《北宋四川铁钱》，福建"太平通宝"背巨星大铁钱附录于此；

《北宋陕西铁钱》，折二陕西大铁钱为主，另含政和、宣和"陕西小铁钱"；

《北宋夹锡铁钱》，折二夹锡大铁钱为主，"河东铁钱"附录于此。

南宋钱币

《南宋铜钱图谱》；

《南宋四川铁钱》；

《南宋江北铁钱》。

将一个庞大的工程分解，以十年为期，逐项完成，《北宋崇宁通宝当十铜钱》正是这个计划的第一个尝试。

三年来，在诸多同好的支持下，在上海科学技术出版社各位同仁的协助下，我终于走出了万里长征的第一步，万分感谢，无以言表。当然，我的所见与认知必然存在不足，希望广大读者提出宝贵意见，以便未来修改完善。

周鲲

壬寅重阳于沪上